21 世纪全国高等院校财经管理系列实用规划

创业基础教程

主　编　韩雪峰

副主编　林彦新

参　编　张　展　于　铭

刘铁民　王福英

汪新宇　马　坤

李秀敏　张　强

金五成

北京大学出版社

PEKING UNIVERSITY PRESS

内容简介

在经历了 20 世纪 80 年代和 90 年代末“个体户”式和“网络精英”式的创业热潮后，我国再次迎来了创业高潮——“大众创业”。在普通高等学校开展创业教育，是服务国家加快转变经济发展方式、建设创新型国家和人力资源强国的战略举措，是深化高等教育教学改革、提高人才培养质量、促进大学生全面发展的重要途径，是落实以创业带动就业、促进高校毕业生充分就业的重要措施。

全书共分 10 章，包括概论、创业者与创业团队、创业机会与创业风险、创业资源、创业项目财务管理、创业项目的市场分析、创业项目的市场营销分析、创业计划书、新企业的开办，以及创业计划案例——荆楚文化旅游商品创意中心项目商业计划书。

本书既可作为高等院校学生的教材，也可作为相关创业人员的参考用书。

图书在版编目（CIP）数据

创业基础教程/韩雪峰主编. —北京：北京大学出版社，2016.2

（21 世纪全国高等院校财经管理系列实用规划教材）

ISBN 978-7-301-26884-1

Ⅰ. ①创… Ⅱ. ①韩… Ⅲ. ①企业管理—高等学校—教材 Ⅳ. ①F270

中国版本图书馆 CIP 数据核字（2016）第 027806 号

书　　名　创业基础教程
　　　　　　CHUANGYE JICHU JIAOCHENG
著作责任者　韩雪峰　主编
策划编辑　刘国明
责任编辑　李瑞芳
标准书号　ISBN 978-7-301-26884-1
出版发行　北京大学出版社
地　　址　北京市海淀区成府路 205 号　100871
网　　址　http://www.pup.cn　新浪微博：@北京大学出版社
电子信箱　pup_6@163.com
电　　话　邮购部 62752015　发行部 62750672　编辑部 62750667
印 刷 者　北京溢漾印刷有限公司
经 销 者　新华书店
　　　　　　787 毫米×1092 毫米　16 开本　13.75 印张　321 千字
　　　　　　2016 年 2 月第 1 版　2016 年 2 月第 1 次印刷
定　　价　30.00 元

前　　言

在2014年夏季达沃斯论坛上李克强总理表示，要破除一切束缚发展的体制机制障碍，让每一个有创业意愿的人都有自主创业的空间，让创新创造的血液在中国社会自由流动，让自主发展精神蔚然成风。在2015年的《政府工作报告》中，有13次提到创业。李克强总理指出，推动大众创业、万众创新，既可以扩大就业、增加居民收入，又有利于促进社会纵向流动和公平正义。国务院2015年6月下发了《关于大力推进大众创业万众创新若干政策措施的意见》，随着鼓励创新创业的相关措施陆续实施，一股“大众创业”“草根创业”的新浪潮正扑面而来。据国家工商总局发布的《全国市场主体发展报告》显示，全国2015年上半年新登记注册市场主体685.1万户，比上年同期增长15.4%；注册资本(金)12.9万亿元，同比增长38.4%。其中，企业200.1万户，增长19.4%，注册资本(金)12万亿元，增长43.0%。个体工商户472.8万户，增长15.9%，资金数额0.5万亿元，增长29.8%。

近年来，我国已经出版过一些有关创业基础教育方面的教材，教材从不同侧重点来论述创业教育，其中不乏优秀教材，但普遍存在重视理论教学，轻视案例教学，不能适应各类大学生对创业教育学习的需要。为了使学生和创业者对创业知识的学习有更多选择，我们组织了一批长期在指导大学生创业和教学第一线的教师来编写本书。

本书主要具有以下特点。

(1) 理论与实际相结合。本书从培养创新创业型人才的目标出发，在知识点的讲授上，增加国内外经典的案例，突出理论联系实际的特点。在案例的选择上，把相关的新闻报道，以及身边发生的事迹进行加工，使之符合创业基础教学的需要。

(2) 教材内容难易适度。本书在知识深度的选择上，删除或简化了烦琐的相关理论模型，尽量做到深入浅出。

(3) 教材适用范围广泛。

本书由韩雪峰担任主编，主持全书的编写工作；由林彦新担任副主编。全书具体的编写分工如下：第1章由张展撰写，第2章由韩雪峰撰写，第3章由于铭撰写，第4章由刘铁民撰写，第5章由王福英撰写，第6章由汪新宇撰写，第7章由马坤撰写，第8章由李秀敏撰写，第9章由张强撰写，第10章由林彦新撰写，辽宁政法职业学院金五成老师在编写过程中提供大量资料。在本书的编写过程中，我们借鉴了国内外大量的论著和教材，在此一并对著作权者表示最诚挚的谢意。

由于编写时间仓促，书中难免存在疏漏和不足之处，敬请专家和读者不吝赐教。

编　者

2015年10月

目　　录

第1章 概论

学习目标

1. 理解创业的内涵；掌握创业的要素和类型；了解创业的过程及阶段。

2. 理解创业精神的内涵，掌握创业精神的培养方法。

3. 理解创业教育的内涵，了解国内外创业教育的发展历史。

4. 掌握创业者法律责任的内涵、类型及应用。

1.1 创业与创业精神

1.1.1 创业的内涵

1. 创业的定义

目前，对创业并无统一的定义。

彼得·德鲁克认为，只有那些能够创造出一些新的、与众不同的，并能创造价值的活动才是创业。

科尔认为，创业是为发起、维持和发展，以利润为导向的，企业的有目的性的行为。

巴隆和谢恩认为，创业是一个随着时间而展开的动态过程，包括机会的识别、决定开发机会并整合必要资源、开办一个新企业、创立成功和获得回报。

郁义鸿、李志能在《创业学》中将其定义为：创业是一个发现和捕捉机会并由此创造出新颖的产品或服务，实现其潜在价值的过程。

钟晓红等在《大学生创业教育训练教程》中将其定义为：创业个人或创业团队通过寻找和把握各种商业机会，投入已有的知识、技能和社会资本，调动并配置相关资源，创建新企业，为消费者提供产品或服务，具有创新或创造性的，以增加财富为目的的活动过程。

创业是不拘泥于当前资源约束、寻求机会、进行价值创造的行为过程。创业的关键要素包括机会、团队和资源。创业过程包括创业者从产生创业想法到创建新企业或开创新事业并获取回报，涉及识别机会、组建团队、寻求融资等活动，可大致划分为机会识别、资源整合、创办新企业、新企业生存和成长 4 个主要阶段。

分析以上定义，我们发现这些定义的外延和内涵并不相同。与钟晓红等将创业直接限定在创办企业的范围内相区别，我们将彼得·德鲁克、科尔、巴隆和谢恩，以及郁义鸿、李志能的定义看作相对广义的概念。

当然，由于语境、思考问题的角度及目的迥异等原因，创业者也可以对创业的内涵和外延有自己的理解。而这也恰恰是创业者自身创新创业精神的具体体现。

2. 创业的意义

可以从个体和国家两个角度来理解创业的意义。

第一，创业是满足个体人生需求的途径之一。1943 年，美国心理学家马斯洛提出了需求层次理论，被广泛认同和传播。该理论认为，人的需求从低到高按层次分为 5 种，即生理需求、安全需求、社交需求、尊重需求和自我实现需求。生理需求包括如食物、水、空气、性欲、健康等需求。安全需求包括对人身安全、生活稳定及免遭痛苦、威胁或疾病等的需求；社交需求包括对友谊、爱情及隶属关系等的需求；尊重需求包括成就、名声、地位和晋升机会等。尊重需求既包含对成就或自我价值的个人感觉，也包含他人对自己的认可与尊重。自我实现需求包括针对真善美至高人生境界获得的需求，如自我实现，发挥潜能等。每一个个体，甚至同一个体，在人生的不同时期，创业给他带来的需求满足各不相同。

案例 1-1

张林友养蜂赚钱的创业故事

张林友，水北街镇翁村农民，有四十多年的养蜂经历，是远近闻名的“蜂王”。2012 年，他成立了马鞍源蜂业养殖专业合作社，合作社从最初的 5 户发展到 71 户，蜂蜜销售地不仅包括福州、厦门，还远销中国台湾地区、马来西亚等地。“最初养蜂，是想靠养蜂赚钱。现在不管亏还是赚，我都愿意养，比起赚钱，养蜂更像我的一种爱好，一天不跟蜜蜂打交道，我就浑身不自在。”

第二，创业与职业生涯发展。职业生涯是一个永恒的话题。每个人都有自己的职业理想，每个人也都有自己的职业历程。创业教育与职业生涯发展教育之间有价值交集，但两者之间并不是包含与被包含的关系。但毫无疑问，创业精神和创业能力培养对创业者未来的职业生涯有重要影响，而创业行为更直接带来就业。总之，创业能力的提升对个人职业生涯发展具有积极作用。

案例 1-2

“非诚勿扰”被群嘲男 身家已过亿

郑钢，2008 年毕业于南京大学匡亚明学院理科强化班。当年即已获得研究生保送和出国机会，但因家境原因放弃。7 年之后，作为职业金融投资人，郑钢已身家过亿。2015 年，他为母校捐助 1 000 万元。其中 500 万元用于南京大学教学楼的维护和设备更新，500 万元作为留本基金，利用其收益支持匡亚明学院的建设发展。2015 年 5 月 30 日，南京大学举办了“郑钢楼”冠名仪式，将拥有 50 余年历史的教学楼冠名为“郑钢楼”。4 年前，他曾经参加《非诚勿扰》，被群嘲又被灭 24 盏灯，最后失败离场。

第三，大众创业是实现中华民族伟大复兴的需要。实现中华民族伟大复兴是中华民族近代以来最伟大的梦想。这个梦想的实现需要全中国人民付出切实的努力。大众创业是国家富强、民族振兴、人民幸福的重要途径。

小贴士

大众创业是取之不竭的“金矿”

国务院总理李克强指出：中国有 13 亿人口、9 亿个劳动力、7 000 万个企业和个体工商户，如果把全社会每一个细胞都激活，就会使整个经济机体充满生机，进而汇聚成巨大的推动力量。大众创业、万众创新蕴藏着无穷创意和无限财富，是取之不竭的“金矿”。

1.1.2　创业的要素与类型

1. 创业的关键要素

创业的关键要素包括创业机会、创业团队和创业资源等。

1) 创业机会

从创业者角度，机会是具有较强吸引力的、较为持久的、有利的商业机会，创业者预期通过其产品或服务，使自身获益。

案例 1-3

成功仅仅靠勤奋是不够的

创办小米时，雷军刚过 40 岁。四十而不惑。小米是雷军积累了 20 年的商业经验后，“毕其功于一役”的一次全新测验考试。“前面 16 年在金山练基本功，后面几年练了一些无形的东西，直到感觉自己准备好了，出来做小米。”这些“无形的东西”也是雷军对人生的感悟——“任何时候都要顺势而为，不要逆势而动”。

小贴士

政府政策环境机会

当前，我国政府将“大众创业、万众创新”作为重要工作来抓，创业者面临前所未有的宏观环境。党中央、国务院，以及各地各部门为促进“双创”出台了诸多措施，营造了良好的政策环境，极大地激发了大众创新创业的活力。近年来，各地各部门陆续出台的相关政策措施共计 1 997 条之多。

2) 创业团队

凭借一个人的力量是无法完成创业的，团队选择正确了，创业基本就成功了一半。创业团队是由基础员工和管理层组成的一个共同体，成员的知识和技能互补并协同工作，共同达成创业目标。

创业团队的构成基本包括五个方面，即目标、人、定位、权限、计划。在组建团队时需要注意以下几个方面的问题：①创业团队成员的价值观应基本一致，即成员明确本创业的目的，对所创企业具有较为一致的短期目标、中期目标和长期目标，务实合作；②成员在业务能力上应互补，根据本企业的业务性质，成员分别在技术、市场、运营等环节能独当一面，同时必须有一个优秀的领头人；③创业成员最好在处世风格、思维方式、专业结构、能力结构等方面互补；④创业团队成员的权利与责任和利益对等。

案例 1-4

柳传志：建班子、定战略、带队伍

建班子、定战略、带队伍，具体而言，就是怎样有一个好的班子；怎样制定战略并执行；如何带好队伍。正确地做事，是执行层和作业层的事；做正确的事，是董事会和经理层的事。每个层面都不要过分干涉，各司其职，如果谁不称职，就坚决换掉他。

案例 1-5

马云：公司不能被任何一个人“绑架”

谈到公司的团队建设、组织建设方面，马云提到很重要的一点：接班人制度。他认为：公司的决策者、管理者，要随时想着当自己生病或是其他事情需要脱身的时候，能立刻找到一个可以取代你的人。公司不是一个人的，公司不能被任何一个人“绑架”。

案例 1-6

创业合伙人 梦想很重要

共同的目标和梦想是建立团队的重要一环，是创业的原动力，甚至在很大程度上成为支撑整个创业团队的重要力量。吴玮已经回国3年，她和两名“海归”朋友创建了一个叫“初心时尚”的原创服装设计平台。吴玮说：“我们希望可以改变华人的这种时尚观念，让大家意识到其实‘自我’‘原创’远比品牌重要。”

3) 创业资源

创业资源是指新创企业需要的特定资源，包括创业人才、创业资本、创业技术等。

创业资产包括有形资产和无形资产两种。有形资产具有实物形态，包括固定资产和流动资产。固定资产如厂房、机器、机械、运输工具、设备、器具、工具等。在资金周转中，流动资产从货币形态开始，依次改变其形态，最后又回到货币形态，如货币资金→储备资金→生产资金→成品资金→销售资金→货币资金等。无形资产包括专利权、商标权等。如何获得创业投资是创业者最为关心的问题之一。

案例 1-7

天 使 投 资

据清科研究中心数据显示，2013年，全国天使投资主要集中在北京和上海，其中北京共发生投资71起。从统计数据可以看出(图1.1)，北京天使投资案例数位列全国首位。

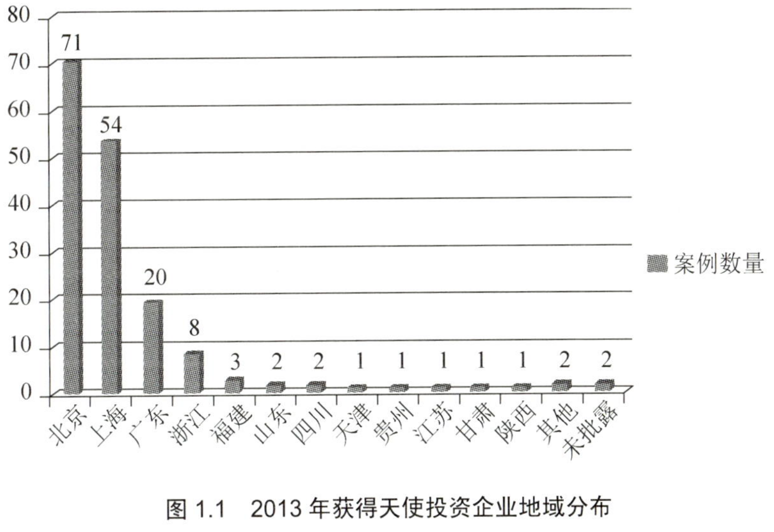

图1.1　2013年获得天使投资企业地域分布

资料来源：中关村天使投资人与案例。2014年5月16日 09:04来源：东方财富网。

2013年，据清科研究中心数据显示，天使投资北京涉及投资金额达1.44亿美元，上海涉及投资金额3 486.13万美元，如图1.2所示。从统计数据可以看出，北京天使投资金额占比位列全国首位。据不完全统计，截至2013年年底，中关村拥有活跃天使投资人近500名，活跃天使投资基金30支，管理的天使投资基金规模近24亿元人民币。在投资行业方面，中关村天使投资机构多投资于TMT等高新技术领域，尤其集中于互联网、移动互联网行业。

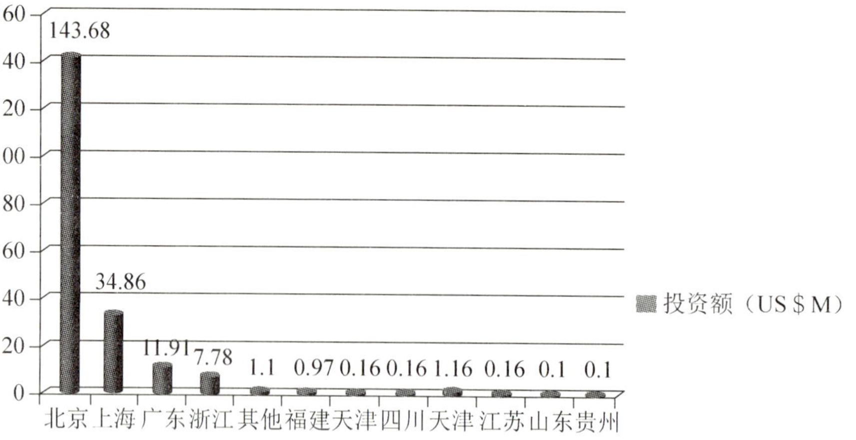

图 1.2　2013 年获得天使投资企业地域分布

资料来源：中关村天使投资人与案例。2014 年 5 月 16 日 09:04 来源：东方财富网。

2. 创业的类型

按创业的动机、创建企业的规模等标准，可以将狭义的创办企业分为不同的类型。

1) 按动机分类

根据创业动机，《全球创业观察报告 2001》中把创业分为两类：生存型创业和机会性创业。判断是机会型创业，还是生存型创业，不是创业者的主观选择结果，而是由创业者面临的环境和能力所决定。

(1) 生存型创业的通常特征包括：为生活所迫，在现有市场中捕捉机会，大多从事技术壁垒低、不需要很高技能的行业等。

(2) 机会性创业的通常特征包括：着眼于新的市场机会，拥有更高的技术含量，有可能创造更大的经济效益，不仅能解决创业者的就业问题，而且能解决更多人的就业问题。

2) 按规模分类

按规模，可将创办企业分为大型企业、中型企业、小型企业和微型企业。我国在《中小企业划型标准规定》(工信部联企业〔2011〕300 号)中对中型、小型、微型 3 种类型的企业有明确的规定。

1.1.3　创业的过程与阶段

1. 创业过程

创业过程包括创业者从产生创业想法到创建新企业或开创新事业并获取回报整个时间段，涉及识别机会、组建团队、寻求融资等诸项活动。

1) 识别机会

对于创业者而言，机会主要是指通过引入新产品、新服务或新的商业模式，为购买者或使用者创造或增加价值，并同时使创业者自身获益的商业机会。创业机会具有普遍性、偶然性、易于消逝性等特征。

识别创业机会要注意以下问题。

(1) 要区分现有市场机会和潜在市场机会。现有市场机会可能是市场中从数量上看尚未被满足的需求，也可能是从质量上看尚未被满足的需求，具有显性化和易发现性。往往伴随着比较激烈的市场竞争。潜在市场机会可能是隐藏在现有需求背后而未被满足的市场需求，也可能是依据经济社会发展趋势判断，即将出现的市场需求，具有隐蔽性和难发现性，可能蕴藏着巨大的商机，但也可能存在较大的风险性。

(2) 区分行业市场机会与交叉市场机会。虽然如何确定行业边界是一个比较受争议的问题，但这并不影响创业者创业时的基本判断。行业市场机会是指在某一个特定行业内进行创业的机会；交叉市场机会是指通过对不同行业的交叉整合而发现的市场机会。

(3) 区分全面市场机会与局部市场机会。全面市场机会指在大范围市场出现的创业机会；局部市场机会指在一个局部范围或细分市场出现的创业机会。

2) 组建团队

组建团队的基本步骤如下所述。

(1) 确定工作岗位。依据企业基本业务需求及发展需求，确定组织架构，明确岗位职责。

(2) 厘定岗位需求，确定招聘人数及对招聘者的基本要求，以及各岗位薪资待遇标准等。

(3) 招聘。简历遴选：提供面试者的简历进行初步遴选；面试：由面试人员对应聘者基础业务能力、求职意向、期望薪资、逻辑思维能力、表达能力，尤其是与所招岗位的契合程度等做出判断；复试：通过笔试及实际技能测试，最终遴选出适合岗位需求的员工。

(4) 通知应聘者上岗，安排岗位相关事宜等。

3) 寻求融资

常用的融资途径有如下几种。

(1) 向亲戚朋友借钱。借贷者应注意出具合法的借贷条据，并一定要按照约定归还相关资金。

(2) 政策性贷款。在国家倡导大众创业、万众创新的当代，国家也在努力提供一些政策性贷款鼓励年轻人创业。创业者应主动搜集相关信息，积极向相关管理机构申请，争取获批。这对降低创业成本非常有益。

(3) 银行或其他机构的贷款。例如，在银行可以用房产作抵押的贷款，在保险公司以保单作抵押的贷款，在小额贷款公司的贷款等。

(4) 风险投资。寻找社会上的风投资金，实现自己的创业梦想也不失为一种选择。

案例 1-8

房地产大佬——王石

1. 白手起家

1984 年 5 月，王石一手参与创办的深圳现代科教仪器展销中心(万科前身)成立，王石很快就担任了经理一职。当时的王石几乎是白手起家，只是借助当时的大股东——深圳市特区经济发展公司的一块牌子而已。万科股票在 1988 年 12 月 28 日公开发行。1991 年 1 月 29 日，万科股票正式在深圳证券交易所挂牌交易。

2. 从四面出击到专注于房地产，多元化到专业化

通过数年努力，到 1991 年，万科已经有贸易、工业、房地产和文化传播四大支柱产业。1988 年 11

月，万科以楼面地价高于周边住宅的“地王价”拍到了威登别墅地块。由此，万科进入房地产市场。万科也曾受到重挫。东源大厦预计投资3亿元，曾一度几乎沦为烂尾楼。武汉万科广场，成为万科历史上最失败的项目。海神大厦账面销售“理想”也只是收回成本后略有盈余。万科最终决定，“从产权上开始梳理，并在管理上进行梳理统一，明确经营对象”。房地产业最终成为万科“百里挑一”的主营业务。

2. 创业阶段

创业大致可划分为机会识别阶段、资源整合阶段、创办新企业阶段、新企业生存和成长阶段。

(1) 机会识别阶段，是创业的初始阶段，指创业者识别新的创业机会的过程。

(2) 资源整合阶段，指通过组织和协调，把创业中彼此相关，但却彼此分离的资源进行优化组合，成为一个为客户服务的系统。借助资源整合为开办企业奠定基础。

(3) 创办新企业阶段，是企业所有者、出资者或经营者进行工商登记注册，并准备开始从事正常生产经营活动或服务等活动的过程。

(4) 新企业生存和成长，指企业不断发展壮大的过程。

案例 1-9

韩磊的创业经历

1. 萌生创业念头

2007年，上大一的韩磊萌生了自主创业的想法，并逐渐付诸行动。但具体实施起来，由于团队缺乏经验与默契等，韩磊第一次创业夭折。大三时，韩磊重拾创业梦想。回想那时的自己，韩磊选择了用“青涩”来形容。

2. 免费服务

韩磊没有放弃，仍在自己的创业路上坚持着。正是因为他的执着，一次偶然的机会，他接到了创业以来的第一个单子。对他来说，这个订单既是一个考验，也增加了他的创业信心。当时韩磊的一名学长结婚，需要找人拍摄婚礼短片，韩磊将这个单子接了过来，并且无偿地完成了。经过几天的制作，婚礼拍摄短片最终出炉。学长看完之后竖起了大拇指，连连称赞。这件事让韩磊有了新的创业想法。接着，韩磊把自己拍摄的婚礼纪录片刻成光盘，每次外出时碰到婚庆公司就送一张。虽然送出的光盘不少，但是婚庆公司的反映并不好，仍没有人接纳韩磊。即使这样，韩磊仍然没有放弃，“最后我想了想，我不要他们的钱，免费帮忙，直到他们认可为止”。

3. 站稳脚跟

经过一年多的摸爬滚打，韩磊逐渐在业内站稳脚跟。用他北京同学的话来说，“打不倒的潍坊小伙，终于成功了。”2011年，韩磊参加了200多场婚礼，2012年参加了150场，2013年参加了70多场。虽然表面上数字减少了，但营业额却在逐步增长，韩磊已打出了属于自己的品牌。

1.1.4 创业精神

1. 创业精神的内涵

丁越兰等人(2013)认为，创业精神是指某个人或者某个群体抱有创造价值或时代的理想，通过组织发挥个体或群体的创造力，并努力把这种理想贯穿到实践中，呈现出为最终实现价值而努力奋斗的状态。其具体指创业者在主观世界中具有的开创性思想、观念、个性、意志、作风和品质等。

法雷尔(1994)认为，创业精神主要是通过综合性、整体性、先进性、时代性 4 个方面的特征表现出来。

陈寒松((2007)在梳理了中外学者或实践者们的论点后提出，创业精神主要包括创新精神、合作精神和敬业精神 3 个方面。

王辉((2011)在上海松江大学城六所高校先后邀请了不同专业的本科生 50 名，并将他们分为 10 组对创业精神包含的元素进行座谈，后来又邀请了企业管理专业的研究生 12 名，分两组进行了同样的座谈。这 12 个小组先后找出有代表性的创业精神元素共 26 个，在对这些元素的重要性进行评价的基础上，通过整合与提炼，王辉最后将创业精神归纳为成就欲望、团队精神、创新精神、市场敏锐性、冒险精神、大胆实践 6 个核心维度。

刘常勇(2002)提出，创业精神本质上是一种以创新为基础整合资源、发掘机会，建立新公司，并通过拓展市场获得新价值的做事与思维方式。

王乐生和张瑾(2009)在大量市场调查后认为，在哲学层面上创业精神表现为创业情感和创业思维，在心理层面上表现为创业个性。

郭非和孙海涛(2010)指出，创业精神以人格特征为载体，在不同的层次上表现为创业意识、机会识别、创新开拓、风险承担 4 个方面，而创业精神的选择和发展方向最终由人格特征决定。

李炳论(2011)通过总结提炼指出，创业精神由创业者的理念、意志个性和品质构成。

2. 创业精神的作用

(1) 创业精神是创业者、创业企业持续创新成长的生命力。

(2) 对于个体而言，只有在很强的创业精神的引领下，创业者才能克服各种困难，坚持从事创新活动。

(3) 对于一个企业而言，创业精神以群体力量追求共同愿景，从事企业创新活动，进而不断取得新的成绩。

案例 1-10

被逼下海——俞敏洪

俞敏洪，参加高考三年，最终考进北京大学西语系。1985 年，俞敏洪毕业留校。1991 年，俞敏洪被迫辞去北京大学英语教师职务。1993 年，在一间 10 平方米透风漏雨的小平房里，俞敏洪创办了北京新东方学校。2006 年，新东方在美国纽约证券交易所上市，是中国大陆第一家在美国上市的教育机构，迄今为止，培训学员已经超过 1 600 万人。

3. 创业精神的培育

导向和激励对创业者创业精神的培养具有明显的影响。对于社会上的创业者而言，主要为政策和舆论导向、激励。对于大学生而言，除政策和舆论导向、激励外，还包含学校对创业精神的导向和激励。具体而言，大学生创业能力的培养可以从以下几个方面入手。

1) 优化大学生知识结构

大学生知识结构主要包括两部分，即思想道德教育和专业知识。思想道德教育为大学生自主创业活动把握价值取向，明确奋斗目标，促使大学生不断获得成功；专业知识既包括专业上的知识，也包括对管理知识，以及对创业相关理论的准确掌握等。

2) 锻炼意志

成功的创业者往往具有坚强的意志、缜密的思路和超强的胆识。不退缩、不气馁，通过顽强意志不断拼搏，提高自身能力。抓住创业机会，捕捉市场信息，审时度势，正确判断，推动创业良性发展，赢得最终的胜利。

3) 提高认知能力

创业必须提高自己的观察能力和认知能力，对市场的变化趋势做出正确的分析判断，从经济形势的微观变化判断市场走向，从对政府有关政策的深刻理解发现难得的创业机会。

4. 正确对待创业的成功与失败

全国人大代表孙维(2015)联合有关机构用大半年时间，对 33 744 位在校大学生和 5 357 位毕业两年的大学生进行了问卷调查。调查显示，64.9%的在校大学生有创业想法，20.7%的人目前没有创业想法，还有 14.4%的人仍在犹豫不决。有创业想法的受访者中，九成以上的人还没有开始行动。我国已经选择创业的在校生、毕业生，生存发展情况并不乐观，接近七成的创业者月收入不到 3 000 元，还有 17.3%的人面临项目亏损。作为创业者，要有激情，但同样需要理性、坚持等。

案例 1-11

如何避免错误

2015 年 3 月，湖畔大学校长马云致辞。马云强调：企业家是被“发现”的，要培养企业家精神；“湖畔大学”教什么？如何避免错误？“我越来越深刻地认识到一个问题，不是谁都可以成为企业家，我认为企业家是有天赋的，像社会学中的科学家。企业家是被发现的，一旦发现以后，你要花时间训练打磨。”

案例 1-12

创业十年，仍在路上

三次创业：同一领域，不同领悟。

2003 年，黄祖斌从香港回到内地，踏上了创业的征程。然而路途坎坷，没过多久，他的首次创业就因为各种条件不成熟而以失败告终。

2005 年，他再次创业，与他人共同创办了超然公司，并担任公司的核心研发。当超然公司从当初的几个人壮大为今日的几百个人时，黄祖斌又选择了离开。他觉得尽管公司的规模扩大了，但这不是自己想要的结果。因为怀有最初的梦想，所以黄祖斌毅然决然地选择了重新创业。

2013 年，在移动互联网迅速发展的大潮下，黄祖斌开始了第三次尝试。人生旅途，每走一步，便高一个台阶。三次创业，三种领悟，使黄祖斌的人生境界得到了三次升华。十年创业，他没有被失败打垮，也没有被成功羁绊，激情不减当年。他说，在创业中，只要习惯了，就没有什么困难，最困难的事情是如何保持长时间的激情。

1.2 创业教育和培育

1.2.1 创业教育的内涵

20 世纪 80 年代，创业教育开始在全世界范围内受到关注。1989 年 12 月，在“面向 21 世纪教育国际研讨会”上，联合国教科文组织首次提出“创业教育”概念。1998 年 1 月，在《面向 21 世纪的高等教育：展望与行动世界宣言》中，联合国教科文组织提出：高等学校必须将创业技能和创业精神作为高等教育的基本目标。在 1998 年，我国教育部在《面向 21 世纪教育振兴行动计划》中明确提出：“加强对教师和学生的创业教育，采取措施鼓励他们自主创办高新技术企业。”

广义的创业教育是培养创业者的创业基础素质和开创性个性的教育；狭义的创业教育是通过开设创业学课程，给大学生传授从事创业实践活动所必须具备的知识、技术、能力等，掌握创业的本领和技巧，使培养出来的毕业生能够创造性地就业或创造新的就业岗位。

1.2.2 国际创业教育的开展

1. 柯林·博尔的开创性贡献

在世界上，柯林·博尔最早提出创业教育的理念。他认为未来的人都应该掌握三本“护照”，即学术性的、职业性的，以及关于事业心和开拓技能的。

2. 美国的创业教育

1947 年，哈佛商学院迈尔斯·梅斯教授率先为 MBA 学生开设《新创企业管理》课程，被认为是美国大学创业教育中的第一门课程。1949 年斯坦福大学开办创业教育，这是美国创业教育的雏形。1968 年，百森商学院推出了第一个本科生创业方向，这标志着美国创业教育专业建设开始进入起步阶段。

回顾美国高校创业教育发展历程，可分为三个发展阶段：萌芽阶段(1947—1979 年)、起步阶段(1979—1989 年)和发展阶段(1990 年至今)。据 2005 年年初统计，美国开设创业课程的高校达到 1 600 余所，所有的商学院或管理学院都将学生的创业教育纳入必修课，已经形成涵盖初中、高中、大学本科、研究生教育的创业教育体系。至今美国高校已开设了超过 5 000 门创业课程。创业教育课程涵盖“从头脑到市场”或“从创造性洞察力到成功创新”诸方面的内容，大致可归为两类：一类以培养大学生创业技能为目的。这类课程约占创业课程的 2/3；另一类以传授创业知识为目的，约占创业课程的 1/3。

1983 年，美国奥斯汀德州大学举办了首届大学生创业竞赛。其后麻省理工学院等 10 多所世界著名学府也举办了类似的竞赛。美国创业教育内容标准见表 1-1。

表 1-1　美国创业教育内容标准

类　别	主　题	学习要求	核心要点
创业技能类	创业过程	理解成功的创业现象的概念和过程	发现、观念发展、资源、实现、收获
	创业特征和行为	理解成功创业现象中的个人特质和行为	领导能力、个人评估、个人管理

续表

类　别	主　题	学习要求	核心要点
预备技能类	商业基础	理解基本的影响商业决策的概念	商业概念、商业活动
	沟通/人际交往技能	理解与他人有效互动的概念、策略和系统	沟通基本原理、员工沟通、沟通伦理、工作团队之间人际关系、矛盾处理
	数字技能	理解基本的计算机操作概念和程序	计算机基础、计算机应用
	经济学	理解经济学原理和概念	概念、成本-利润关系、经济指标和趋势、经济体系、国际化的经济概念
	金融技能	理解个人资金管理概念、程序和战略	货币学、金融服务、个人资金管理
	个人发展	理解个人职业探索、发展和成长的概念和战略	职业规划、寻找工作技能
企业职能类	财务管理	理解商业决策所需财务知识和工具	会计学、财政学、货币管理
	人力资源管理	理解相关概念、系统和战略：招聘、激励、发展和解雇员工	自组织、员工安置、培训/发展、士气/激励、考核
	信息管理	理解概念、体系和工具：商业决策过程中的信息访问、处理、维持、评价及传播	信息保存、技术、信息获取
	市场营销管理	理解相关概念、体系和工具：判断和满足消费者需求/欲望/期望，实现商业目标、创造新产品/服务想法	创造新产品或新服务、销售信息管理、促销、定价和销售
	运作管理	理解日常商业运作的过程和体系	商业系统、渠道管理、物资采购、日常运作
	风险管理	理解概念、战略和体系：商业应用和损失最小化	经营风险、法律注意事项
	战略管理	理解引领整个商业组织的过程、战略和体系	规划、控制

3. 英国的创业教育

1) 英国创业教育的发展阶段

英国的创业教育开始于20世纪60年代，兴盛于80年代。其发展主要分为3个阶段，见表1-2。

表1-2 英国大学创业教育的发展轨迹

发展阶段	发展概况
萌芽期(20世纪80年代早中期)	1982年启动“大学生创业”项目，1983年苏格兰8所大学开始实施创业项目试点，1984年项目遍及英国所有高校

续表

发展阶段	发展概况
快速发展期(20世纪80年代末—90年代末)	1987年，高等教育创业计划启动；1997年，《迪尔英报告》发表，提出应该扩大创业教育；1998年，英国白皮书《我们的竞争——建设知识经济》出刊，倡导更多高校要开展创业教育
创业教育走向成熟期(21世纪以来)	1999年，12个科学创业中心(UKSEC)在英国高校成立；2001年，高等教育创业基金启动；2004年5月，科学创业中心正式成为全国性组织；2004年9月，全国大学生创业委员会成立；2005年，《人力资源开发和高等教育》发表

2) 英国创业教育体系

1999年成立的英国科学创业中心，以及2004年成立的全国大学生创业委员会，都是英国大学生创业教育的管理机构。科学创业中心共有13个，基本覆盖全国。每个科学创业中心均与周围区域内的大学密切合作，广泛调动社会资源，通过商务训练、研究课程和商务社交等活动形式，促进大学生商务技能的提高。同时，科学创业中心还具有承担创业企业孵化、创业服务支撑与咨询等功能。全国大学生创业委员会负责开展创业教育的调查研究、服务及师资培训等。

4. 其他国家的创业教育

1) 德国的创业教育

德国的创业教育起源于20世纪50年代。“模拟公司”主要面向职业学校经济类专业学生，目的是丰富学生专业知识，提升实践能力。20世纪70年代中期，科隆大学、斯图加特大学零星开设了创业教育课程，并开展相关研究工作；80年代，多特蒙德大学设立创业教育研究中心，开始为创业教育打下理论基础。进入21世纪，德国创业教育课程已经形成了完备的体系，涵盖了创立、融资和管理等诸方面，包括撰写商业计划书、创办企业、社会创业、企业营销等课程。

2) 印度的创业教育

印度高校创业教育发展大体经历了两个阶段。

第一阶段始于20世纪50—60年代，直到90年代，属于印度高校创业教育的萌芽期。在联合国教科文组织的领导下，从50年代起，美国、英国、联邦德国和苏联开始对包括印度在内的亚洲国家实施援助，教育援助是其中的一个重要方面。利用这些项目，印度政府先后建立印度理工学院和印度工商管理学院等新型高等教育机构。当时，印度政府已明确提出要发展中小型企业，鼓励大学毕业生自主就业。因此，印度理工学院和印度工商管理学院等承担起部分帮助学生就业和创业的责任。但创业教育活动基本由政府创办的专门机构，如1962年建立的“小型企业拓展训练研究所”；或者由金融机构创办的培训机构(如1983年印度四家最大的银行联合创建的“印度创业开发研究院”等)承担。多数高校，包括印度理工学院和印度工商管理学院在内，很少系统地开设创业教育课程。

第二阶段始于20世纪90年代，一直持续至今，是印度高校创业教育从非制度化到制度化发展的时期。1991年，伴随中小型企业迅速发展，企业家精神得到全社会的肯定，鼓励学生自主就业和创业渐成趋势。印度理工学院和印度工商管理学院这类技术和商业类院校开发创业教育课程、设置相关专业、授予专门学历学位、培养创业专业人才。创业教育不再仅仅是为满足某些教授的学术偏好，开始成为高校正式的课程。这标志印度高校创业教育完成了从准制度化向制度化的转换。

3) 欧盟的创业教育

2013 年 1 月 10 日，欧盟企业和工业总署提交了一份以发扬创业精神为核心的行动计划——《2020 创业行动计划——重燃欧洲创业精神》，以求从根本上革新欧盟的创业面貌。该计划成为新时期欧盟创业教育发展的核心指导文件。除对欧盟与成员国各自的职责做出明确规定外，该计划还对欧盟委员会在各个行动领域的执行时间做出了明确规定，见表 1-3。

表 1-3 欧盟创业教育行动时间

行 动 领 域	执 行 时 间
吸收欧洲和各国已有专家，开展影响分析、知识分享、创业教学方法及同行指导等活动	2013—2015
与经合组织(OECD)建立合作，形成指导框架，鼓励创业型学校和创业型职业技术机构建设	2013—2014
传播创业型大学指导框架；在运用该框架的学校之间建立伙伴关系；逐步将该框架融入整个欧盟高等教育机构	2012—2013
认可成功的大学驱动商业创新机制，同时形成良好的大学——企业生态系统支持创新机制	暂时未定
为处于中等教育阶段最后一年的学生设立欧洲范围内的“欧盟创业日”	2013
通过欧洲社会基金，为失业者提供技术支持	2013
为妇女创业者建立欧洲在线指导、建议、教育和商业网络平台	2013—2015

5. 我国的创业教育

1) 我国高校创业教育的发展阶段

我国高校创业教育经历了由创业竞赛至创业教育、由师资培训至学生培养、由课堂教学向多种模式转变、由知识传授向素质教育的转变 4 个发展阶段。

(1) 第一阶段：从创业竞赛到创业教育的试点。在我国，清华大学最早开设创业教育课程，其为 MBA 开设了“创新与创业管理方向”课程，为全校本科生开设了“高新技术创业管理”课程。1998 年，清华大学举办第一届创业计划大赛，竞赛受到美国麻省理工学院“商业计划竞赛”的启发。

1999 年，由共青团中央、中国科协、全国学联主办，清华大学承办的首届“挑战杯”中国大学生创业计划竞赛成功举行。竞赛汇集了全国 120 余所高校的近 400 件作品。

2002 年 4 月，教育部启动了创业教育试点工作，试点高校共 9 所，包括清华大学、北京航空航天大学、黑龙江大学、上海交通大学、南京财经大学、武汉大学、西安交通大学、西北工业大学等 9 所，这标志着我国高校创新创业教育进入了教育行政部门引导下的多元探索阶段。

(2) 第二阶段：由师资培训至学生培养的承接。其主要目的是解决创业教育师资问题。2003 年 10 月 27 日—11 月 2 日，教育部首期创业教育骨干教师培训班举行，培训教师 7 人，其中国外创业教育专家 1 名，学员 180 人。其目的是借鉴学习国外创业教育先进经验，改革教学内容，早日提高创业教师的业务素质和教学水平，推动我国高校创业教育的发展。创业教育骨干教师培训工作一直坚持到现在。

(3) 第三阶段：由课堂教学向多种模式的转变。在创业教育的试点过程中，各高校纷纷开始探索多种模式。例如，黑龙江大学的实体体验教育模式。黑龙江大学以创建大学生实体创业实践基地为依托，坚持理论与实践相结合，尤其重视学生创业实践能力的培养。黑龙江大学采取多种途径整合校内资源，为学生创造实体创业体验的条件。例如，实验室面向学生开放，专门成立经营实体(如科技服务公司、学生超市、学生书亭、学生家教部等)，让学生在教师的指导下体验实体经营和创业的全过程，培养学生的创业精神和创业能力。黑龙江大学学生科技创业园已经孵化各类团队 14 支。

(4) 第四阶段：由知识传授向素质教育转变。如清华大学、北京航空航天大学，以及黑龙江大学等试点高校纷纷通过建设大学生创业园、设立创业基金或提供实体创业平台等方式为大学生参与创业活动，亲历创业全过程提供机会，从而在实际操作技能、创业精神，以及抗风险心理上，综合提高学生的创业素质。另外，还有学校开始探索将创业教育融入思想理论课的素质教育中。例如，温州大学尝试在思想理论课中增加“当代浙商”“温商及学生的创业故事”等创业教育内容，不仅提高了思想政治课的教育实效，而且充实和更新了大学生的人生观教育、创业精神培养、心理素质教育、商业伦理道德等素质教育内容。

2) 国家级大学生创新创业训练计划

国家级大学生创新创业训练计划内容包括创新训练项目、创业训练项目和创业实践项目 3 类。

(1) 创新训练项目是本科生个人或团队，在导师指导下，自主完成创新性研究项目设计、研究条件准备和项目实施、研究报告撰写、成果(学术)交流等工作。

(2) 创业训练项目是本科生团队，在导师指导下，团队中每个学生在项目实施过程中扮演一个或多个具体的角色，进行编制商业计划书、开展可行性研究、模拟企业运行、参加企业实践、撰写创业报告等工作。

(3) 创业实践项目是在学校导师和企业导师共同指导下，学生团队采用前期创新训练项目(或创新性实验)的成果，提出一项具有市场前景的创新性产品或者服务，以此为基础开展创业实践活动。

1.2.3 创业服务及培育

1. 政府的创业服务与培育

我国现有的 129 家国家级高新区都有“大众创业、万众创新”专门地点和服务机构，已经有 75 家众创空间纳入了国家级科技企业孵化器的管理服务体系。

案例 1-13

杭州高新区举办首届“大众创业、万众创新”群英大会

2015 年 4 月 10 日，500 多名创业精英齐聚海创基地，共赴杭州高新区首届“大众创业、万众创新”群英大会，探讨大众创业、万众创新的共同话题。会上，“滨江众创基金”正式成立。基金将重点服务于科技型创新企业和投资于信息电子技术为主体的高新技术产业。为了提升大众创业的成功率，杭州高新区(滨江)建立统一战线“智库”。

案例 1-14

第二届天津滨海新区泰达创业大赛启动

“第二届天津滨海新区泰达创业大赛暨泰达摇篮计划”正式在天津开发区启动。“泰达创业大赛”是由天津开发区自 2014 年起倾力打造的品牌创业赛事，旨在拥抱“大众创业，万众创新”，活跃区域创新创业氛围，鼓励支持各类商业模式创新、技术研发突破，通过系统化创业辅导，让创业者最大限度地享受优质创业服务，加速潜力企业发展，促使优质种子企业成长为本土新星，同时借助精准化对接，促进资本与项目高效融合，形成健康的本土科技生态系统。本次大赛的口号为：“有了金牌经纪人，你的创业更精彩!”

2. 社会创业组织

1) 深圳柴火创客空间

柴火创客空间 2010 年正式成立，寓意于“众人拾柴火焰高”，是深圳创客们聚集的“创意会所”，成立 4 年，已经吸引 1 万多人参加活动。柴火创客空间为创新制作者提供自由、开放的协作环境，鼓励跨界交流，促进创意的实现以至产品化。

2015 年 1 月 4 日下午，李克强总理走进了深圳柴火创客空间。那天，深圳华侨城创意园区内，十几名充满激情的年轻人强烈地感受到总理就是他们中的一员。他们是一群称呼自己为“创客”的人。这是英文“Maker”的翻译，特指那些热衷于利用新技术将非同凡响的创意转变为现实产品的人。李克强接受了这家创客空间馈赠他的一本“创客护照”——由此成为这个空间的第 99 号荣誉会员。“他不是走过场、随便参观一下的那种，而是真的感兴趣，是真的愿意探究我们这里创意出的许许多多新东西。我们觉得他本人就像一个创客，一个 Maker!”这里的负责人说。

2) 中关村 3W 咖啡模式

3W 咖啡成立于 2011 年，位于中关村创业大街，是由中国互联网行业领军企业家、创业家、投资人组成的人脉圈层。3W 是一家公司化运营组织，其业务包含天使投资、俱乐部、企业公关、会议组织和咖啡厅，3W 咖啡是 3W 拥有的咖啡馆经营实体。

2015 年 5 月 7 日，李克强总理亲临中关村创业大街 3W 咖啡。他坐下来与年轻人边喝咖啡边聊创业。蜂拥围拢过来的创业者争抢着向总理介绍各自的项目。听到大家各种奇思妙想的创意，总理感叹道：“这里精彩纷呈，什么想法都有!真正知道社会需求的是大众，这正是大众创业的精髓所在。”

1.3 创业过程中的法律问题

1.3.1 法律责任概述

1. 法律责任的概念

法律责任是指因违反法定义务或契约义务，或不当行使法律权利、权力所产生的，由行为人承担的不利后果。

2. 法律责任的类型

从不同角度或按不同标准，可以对法律责任进行不同的分类。按违法性质和危害程度，可以将法律责任分为民事责任、行政责任、刑事责任和违宪责任。

(1) 民事责任，指由于违反民事法律、违约或者由于民法规定所应承担的一种法律责任，包括停止侵害、消除危险、返还财产、恢复原状、修理、重作、更换、赔偿损失、支付违约金、恢复名誉、赔礼道歉等。

(2) 刑事责任，指行为人因其犯罪行为所必须承受的，由司法机关代表国家所确定的否定性法律后果，包括主刑和附加刑。主刑包括管制、拘役、有期徒刑、无期徒刑、死刑；附加刑包括罚金、剥夺政治权利、没收财产、驱逐出境。

案例 1-15

“皮包公司”疯狂代开增值税发票被查

设立空壳企业，某公司累计虚开增值税专用发票 5 000 多份，涉及金额上亿元、税款 4 000 多万元，卖给浙江、江苏、湖北、山东、辽宁、重庆和上海等省市 50 多家企业。犯罪嫌疑人被移送司法机关追究刑事责任，涉案财产被依法查封。

(3) 行政责任，指因违反行政法规定或因行政法规定而应承担的法律责任，分为行政处分和行政处罚两种。行政处分包括警告、记过、记大过、降级、撤职、开除；行政处罚包括警告、罚款、没收违法所得、没收非法财物、责令停产停业、暂扣或吊销许可证、暂扣或者吊销执照、行政拘留，法律、行政法规规定的其他行政处罚。

案例 1-16

餐馆卫生不合格被责令停业整改

某创业者，在闹市区开办了一家餐馆，经营早餐和快餐业务。在相关部门的检查中，被查出卫生不合格，而且，各项指标均未达到标准。相关部门责令其停产整改。

(4) 违宪责任，指由于有关国家机关制定的某种法律和法规、规章，或有关国家机关、社会组织或公民从事了与宪法规定相抵触的活动而产生的法律责任。

1.3.2 增强法律意识

1. 我国将全面推进依法治国

2012 年 11 月 8 日，中国共产党第十八次全国代表大会对全面推进依法治国做出重大部署，强调把法治作为治国理政的基本方式。

2014 年 10 月 20 日，中共十八届四中全会在北京召开，首次以全会的形式专题研究部署全面推进依法治国这一基本治国方略。会议通过了《中共中央关于全面推进依法治国若干重大问题的决定》。

全面推进依法治国，总目标是建设中国特色社会主义法治体系，建设社会主义法治国家。即在中国共产党领导下，坚持中国特色社会主义制度，贯彻中国特色社会主义法治理论，形成完备的法律规范体系、高效的法治实施体系、严密的法治监督体系、有力的法治保障体系，形成完善的党内法规体系，坚持依法治国、依法执政、依法行政共同推进，坚持法治国家、法治政府、法治社会一体建设，实现科学立法、严格执法、公正司法、全民守法，促进国家治理体系和治理能力现代化。

2. 防范外部法律纠纷

创业中，你会遇到各种各样的法律问题，如合同纠纷、债权债务纠纷、劳动人事纠纷、房产物业纠纷、投资融资纠纷、知识产权纠纷等。在创业过程中，时刻提防受骗，尽量在事前避免法律纠纷，是创业过程中必须认真对待的问题。

案例 1-17

一位创业大学生的维权“苦旅”

2015 年 2 月 6 日，一场官司打完后，创业大学生靳秀丽的维权“苦旅”又回到了起点。近半年时间，她和团队用了各种办法也没能将 5 万多元的货款要回，“原本以为是一笔大买卖，没想到栽了个大跟头。”大单成“大坑”。

3. 防范团队内部法律纠纷

在创业过程中，既要对外增强法律意识，也要对内增强法律意识，尽量在事前避免法律纠纷。创业团队内部可能出现的情况包括以下几种。

(1) 创业团队内部没有事先书面约定好股权兑换事宜。例如，创业团队成员共同出资成立企业，如果某位创始人过早离开，且这位离开者拥有公司的一大部分股权，企业有可能面临非常麻烦的法律纠纷中，给每一位创始人的投资设定股权兑现条款，可以防患于未然。

(2) 创业团队内部没有对知识产权做必要的约定。团队成员离职可能会带走作为公司重要资产的知识产权。团队成员向企业转让知识产权的行为，意味着他们对公司做出的承诺。在创建企业过程中，可以让每一位成员签署一份知识产权转让协议，列明其拥有的任何对公司有价值的知识产权，列出不能违背的条款。

(3) 在签署协议前没有充分理解重要条款的含义及后果。由于种种原因，一些团队成员不认真阅读，或者一厢情愿地理解所签署的文件。这可能埋下隐患，有些时候不得不重新对其中的重要条款进行协商，或最终付出比预期更高昂的代价。

(4) 对不合适及有破坏性的团队成员没有及时“炒鱿鱼”。在创业公司中，没有比不适合的团队成员更糟糕的事情了。作为创业公司重要的一点是快速招聘合适的员工来创造企业文化，并且更快速地解雇不合适的那批人。哪些人会给创业企业带来麻烦？是技能达不到要求？是执行力较差？是性情古怪难以合作？或是理念相距甚远？不管什么原因，如果任由他们存在、发展，会给企业制造更多的法律问题，增加不必要的内部管理成本，瓦解公司积极向上的创业文化，就应该及时“炒鱿鱼”，避免因此导致的分裂及拖垮企业的结局。

(5) 创业企业未将重要的商业事务形成书面文件。对早期创业者而言，最常见的问题是对书面文件的忽视问题。急于做很多事情，急于成功。

1.3.3 依法创业和依法维权

对于创业者而言，依法创业和依法维权是一个问题的两个方面。

1. 依法创业

在自我创业的时候，一定要求自己知法、守法。多学习一点法律常识能让自己在创业路上走得更长远，它能帮助创业者避免其他企业家所面临的困境，尤其是法律问题。必要时，可以为企业聘任法律顾问。

案例 1-18

十年创业买“宝马”，一朝制假进“班房”

十年前，邵某在一家电子厂打工，后来办起了一个小型电子厂。由于经营有方，年纪轻轻就在深圳站稳了脚跟，买了宝马车和商品房。但他并不知足，觉得利用名牌商标可获取更大利润。2012 年 10 月至 2013 年年底，在他的精心筹划下，一批假冒苹果商标的键盘、鼠标套装、音响饰品等产品相继出厂。2014 年，派出所正式立案侦查。经过审讯，嫌疑人对假冒苹果商标的犯罪事实供认不讳。目前，嫌疑人已被刑拘。

案例 1-19

一外逃嫌犯回国自首

2015 年，出逃国外的合同诈骗犯罪嫌疑人胡某正式被警方劝返回国。2012—2013 年，大学毕业后自主创业的×××，涉嫌合同诈骗，涉案金额巨大。为逃避打击，他逃往境外。同年，被公安机关列为网上逃犯。在“猎狐”专项行动中，公安局将×××作为重点工作对象，通过反复做家属工作，劝说犯罪嫌疑人回国投案自首。在公安机关的努力下，胡权衡利弊，最终下定决心回国投案自首。

2. 依法维权

用法维权。作为法治社会中的一员，创业者一定要学会用法律维权。

案例 1-20

产 品 货 款

香港中文大学毕业的黄祖斌，在创业时就遇到过这种情况。据黄祖斌回忆，第一次创业时他很单纯，曾被人“坑”了一次。那一次，他卖出了产品，买方却不认账，双方因合同纠纷打起了官司。一审判定黄祖斌作为卖方反倒要赔 40 万元。这 40 万元让当时创业面临失败的黄祖斌有了走投无路的感觉。他拼尽全力，尝试了所有办法，最终在二审的时候才把这件事情扛过去。在这次挫折中，黄祖斌学会了一句话：要学会用法律维权，咬咬牙坚持下来。

本 章 小 结

创业可分为广义概念和狭义概念。可以从个体和国家两个角度来理解创业的意义。创业是满足个体人生需求的途径之一，是实现中华民族伟大复兴的需要。要正确对待创业的成功与失败。

创业的关键要素包括创业机会、创业团队和创业资源等。按创业动机，可以把创业分为生存型创业和机会性创业两类；按规模，可将创办企业分为大型企业、中型企业、小型企业和微型企业。

创业过程包括创业者从产生创业想法到创建新企业或开创新事业并获取回报整个时间段，涉及识别机会、组建团队、寻求融资等诸项活动。创业大致划分为机会识别、资源整合、创办新企业、新企业生存和成长 4 个主要阶段。

创业精神是创业者、创业企业持续创新成长的生命力。对于个体而言，只有在很强的创业精神的引领下，创业者才能克服各种苦难，坚持从事创新活动。

广义的创业教育是培养创业者的创业基础素质和开创性个性的教育。狭义的创业教育是通过开设创业学课程，给大学生传授从事创业实践活动所必须具备的知识、技术、能力等，掌握创业的本领和技巧，使培养出来的毕业生能够创造性的就业和创造新的就业岗位。

在世界上，柯林·博尔最早提出创业教育的理念。各国广泛开展创业教育工作。我国高校创业教育经历了由创业竞赛至创业教育，由师资培训至学生培养，由课堂教学向多种模式转变，由知识传授向素质教育的转变4个发展阶段。

我国政府非常重视大众创业管理服务体系建设。

创业者要重视法律责任问题。法律责任是指因违反法定义务或契约义务，或不当行使法律权利、权力所产生的，由行为人承担的不利后果。可将法律责任分为民事法律责任、行政法律责任、刑事法律责任和违宪法律责任。

创业者要增强法律意识。在创业过程中，既要对外增强法律意识，也要对内增强法律意识，尽量在事前避免法律纠纷。

要依法创业和依法维权。

思 考 题

1. 什么是创业？你怎样理解创业的意义？
2. 创业包括哪些关键要素？
3. 简述创业的过程、创业的阶段。
4. 什么是创业精神？
5. 举例论述创业精神对创业成败的影响。
6. 举例阐述如何培养创业精神。
7. 什么是创业教育？
8. 简述国内外创业教育的发展历程。
9. 举例论述创业者为什么要重视法律责任问题。

第2章 创业者与创业团队

学习目标

1. 理解创业者定义及其品质、素质和能力。
2. 掌握创业团队及其组建原则和步骤。
3. 了解创业团队成员的角色属性分析和岗位恰当配置。
4. 了解创业团队的企业社会责任。

2.1 创 业 者

2.1.1 创业者内涵

1. 创业者的定义

关于创业者一词，不同的学者给出了不同的定义，这些定义从不同角度反映了创业者的内涵，但我们更倾向于下面这个定义，它更全面地揭示了创业者的本质。

创业者是指某个人发现某种信息、资源、机会或掌握某种技术，利用或借用相应的平台或载体，将其发现的信息、资源、机会或掌握的技术，以一定的方式，转化、创造成更多的财富、价值，并实现某种追求或目标的过程的人。

2. 通过创业教育可以培养和提高创业者的创业素质和能力

创业者并不是特殊人群，创业本身并不神秘。具备一些独特技能和素质有助于成功创业，创业精神和创业能力可以通过后天培养而获得。一个人通过适当学习和实践经验的积累，在具备了一些独特的创业技能和素质后，完全可能成功创业。

实证研究也支持这一观点：通过创业教育可以培养和提高创业者的创业素质和能力。2000 年，美国学者查尼和利贝卡对亚利桑那大学创业教育的跟踪调查表明，参加创业教育的毕业生平均创业能力是非创业教育毕业生的 3 倍；创业学专业毕业生自己开办的公司或者雇用他们的那些初创型公司，在销售额与员工数量的增长上比那些非创业学专业毕业生所在的公司高约 5 倍；创业学专业毕业生的平均工资、年收入比非创业学专业毕业生高出 27%；毕业后获得的个人财富比其他专业学生要高出 62%。

2.1.2 创业者的素质与能力

创业者素质是个综合性很强的概念，其不仅具有深刻的内涵，而且具有广泛的外延。创业者素质是泛指构成创业者的品德、知识、才能和身心诸要素在特定时间和环境内的综合状态，是创业者主体通过学习和自身的实践而形成和发展起来的，具有内在的、本质的及相对稳定的身心要素的整体系统。

一个创业者要具备怎样的素质呢？但对于创业者素质的外延界定，国内外学者见仁见智。我国《科学投资》杂志通过对大量案例分析研究，发现了成功创业者的一些共性，从中总结出我国创业者的十大素质，具有一定的代表性。

1. 创业者的素质

1) 强烈的欲望

创业者的欲望与普通人欲望的不同之处在于，他们的欲望往往超出他们的现实，往往需要打破他们现在的立足点，打破眼前的樊笼，才能够实现。或许我们可以说："欲望是创业的最大推动力。"所以，创业者的欲望往往伴随着行动力和牺牲精神。

2) 超乎想象的忍耐力

在创业的路上，付出怎样的代价，付出怎样的努力，忍受了多少别人不能够忍受的憋闷、痛苦，甚至是屈辱，这种心情只有创业过的人最清楚！有多少人愿意付出与他们一样的代价？

对一般人来说，忍耐是一种美德，对创业者来说，忍耐却是必须具备的品格。

3) 开阔的眼界

对于创业者来说，只有广博的见识、开阔的眼界，才能有效地拉近自己与成功的距离，使创业活动少走弯路。

4) 善于把握趋势又通人情事理

势，就是趋向。创业的人，一定要跟对形势，要研究政策，这是大势。在政策方面，国家鼓励发展什么，限制发展什么，对创业的成败更有很大关系。方向对了，顺着国家鼓励的层面努力，可能事半功倍；方向错了，一定会鸡飞蛋打。中势指的就是市场机会，市场上现在时兴什么，流行什么，人们现在喜欢什么，不喜欢什么，可能就指明了你创业的方向。小势就是个人的能力、性格、特长。创业者在选择创业项目时，一定要找那些适合自己能力，契合自己兴趣，可以发挥自己特长的项目，这样才有利于你做持久性的、全身心的投入。

一个创业者要懂得人情事理。老话说："世事洞明皆学问，人情练达即文章。"创业是一个在夹缝里求生存的活动，尤其处于社会转轨时期，各项制度、法律环境都不十分健全，创业者只有先顺应社会，才能避免在人事关节上出问题。创业者一定要明势，不但要明政事、商事，还要明世事、人事，这应该是一个创业者的基本素质。

5) 敏锐的商业嗅觉

创业者的敏感，是对外界变化的敏感，尤其是对商业机会的快速反应。

有些人的商业感觉是天生的，如胡雪岩，更多人的商业感觉则依靠后天培养。如果你有心做一个商人，你就应该像训练猎犬一样训练自己的商业感觉。良好的商业感觉是创业者成功的最好保证。

6) 拓展人脉

创业的外部资源中最重要的一点是人脉资源的创业，即创业者构建其人际网络或社会网络的能力。

一个创业者如果不能在最短时间之内建立自己最广泛的人际网络，那他的创业道路一定会非常艰难，即使其初期能够依靠领先技术或者自身素质(如吃苦耐劳或精打细算)获得某种程度上的成功，我们也可以断言他的事业一定做不大。

创业者人际资源，按其重要性来看，第一是同学资源。在许多成功者的身后都可以看到同学的身影，与同学相似的，是战友；可以与同学和战友相提并论的是同乡。同学资源和同乡资源，可并称为创业者最重要的两大外部资源。第二是职业资源。职业资源即创业者在创业之前，为他人工作时所建立的各种资源，主要包括项目资源和人际资源。充分利用职业资源，从职业资源入手创业，符合创业活动"不熟不做"的教条。选择从职业资源入手进行创业，已经成为许多人创业成功的捷径和法宝。第三是朋友资源。一个创业者，三教九流的朋友都要交，谈得来、交得上，就好像十八般兵刃，到时候不一定就用上了哪般。朋友犹如资本金，对创业者来说是多多益善。

7) 谋略

创业者的智谋，将在很大程度上决定其创业的成败。尤其是在目前产品日益同质化，市场有限，竞争激烈的情况下，创业者不但要能够守正，更要有能力出奇。对创业者来说，无所谓大智慧小智慧，能把事情做好，能赚到钱就是好智慧。创业者的智慧是不拘一格，出奇制胜。

例如，丽华快餐就是一个典型的例子。丽华快餐由一个叫蒋建平的人创立，开始不过是常州丽华新村里的一个小作坊，在蒋建平的精心打理下，很快发展为常州第一快餐公司。几年前，当蒋建平决定进军北京时，北京快餐业市场已近饱和。蒋建平剑走偏锋，从承包中科院电子所的食堂做起，做职工餐兼做快餐，这样投入少而见效快；由此推而广之，好像星火燎原，迅速将丽华快餐打入了北京市。假如蒋建平当初进入北京，依循常规，租门面，招员工，拉开架式从头做起，恐怕丽华快餐不会有今天。

8) 胆量

创业本身就是一项冒险活动。要有胆量，敢下注，想赢也敢输，创业是最需要强大心理承受能力的一项活动。创业需要胆量，需要冒险。冒险精神是创业家精神的一个重要组成部分，但创业毕竟不是赌博。创业家的冒险，迥异于冒进。什么叫冒险，什么叫冒进？冒险是这样一种东西，你经过努力，有可能得到，而且那东西值得你得到。否则，你只是冒进，死了都不值得。创业者一定要分清冒险与冒进的关系，要区分清楚什么是勇敢，什么是无知。无知的冒进只会使事情变得更糟，你的行为将变得毫无意义。

9) 与他人分享的愿望

作为创业者，一定要懂得与他人分享。一个不懂得与他人分享的创业者，不可能将事业做大。只有当老板舍得付出，舍得与员工分享，员工的生存需要、安全需要、尊重需要就从老板这里都得到了满足。员工出于感激，同时也因为害怕失去眼前所获得的一切，就会产生“自我实现的需要”，通过自我实现，为老板做更多的事，赚更多的钱，做更大的贡献，回报老板。这样就构成了一个企业的正向循环、良性循环。

分享不是慷慨，对创业者来说，分享是明智。

10) 自我反省

反省其实是一种学习能力。创业既然是一个不断摸索的过程，创业者就难免在此过程中犯错误。反省正是认识错误、改正错误的前提。对创业者来说，反省的过程，就是学习的过程。是否具有自我反省的能力，以及是否具备自我反省的精神，决定了创业者能不能认识到自己所犯的错误，能不能改正所犯的错误，是否能够不断地学到新东西。成功创业者有一个共同之处，就是都非常善于学习，勇于进行自我反省。

创业者需要的是综合素质，每一项素质都很重要，不可偏废。缺少哪一项素质，将来都必然影响事业的发展。有些素质是天生的，但大多数可以通过后天的努力改善。如果你能够从现在做起，时时惕厉，培养自己的素质，你的创业成功一定指日可待。

2. 创业者能力

面对创业机会，能否有效地把握，就必然涉及创业能力。

《全球创业观察报告(GEM)》将创业能力归纳为创办企业的经验、对机会的捕捉能力，以及整合资源的能力。研究表明，中国人的创业能力在2002—2007年的5年间变化很小，创业能力低于GEM的平均值，说明我国的创业能力属于低水平。

《全球创业观察中国报告(2002—2012年)》显示，在参与全球创业观察的60多个国家和地区中，中国的创业排名已从 2002 年的 11 名提升到第 2 名，成为全球创业活动最活跃的地方之一。中国创业活动虽然以机会型创业为主，但是总体质量不高，高学历创业者少，且较多集中于低技术行业，以利用劳动力成本优势为主，对长期的经济增长和出口贡献相对不足。

1) 创办企业的经验

《全球创业观察 2002 中国报告》提出，大多数人都认为创办新的公司是不容易的，而且人们缺乏创办新公司的经验，未能组织创办公司所需的各种资源，也不知道如何管理这样一家新成立的小公司。报告认为，我国最欠缺的创业能力是管理创业企业的经验和知识，其次是在机会识别和资源组织上的能力不足。中国的创业者中，具备创办企业技能和经验的人在 2013 年为 40%左右(2012 年为 35.7%)。

2) 对机会的捕捉能力

研究表明，相对于众多的创业机会，人们缺乏有效的把握能力。《全球创业观察 2002 中国报告》中就指出，对于创办新公司的机会大多数人很难做出快速的反应。从 2002—2012 年中国创业的总体情况看，我国目前仍然没有摆脱创业者的窘境，一方面有创业机会，也有创业动机和意愿，创业机会多，创业机动性强；另一方面，创业者捕捉创业机会能力低下，很难把握住创业机会。

3) 整合资源的能力

整合资源的能力是指创业者在创业过程中对资源的识别、获取、配置和利用的能力。创业资源在未整合之前大多是零散的，要发挥其最大的效用，转化为竞争优势，为企业创造价值，就需要新创企业运用科学方法将不同来源、不同效用的资源进行配置与优化，使有价值的资源融合起来，发挥“1＋1＞2”的放大效应。研究表明，我国创业者资源组织上的能力不足，未能组织起创办公司所需的各种资源，成为影响我国创业企业关闭率居高不下的重要原因之一。《全球创业观察中国报告(2010)》显示，我国关闭企业的比例远高于 GEM 成员的平均水平，是 GEM 参与国家和地区中关闭率最高的。

2.1.3 创业动机的内涵与分类

1. 创业动机的内涵

对于创业动机的定义，国内外学者的表述不尽相同。我们认为创业动机是指激起和维持人们进行创业活动，并使创业活动朝着某些目标前进的内部动力。它是激励人们实现创业成功的内在力量。

2. 创业动机的分类

关于创业动机的分类，国内外学者也是意见不一。《全球创业观察报告(2001)》中第一次提出把创业动机分为两类：生存型创业和机会型创业。

1) 生存型创业与机会型创业的定义

2001 年，GEM 报告的撰写者雷诺兹等最先提出了机会型创业和生存型创业的概念，并逐年对机会型创业和生存型创业的概念进行丰富。

生存型创业是创业者为了生存，没有其他选择而无奈进行的创业，显示出创业者的被动性。

机会型创业指为了追求一个商业机会而从事创业的活动。

2) 生存型创业与机会型创业的区别

机会型创业和生存型创业不是创业者的主观选择结果，而是由创业者面临的环境和能力决定的。创业环境是宏观因素，需要社会有意识和有计划地改善；而创业能力特别是开创新市场的能力可以通过教育来提高。当然，创业能力中所包含的创业意识在一定程度上也是一种天赋，既有自主选择的一面，也有被迫选择的可能。所以，生存型创业与机会型创业之间存在着较为明显的区别。

(1) 创业者的个人特征不同。创业者的年龄和学历等个人特征对创业类型起着显著影响。全球创业观察研究发现，在年龄为 25～44 岁的人进行机会型创业可能性更大，而年龄为 45～54 岁的创业者，进行生存型创业的比例则明显高于机会型创业；另外，学历高低与机会型创业比例正相关，而与生存型创业比例负相关。

(2) 创业者对风险的承受能力和投资回报预期不同。由于创业投资回报与创业风险成正比，生存型创业者对于失败的恐惧比机会型创业者高两倍，因此生存型创业者比机会型创业者更偏好较低的风险和投资回报，而机会型创业者往往更偏好较高的风险和投资回报。

(3) 创业者面对的资金和技术限制不同。生存型创业者更多地受到创业资金的限制，同时，由于本身受教育程度较低、人力资源相对缺乏，更多地主动回避技术壁垒较高的行业。而机会型创业者拥有更多的创业资金，更关注新的市场机会，选择的行业无论是从资金壁垒还是技术壁垒上，都远远高于生存型创业者。

(4) 创业资金来源不同。机会型创业者能比生存型创业者获得更多的贷款资金和政府支持。生存型创业者的资金主要来源于个人和家庭自筹。

(5) 对经济结构的影响不同。另外，机会型创业着眼于新的市场机会，拥有更高的技术含量，有可能创造更大的经济效益，从而改善经济结构。

(6) 对就业的影响不同。与生存型创业相比，机会型创业不仅能解决自己的就业问题，而且能解决更多人的就业问题。

2.1.4 创业动机的驱动因素

1. 四因素结构模型

唐纳德·F. 库拉特科等学者在总结前人研究的基础上，对来自美国中西部的 234 名创业者进行了结构化访谈，经过对数据进行收集和分析，提出了创业动机的四因素结构模型，包括外部报酬、独立/自主、内部报酬、家庭保障。各因素的指标见表 2-1。

表 2-1 唐纳德·F. 库拉特科等学者的创业动机四因素指标

外部报酬	独立/自主	内部报酬	家庭保障
① 获得个人财富； ② 增加个人收入； ③ 增加收入机会	① 人身自由； ② 个人保障； ③ 自我雇佣； ④ 做自己的老板； ⑤ 控制自己的职业命运	① 得到公众的认可； ② 迎接挑战； ③ 享受兴奋； ④ 个人成长； ⑤ 证明自己的能力	① 家庭成员将来的保障； ② 建立一个可以传承下去的家族企业

资料来源：Kuratko, D. F., Hornsby, J. S. & Naffziger, D. W. (1997). An Examination of Owners, Goals in Sustaining Entrepreneurship. Journal of Small Business Management, vo1.35, No.1, 24-33.

之后，有学者对此结构进行了校验，在肯定库拉特科等的四因素结构的基础上进行了修订，外部报酬的指标去掉了“获得个人财富”，增加了“增加销售额和利润”与“改善生活”两个指标；内部报酬维度去掉了“享受兴奋”，其他指标都保留；家庭保障维度增加了“接近家庭”与“为退休做准备”两个指标。

库拉特科等的四因素结构模型与后面学者们提出的四因素结构相比有以下不足，库拉特科等的研究开始没有进行预访谈，正式访谈也只是结构化的访谈，而没有结合半结构访谈或开放式访谈，这样导致不能穷尽所有可能的因素；而后来学者们的研究则避免了上述缺陷，对库拉特科等的指标进行了修订和发展。

2. 二因素结构模型

曾照英和王重鸣基于国外学者的研究，提出了中国情境下创业者动机的二因素结构模型：事业成就型和生存需求型。其中，事业成就型包括获得成就认可、实现创业想法、扩大圈子影响、成为成功人士、控制自己人生 5 个维度；生存需求型包括不满薪酬收入、提供经济保障、希望不再失业 3 个维度，见表 2-2。

表 2-2 事业成就型和生存需求型

类 型	事业成就型	生存需求型
因 素	获得成就认可； 实现创业想法； 扩大圈子影响； 成为成功人士； 控制自己人生	不满薪酬收入； 提供经济保障； 希望不再失业

从二因素结构模型的之前学者对创业动机维度的定义是基于西方创业者的创业动机研究得出的结果，而这个模型则是针对中国创业者。因此，这在一定程度上丰富了我国创业动机研究的内容。

案例 2-1

小测验：你做好创业的准备了吗

创业充满了诱惑，但并非每个人都适合走这条路。美国创业协会设计了一份测试题，假如你正想着自己“单挑”，不妨做做下面的题。

以下每道题都有 4 个选项：A. 经常；B. 有时；C. 很少；D. 从不。

(1) 在急需决策时，你是否在想“再让我考虑一下吧”？

(2) 你是否为自己的优柔寡断找借口说“得慎重，怎能轻易下结论呢”？

(3) 你是否为避免冒犯某个有实力的客户而有意回避一些关键性的问题，甚至有意迎合客户呢？

(4) 你是否无论遇到什么紧急任务都先处理日常的琐碎事务呢？

(5) 你是否非得在巨大压力下才肯承担重任？

(6) 你是否无力抵御妨碍你完成重要任务的干扰和危机？

(7) 你在决策重要的行动和计划时，常忽视其后果吗？

(8) 当你需要做出很可能不得人心的决策时，是否找借口逃避而不敢面对？

(9) 你是否总是在晚上才发现有要紧的事没办？

(10) 你是否因不愿承担艰巨任务而寻找各种借口？

(11) 你是否常来不及躲避或预防困难情形的发生？

(12) 你总是拐弯抹角地宣布可能得罪他人的决定吗？

(13) 你喜欢让别人替你做你自己不愿做而又不得不做的事吗？

计分：选 A 得 4 分，选 B 得 3 分，选 C 得 2 分，选 D 得 1 分。

分析：得分 50 分以上，说明你的个人素质与创业者相去甚远；40～49 分，说明你不算勤勉，应彻底改变拖沓、低效率的缺点，否则创业只是一句空话；30～39 分，说明你在大多数情况下充满自信，但有时犹豫不决，不过没有关系，这也是稳重和深思熟虑的表现；15～29 分，说明你是一个高效率的决策者和管理者，有望成为成功的创业者，你还等什么？

2.2 创业团队

据阳光巴士创业网的调查显示，团队创业成功的概率远远高于个人创业，在创业成功的公司里，有 70%都是依靠团队创业的。因此，当我们下定决心准备创业的时候，最重要的就是建立一支团结一致、共同创业的团队。

2.2.1 创业团队及其对创业的作用

1. 团队与创业团队的定义

团队是由少数具有技能互补的人组成，他们认同于一个共同目标和一个能使他们彼此担负责任的程序，并相处愉快、乐于一起工作，共同为达成高品质的结果而努力。

创业团队是指在创业初期(包括企业成立前和成立早期)，由一群才能互补、责任共担、愿为共同的创业目标而奋斗的人所组成的特殊群体。

2. 创业团队的作用

1) 降低管理风险、提高管理水平

团队创业在许多方面都比个体创业有优势，对创业成功起着举足轻重的作用。创业团队的凝聚力、合作精神、立足长远目标的敬业精神会帮助新创企业渡过危难时刻，加快成长步伐。另外，团队成员之间的互补、协调及与创业者之间的补充和平衡，对新创企业起到了降低管理风险、提高管理水平的作用。

2) 创业团队的素质能提高新创企业的生存状况

Arild Aspelund 对新创技术型公司的创业团队研究表明，创业是一个包含众多人的组织形成过程，特别是这个过程更为复杂的技术型公司要求输入更多的能力。Arild Aspelund 还研究了团队成员在创业过程的不同阶段个人经历、能力和资源控制水平对新企业死亡率的影响，并认为创业团队的素质能提高新创企业的生存状况；创业团队对技术型公司企业影响最大的并不是团队本身的大小，而是团队成员的经历。

3) 团队创办企业的存活率和成长性较高

大量的实证研究也表明，团队创办的企业在存活率和成长性两方面都显著高于个人创办的企业(Timmons，1990)。20 世纪 60 年代，美国一项针对 104 家高科技企业的研究报告指出，在年销售额达到 500 万美元以上的高成长企业中，有 83.3%是以团队形式建立的；而在另外 73 家停止经营的企业中，仅有 53.8%有数位创始人。这一模式在一项关于“128

公路一百强”的研究中表现得更为明显：100 家创立时间较短、销售额高于平均数几倍的企业中 70%有多位创始人。

综上所述，组建一支优秀的创业团队对于创业成功的作用巨大。

3. 创业团队的类型

一般说来，创业团队大体上可以分为 3 种，即星状创业团队(Star team)、网状创业团队(Nesh team)和从网状创业团队中演化来的虚拟星状创业团队(Virtual star team)。这和网络拓扑结构极其相似。

1) 星状创业团队

星状创业团队一般在团队中有一个核心主导人物，充当了领军的角色。这种团队在形成之前，一般是核心主导人物有了创业的想法，然后根据自己的设想进行创业团队的组织。因此，在团队形成之前，核心主导人物已经就团队组成进行过仔细思考，根据自己的想法选择相应人物加入团队，其他的团队成员在企业中更多时候是支持者角色。

星状创业团队的特点包括：一是组织结构紧密，向心力强，主导人物在组织中的行为对其他个体影响巨大；二是决策程序相对简单，组织效率较高；三是容易形成权力过分集中的局面，从而使决策失误的风险加大；四是当其他团队成员和主导人物发生冲突时，因为核心主导人物的特殊权威，使其他团队成员在冲突发生时往往处于被动地位，在冲突较严重时，一般都会选择离开团队，因而对组织的影响较大。

这种组织的典型例子比如：太阳微系统公司(Sun Microsystem)创业当初就是由维诺德·科尔斯勒确立了多用途开放工作站的概念，接着他找了乔伊和贝希托尔斯海姆两位分别在软件和硬件方面的专家，和一位具有实际制造经验和人际技巧的麦克尼里，于是，组成了 SUN 的创业团队。

2) 网状创业团队

这种创业团队的成员一般在创业之前都有密切的关系，如同学、亲友、同事、朋友等。一般都是在交往过程中，共同认可某一创业想法，并就创业达成了共识以后，开始共同进行创业。在创业团队组成时，没有明确的核心人物，大家根据各自的特点进行自发的组织角色定位。因此，在企业初创时期，各位成员基本上扮演的协作者或者伙伴角色。

网状创业团队的特点包括：一是团队没有明显的核心，整体结构较为松散；二是组织决策时，一般采取集体决策的方式，通过大量的沟通和讨论达成一致意见，因此组织的决策效率相对较低；三是由于团队成员在团队中的地位相似，因此容易在组织中形成多头领导的局面；四是当团队成员之间发生冲突时，一般都采取平等协商、积极解决的态度消除冲突。团队成员不会轻易离开。但是一旦团队成员之间的冲突升级，使某些团队成员撤出团队，就容易导致整个团队的涣散。

这种创业团队的典型例子：微软的比尔·盖茨和童年玩伴保罗·艾伦，HP 的戴维·帕卡德和他在斯坦福大学的同学比尔·休利特等多家知名企业的创建多是先由于关系和结识，基于一些互动激发出创业点子，然后合伙创业，这种例子比比皆是。

3) 虚拟星状创业团队

这种创业团队是由网状创业团队演化而来。基本上是前两种的中间形态。在团队中，有一个核心成员，但是该核心成员地位的确立是团队成员协商的结果，因此，核心人物在某种意义上说是整个团队的代言人，而不是主导型人物，其在团队中的行为必须充分考虑其他团队成员的意见，不像星状创业团队中的核心主导人物那样有权威。

2.2.2 成功创业团队和失败创业团队的特征

1. 成功创业团队的特征

1) 目标明确

成功的创业团队对要达到的目标有充分的理解，并坚信这一目标包含重大的意义和价值。而且，这种目标的重要性还激励着团队成员把个人目标升华到群体目标。在成功的创业团队中，成员愿意为团队实现目标做出努力，并且清楚地知道他们应该做什么工作，以及他们怎样协同工作才能实现目标。

2) 相互信任

成员之间相互信任是成功的创业团队的显著特征，也就是说，每个成员对其他人的品行和能力都确信不疑。在日常的人际关系中我们能够体会到，信任是很脆弱的。它需要花大量的时间去培养而又很容易被破坏。而且，只有信任他人才能换来被他人的信任，不信任只能导致不信任。所以，维持群体内的相互信任，还需要引起创业团队的足够重视。

3) 技能互补

成功的创业团队是由一群有能力的成员组成的。他们具备实现目标所必需的技术和能力，而且相互之间有良好合作的个人品质，从而能出色完成任务。后者尤为重要，但却常常被人们忽视。有精湛技术能力的人并不一定就有处理群体内关系的高超技巧，而成功的创业团队的成员则往往兼而有之。

4) 高度认同

成功的创业团队成员对团队表现出高度的忠诚，为了能使团队获得成功，他们愿意去做任何事情。对成功团队的研究发现，团队成员对他们的团队具有高度认同感，他们把自己属于该团队的身份看作是自我的一个重要方面。因此，高度认同感表现为对群体目标的奉献精神，愿意为实现这一目标而调动和发挥自己的最大潜能。

5) 沟通良好

沟通良好是成功的创业团队一个必不可少的特征。团队成员通过畅通的渠道交流信息，包括各种言语和非言语交流，此外，管理者与团队成员之间良好的信息反馈也是良好沟通的重要特征，它有助于管理者指导团队成员的行动，消除误解。

6) 有效领导

有效的领导者能够让创业团队跟随自己共同度过最艰难的时期，因为他能为团队指明前途所在，他们向成员阐明变革的可能性，鼓舞团队成员的自信心，帮助他们更充分地了解自己的潜力。优秀的领导者不一定非要去指示或控制，成功的创业团队的领导者往往担任的是教练和后盾的角色，他们对团队提供指导和支持。

7) 利益分配公平

创业之初的股权分配与以后创业过程中的贡献往往并不一致，因此会发生某些具有显著贡献的团队成员，拥有股权数较低，贡献与报酬不一致的不公平现象。因此，好的创业团队需要有一套公平弹性的利益分配机制，来弥补上述不公平的现象。

2. 失败创业团队的特征

1) 团队成员个性不合

因为经验、友谊和共同兴趣结成合作伙伴，发现商业机会后共同创业的例子比比皆是。这种关系驱动的模式比较适用中国文化的特点，其团队的稳定性相对较高。但人际交集往往会掩盖团队成员性格上的差异、处理问题的态度，关系的远近亲疏也经常会成为制约团队发展的瓶颈。如果创业成员之间因为性格、个性、兴趣不合，很容易导致创业磨合期就出现分歧甚至分裂，引发团队解散的风险。

案例 2-2

两位史蒂夫分道扬镳

史蒂夫•乔布斯与史蒂夫•沃兹尼亚克(绰号沃兹)曾是老朋友，在 1976 年共同创立了苹果计算机公司。在创办苹果的过程中，沃兹与乔布斯堪称黄金组合，一个搞技术，一个负责市场，又迎合了个人计算机兴起的第一波浪潮，苹果很快就风生水起了。

沃兹是技术牛人，在苹果公司发展初期，沃兹在公司里的作用很重要，他在 20 世纪 70 年代中期创造出苹果一号和苹果二号，苹果二号风靡普及后，成为 70 年代和 80 年代初期销量最佳的个人计算机，苹果公司早期产品的专利权属于共同创办人沃兹。罗伯特•克林利曾在他的著作《偶然帝国》一书中说："沃兹称得上是苹果公司首席雇员。因为从技术的角度来看，沃兹就是苹果计算机。"但没过多久，两位共同创始人的矛盾就公开化了。

乔布斯创业早期常被批评为脾气坏、顽固、倔强、喜怒无常。他有着近乎摇滚明星的坏脾气，是一个小心眼的微观管理者，让自己的雇员不能不时刻分心提防。乔布斯的任性及这种自我为中心的工作作风得罪了太多的人，让他迅速走向危机。1985 年，苹果董事会最终投票做出了一个艰难的决定：剥夺了乔布斯在苹果公司的一切公职。

就在这一年，沃兹也离开了苹果。

两位史蒂夫共同成就了一家伟大的公司。但是，两个伟大的人物终究未能一直携手。

2) 团队成员经营理念不同

创业之初团队成员选择难免出现随意性和偶然性，或是在团队中承担某种角色的人才过多，团队成员之间角色和优势重复；或是团队成员的经营理念、处理问题方式不一致，团队思想不统一；或是随着企业的成长，有些成员能力难以适应更大规模、更规范的企业经营管理的需要，都会引发各种矛盾，最终导致整个创业团队的散伙。这种情况是非常普遍的，一个典型的例子就是联想的倪光南和柳传志。柳传志是一位有科技背景的企业管理者，而倪光南是一名著名的科学家，他们的分歧是经营理念的不一致，柳传志是市场导向，而倪光南是技术导向，这一根本的分歧导致了曾被誉为"中关村最佳拍档"的联想创业组合的分裂。

3) 缺乏明确和一致的团队目标

心理学家马斯洛指出：杰出团队的显著特征是具有共同的愿景与目标。凝聚人心的愿景与经营理念，是团队合作的基础。目标则是共同愿景在客观环境中的具体化，能够为团队成员指明方向，是团队运行的核心动力。

事实上，在创业初期，创业团队的目标一般并不十分清晰和明确，可能只是一个朦胧的发展方向，有些人甚至不明白自己为什么会走上创业的道路，而且即使创业领导者的目标明确，也不能保证其他成员都能够其正确理解团队目标的含义。随着创业进程的推进及外界环境的变化，团队成员可能会发现原先确定的目标和现实之间存在差距，必须对目标进行适当调整，此时如果团队成员之间意见难以调和，或是个人目标与组织目标出现较大的不一致，那么团队就会面临着解散的风险。

4) 激励机制不完善

有效激励尤其是利润分配方式是企业长期保持团队士气的关键。如果缺乏有效的激励，团队或者组织的生命都难以长久，有效激励的重点是给予团队成员合理的“利益补偿”。根据 2004 年 6 月对 200 多位在职工商管理研修班的学员进行的《创业管理调查》结果得知，影响中国现阶段创业团队散伙的前两个主要原因是团队矛盾(26%)和利益分配(15%)。团队矛盾的背后或多或少存在利益的影响，因此可以看出，利益分配对于创业团队的持续长期发展有着重要的意义。曹垣亮(2006)对 200 多位创业者“创业管理调查”表明，团队散伙排在前三位的原因是团队矛盾(26%)、利益分配(15%)、有效沟通(12%)。团队矛盾的背后或多或少有利益的成分，这两项合计占 41%，而被竞争对手打败的只有 1%。

2.2.3 创业团队的组建

1. 创业团队组建的基本原则

1) 目标明确合理原则

目标必须明确，这样才能使团队成员清楚地认识到共同的奋斗方向是什么。与此同时，目标也必须是合理的、切实可行的，这样才能真正达到激励的目的。

2) 互补原则

创业者之所以寻求团队合作，其目的就在于弥补创业目标与自身能力间差距。只有当团队成员相互之间在知识、技能、经验等方面实现互补时，才有可能通过相互协作发挥出“1＋1＞2”的协同效应。

3) 精简高效原则

为了减少创业期的运作成本、最大比例的分享成果，创业团队人员构成应在保证企业能高效运作的前提下尽量精简。

4) 动态开放原则

创业过程是一个充满了不确定性的过程，团队中可能因为能力、观念等多种原因不断有人在离开，同时也有人在要求加入。因此，在组建创业团队时，应注意保持团队的动态性和开放性，使真正完美匹配的人员能被吸纳到创业团队中来。

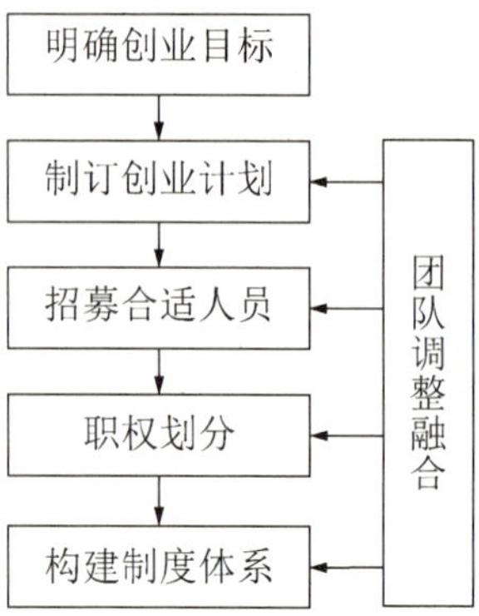

图 2.1 创业团队组建程序

2. 创业团队的组建步骤

创业团队的组建是一个相当复杂的过程，不同类型的创业项目所需的团队不一样，创建步骤也不完全相同。概括来讲，大致的组建程序如图 2.1 所示。

1) 明确创业目标

创业团队的总目标就是要通过完成创业阶段的技术、市场、规划、组织、管理等各项工作实现企业从无到有、从起步到成熟。总目标确定之后，为了推动团队最终实现创业目标，再将总目标加以分解，设定若干可行的、阶段性的子目标。

2) 制订创业计划

在确定了阶段性子目标及总目标之后，紧接着就要研究如何实现这些目标，这就需要制订周密的创业计划。创业计划是在对创业目标进行具体分解的基础上，以团队为整体来考虑的计划，创业计划确定了在不同的创业阶段需要完成的阶段性任务，通过逐步实现这些阶段性目标来最终实现创业目标。

3) 招募合适的人员

招募合适的人员也是创业团队组建最关键的一步。关于创业团队成员的招募，主要应考虑两个方面：一是考虑互补性，即考虑其能否与其他成员在能力或技术上形成互补。这种互补性形成既有助于强化团队成员之间彼此的合作，又能保证整个团队的战斗力，更好地发挥团队的作用。一般而言，创业团队至少需要管理、技术和营销 3 个方面的人才。只有这 3 个方面的人才形成良好的沟通协作关系后，创业团队才可能实现稳定高效。二是考虑适度规模，适度的团队规模是保证团队高效运转的重要条件。团队成员太少则无法实现团队的功能和优势，而过多又可能会产生交流障碍，团队很可能会分裂成许多较小的团体，进而大大削弱团队的凝聚力。一般认为，创业团队的规模控制在 2～12 人最佳。

4) 职权划分

为了保证团队成员执行创业计划、顺利开展各项工作，必须预先在团队内部进行职权的划分。创业团队的职权划分就是根据执行创业计划的需要，具体确定每个团队成员所要担负的职责及相应所享有的权限。团队成员之间职权的划分必须明确，既要避免职权的重叠和交叉，也要避免无人承担造成工作上的疏漏。此外，由于还处于创业过程中，面临的创业环境又是动态而复杂的，会不断出现新的问题，团队成员可能不断地出现更换，因此创业团队成员的职权也应根据需要不断地进行调整。

5) 构建创业团队制度体系

创业团队制度体系体现了创业团队对成员的控制和激励能力，主要包括了团队的各种约束制度和各种激励制度。一方面，创业团队通过各种约束制度(主要包括纪律条例、组织条例、财务条例、保密条例等)指导其成员避免做出不利于团队发展的行为，实现对其的行为进行有效的约束，保证团队的稳定秩序；另一方面，创业团队要实现高效运作和有效的激励机制(主要包括利益分配方案、奖惩制度、考核标准、激励措施等)，使团队成员才能看到随着创业目标的实现，其自身利益将会得到怎样的改变，从而达到充分调动成员的积极性、最大限度地发挥团队成员作用的目的。要实现有效的激励，首先必须把成员的收益模式界定清楚，尤其是关于股权、奖惩等与团队成员利益密切相关的事宜。需要注意的是，创业团队的制度体系应以规范化的书面形式确定下来，以免带来不必要的混乱。

6) 团队的调整融合

完美组合的创业团队并非创业一开始就能建立起来的，很多时候在企业创立一定时间以后随着企业的发展逐步形成的。随着团队的运作，团队组建时在人员匹配、制度设计、职权划分等方面的不合理之处会逐渐暴露出来，这时就需要对团队进行调整融合。由于问题的暴露需要一个过程，因此团队调整融合也应是一个动态持续的过程。团队调整融合工作专门针对运行中出现的问题不断地对前面的步骤进行调整，直至满足实践需要为止。在进行团队调整融合的过程中，最为重要的是要保证团队成员之间经常进行有效的沟通与协调，培养强化团队精神，提升团队士气。

2.2.4 创业团队管理中应注意的问题

创业是基于对理想的追求、对自身价值的体现。创业之初，团队成员之间可能彼此都能无悔的付出，但随着时间的流逝与企业的成长，权力分配、理念分歧、利益冲突等问题就会浮出水面，创业团队必须高度重视并解决这些问题，才能确保创业的成功。

1. 确立创业团队领导者

企业需要权威的老板，创业团队也必须有强势领导人。团队成员共同创业，但谁应该是主导者？谁来做最后决定？在发生利害冲突或彼此意见严重分歧时由谁来裁定、拍板？

创业团队领导者是创业团队的灵魂，是团队力量的协调者和整合者。创业团队必须确立团队领导者，团队领导者责无旁贷地担当权威主管的职责，他必须有宽广的胸怀和高尚的品质，有较高的素养和能力来组建、凝聚团队，并在激发团队热情和创造力、维系团队稳定方面起着非常重要的作用，在创业过程中随时做好团队成员之间的沟通、协调与激励，使团队的整体水平不断提高，以适应企业成长的需要。

2. 确保团队稳定

一般的团队成员在技能等方面都是互补型的，但团队成员的多样性往往带来成员在个性、行为方式上很大的差异，也使得团队管理承受了巨大压力。必须保证团队成员之间沟通渠道的通畅，一旦缺乏有效沟通与协调，就很难达成团队一致的目标，从而很可能产生团队分裂的严重后果。所以，要维持团队的稳定性，加强有效沟通与协调就应当成为创业团队的一种重要工作方式，团队领导者在组织团队和管理团队时，应当努力掌握和提高沟通与协调能力，善于倾听不同意见，善于概括、总结出正确的意见，克服困难和分歧。

3. 发挥团队成员互补优势

一方面，创业团队成员的互补性可以满足创业的不同需求，根据团队成员的个性特征和能力，在组建创业团队时应当结合团队的领导角色，对团队成员进行恰当的岗位配置，尽可能把“主内”与“主外”、耐心的“总管”和具有战略眼光的“领袖”、擅长技术与精通市场等方面的人才凝聚在团队中，充分发挥团队多样性的整体优势；另一方面，从人力资源管理的理论与实践来看，建立优势互补的创业团队对保持创业团队稳定的至关重要。创业者应当注意吸纳并培养具有不同专长的核心员工、聘用外部专业顾问，来增强团队的异质性。实践表明，创业团队规模越大，团队成员的经验越是各不相同(原则是要求互补性)，新企业存活的概率就越高，其成长也将越快。

4. 重视成员的公平感知与利益分配

当成员感觉利益分配不公正时，创业团队的冲突就不可避免。一种表现就是消极对待——减少努力或推卸责任，而更具破坏性的反应则是分裂退出——愤愤不平的合作者会选择离开企业，把他们的经验、知识、技术甚至关键性资源带走。如果这些人是团队的核心成员，这可能标志着新创企业开始走向死亡。因此，创业团队必须高度重视和谨慎对待公平感知与利益分配。

2.2.5 创业团队成员的角色类型与工作岗位配置

1. 七维度因素分析

创业团队成员如何进行合理分工与岗位配置，学者们进行过大量研究。

谢科范等人(2010)提出创业团队角色与岗位配置的七维度因素分析理论。七维度因素是指创新意识、风险意识、守则意识、道德心、责任心、表达力及决断力 7 个因素，可概括为“三意识＋二心＋二力”。该理论从意识、性情、自我效能 3 个方面对创业团队成员进行角色特征分析，继而探讨团队工作岗位配置。其中，意识因素包括创新意识、风险意识及守则意识，即“三意识”；性情因素包括道德心与责任心，即“二心”；自我效能因素包括表达力与决断力，即“二力”。七维度因素的强度分别用强、中偏强、中、中偏弱、弱 5 个指标表示。根据对创业团队成员七维度因素的评价与分析，就可以确定每个成员的角色属性，进而可考虑工作岗位的恰当配置，见表 2-3。

表 2-3 基于七维度分析的创业团队成员特征识别

维度 团队角色	岗位配置	创新意识	守则意识	风险意识	道德心	责任心	表达力	决断力
组织角色	领导	强	强	强	强	强	强	强
动议角色	销售	中偏强	中	中偏强	中偏强	中	强	中
监督角色	财务	中偏弱	强	强	强	强	中偏强	中
执行角色	生产	中偏弱	中偏强	中偏弱	中偏强	强	中偏弱	中偏弱
设计角色	研发	强	中	中偏弱	中偏强	中	中偏弱	中

资料来源：谢科范，吴倩，张诗雨. 基于七维度分析的创业团队岗位配置与角色补位[J]. 管理世界，2010(1).

2. 团队成员角色与岗位配置

(1) 组织角色适合领导。这类成员原则性强，具有较强的守则意识，道德心与责任心较强，有英雄主义思想；具有冒险精神，敢闯敢为，能聚拢团队；决断力较强，善于革新，可担任公司领导。

(2) 动议角色适合销售。这类成员明理，礼貌热情，淳朴轻财，道德心较强；富有开拓精神，创新意识强，创造力较高；表达方面能言善辩，但不够冷静，不宜进行决策工作，可谋企业销售公关之位

(3) 监督角色适合财务。这类成员恪守信用，守则意识较强；不喜权势，诚实敦厚，是值得信赖的人物；擅长思考，知识全面，善于整合各种资源，具有全局观念；具有较高的诚信度，行事稳重且谨慎，可谋企业财务之位。

(4) 执行角色适合生产。这类成员为人正直，守则意识较强，对权威性的规则具有较强的顺从心理；具有较强的道德心，对企业忠诚，因此可谋企业生产之位。

(5) 设计角色适合研发。这类成员聪明多智，思维发散，具有较强的创新意识；个性上较随和、谦虚，办事谨慎，因此可谋企业研发之位。

实际上，科学合理的角色属性搭配相比较创业团队成员人数来说更为重要。不同的创业团队面临着不同的创业目标和环境，需要进行恰当的团队成员选择和合理分工搭配才能有效提高创业成功率。

2.2.6 创业团队的社会责任

创业团队要创办新企业，就要承担企业的社会责任。企业社会责任(Corporate social responsibility，CSR)是指企业在创造利润、对股东承担法律责任的同时，还要承担对员工、消费者、社区和环境的责任，企业的社会责任要求企业必须超越把利润作为唯一目标的传统理念，强调要在生产过程中对人的价值的关注，强调对环境、消费者、对社会的贡献。

1. 国际上推进企业社会责任非常重视

世界上一些国际组织对推进企业社会责任非常重视，并成立了相关机构和组织，企业社会责任工作正在全球迅速扩展。1997 年，总部设在美国的社会责任国际组织(Social Accountability International，SAI)发起并联合欧美跨国公司和其他国际组织，制定了 SA 8000 社会责任国际标准，它是全球首个道德规范国际标准。联合国 2000 年实施的“全球契约”计划，提倡包括人权、劳工、环境和反腐败 4 个方面的 10 项原则，已有 2 900 多家世界著名企业加入全球契约。自 20 世纪 90 年代中期以来，随着欧盟统一市场的建立和逐步完善，欧盟就把推动企业社会责任作为一项重要工作。2005 年，欧盟所有成员国都制定了企业社会责任战略，2006 年在布鲁塞尔发起“欧洲企业社会责任联盟”。德国、英国、意大利、瑞典、法国等国都制订了实施企业社会责任的行动计划。

2. 我国对企业社会责任的理解

国内学者对企业的社会责任看法不尽相同，比较有代表性的是我国经济学家任玉玲的观点。国务院参事任玉岭以中国企业 CSR 研究中心首届专家委员会主任的身份，提出企业应承担的“八大社会责任”，被视为我国企业的“社会责任标准”。

1) 承担明礼诚信、保产品质量的责任

当前，企业诚信缺失，为追求利润最大化不择手段、不顾民众生命安全的事件频繁发生。由于企业的不守信，造成假冒商品随处可见，使消费者蒙受损失。很多企业因商品造假的干扰和打假难度过大，导致企业难以为继，岌岌可危。为了维护市场秩序、保障民众利益，企业必须承担起明礼诚信、确保产品货真价实的社会责任。

2) 履行科学发展与缴纳税款的责任

任何企业的发展，都不能只顾眼前、不顾长远，也不能只顾局部、不顾全局，更不能只顾自身、不顾友邻。作为主要的税源主体，企业担负着纳税重任，但有些企业为了偷逃税款，不惜做假账。做“两本账”对企业本身是有害的，也不利于社会发展，应该给予严厉的纠正和打击。

3) 可持续发展与节约资源的责任

中国人均资源特别紧缺，目前国家正下决心改变经济增长方式，发展循环经济，调整产业结构。企业作为资源消费的主体，要承担起节约资源的社会责任，降低成本、提高产出。企业家要站在全局立场上，坚持可持续发展，高度关注资源节约，有条件的实施“走出去”战略，用好两种资源和两个市场，以保证经济社会的安全运行。

4) 保护环境和维护自然和谐的责任

随着工业化发展进程加快，中国环境污染程度居世界前列，水体污染、大气污染、垃圾污染、噪声污染等已严重影响了民众生活和社会健康发展。所有这些，都与企业技术水平偏低和保护环境意识不强有关。企业必须承担起保护环境的社会责任，大力创新科技，减少废物、废水、废气的排放并搞好“三废”的回收预处理。

5) 承担公共产品与文化建设的责任

医疗卫生工作不仅影响全民身体健康，也影响社会劳力资源的供应保障；文化建设则可以通过休闲娱乐使人陶冶情操、提高素质。公共产品和文化事业发展固然是政府的责任，但企业也应当分出一些财力和精力，担当起发展医疗卫生、教育和文化建设的责任。

6) 保护职工健康和职工待遇的责任

有报道称，中国每年有4万工人的手背被切断，每年死于工伤的人数高达2～3万人。有的企业不注意劳动保护，造成大量细菌病滋生，另外无限延长工人工作时间、极度压低工人工资的现象也很普遍，这些问题不解决不仅影响社会稳定，也使企业难以长久。

7) 扶贫济困和关心慈善事业的责任

中国作为人口大国，发展不平衡导致社会上仍有很多人生活困难亟须救助。比尔·盖茨向慈善事业捐款达数百亿美元，而中国2004年评出的财富500强的前100名，有75%对慈善事业毫无作为，中国慈善基金的捐款70%来自港、澳、台地区和国外。因此，中国的企业应该更好地承担起扶贫济困和关心慈善事业的责任。

8) 发展科技和创自主知识产权的责任

改革开放后，中国实行“拿来主义”引进大量国外装备和技术，对中国科技水平的提高起到了极大推动作用，但是由于缺乏自主创新和知识产权，造成中国出口企业的利润极低，同时也使中国企业丧失自主性。因此，要高度重视引进技术的消化吸收和科技研发，努力做到创新以企业为主体。

本章小结

创业者是指某个人发现某种信息、资源、机会或掌握某种技术，利用或借用相应的平台或载体，将其发现的信息、资源、机会或掌握的技术，以一定的方式，转化、创造成更多的财富、价值，并实现某种追求或目标的过程的人。创业者并不是特殊人群。具备一些独特技能和素质有助于成功创业。

创业者素质是泛指构成创业者的品德、知识、才能和身体诸要素在特定时间和环境内的综合状态，是创业者主体通过学习和自身的实践而形成和发展起来的，具有内在的、本质的及相对稳定的身心要素的整体系统。

全球创业观察报告将创业能力归纳为创办企业的经验、对机会的捕捉能力，以及整合资源的能力。创业者可以通过创业教育培养和提高创业素质和能力。

创业动机是指激起和维持人们进行创业活动，并使创业活动朝着某些目标前进的内部动力。它是激励人们实现创业成功的内在力量。创业动机分为生存型创业和机会性创业。

创业团队是指在创业初期(包括企业成立前和成立早期)，由一群才能互补、责任共担、愿为共同的创业目标而奋斗的人所组成的特殊群体。与个体创业相比较，团队创业具有多方面的优势，对创业成功起着举足轻重的作用。创业团队大体上可以分为星状创业团队、网状创业团队和虚拟星状创业团队3种。

成功创业团队和失败创业团队都具有较为明显的特征。

创业团队的组建步骤包括明确创业目标、制订创业计划、招募合适的人员、职权划分、构建创业团队制度体系和团队调整融合6个步骤。

创业团队领导者是创业团队的灵魂，是团队力量的协调者和整合者。维持团队稳定、发挥团队重视成员的多样性优势及保持成员的公平感知与利益分配合理都是创业团队管理应该注意的重要问题。

根据对创业团队成员七维度因素的评价与分析，可以确定每个成员的角色属性，进而可考虑团队岗位的恰当配置。

企业社会责任是指企业在创造利润、对股东承担法律责任的同时，还要承担对员工、消费者、社区和环境的责任，企业的社会责任要求企业必须超越把利润作为唯一目标的传统理念，强调要在生产过程中对人的价值的关注，强调对环境、消费者、对社会的贡献。

思　考　题

1. 什么是创业者？创业者应当具备哪些品质？
2. 成功创业者所特有的素质有哪些？
3. 什么是创业动机？产生创业动机的驱动因素有哪些？
4. 简述组建创业团队的步骤。
5. 创业团队管理中应注意的问题有哪些？
6. 如何根据创业团队成员的角色类型配置工作岗位？
7. 什么是企业社会责任？创业团队应承担哪些社会责任？

第3章 创业机会与创业风险

学习目标

1. 了解创业机会及其识别过程。
2. 掌握创业机会评价的基本框架。
3. 掌握系统风险与非系统风险防范的可能途径。
4. 掌握设计商业模式的思路和方法。

3.1 创业机会及其识别

3.1.1 创意

1. 创意的定义

创意是创造意识或创新意识的简称，是指具有一定创造性的想法或概念。从本质上说，创意是对传统的叛逆，是打破常规的哲学，是破旧立新的创造与毁灭的循环，是思维碰撞、智慧对接，具有新颖性、独特性，往往带有随机性和突发性，因此又常被称为“灵感”。

创意可分为两类：一是“发明”，这个东西是前人和其他人没有的，完全是自己首创的，如中国的四大发明；二是“创新”，就是对现有物品的改进，如迪士尼集团，该集团不仅发行了动画片《米老鼠与唐老鸭》等，还将这些卡通形象做成玩具、服装，建造迪士尼乐园主题公园。这都是对迪士尼产品的一种延展和“再创造”，产生的商业价值非常丰厚。这也成为当前动漫行业进行商业拓展的一种成熟模式。

3.1.2 商业机会与创业机会

1. 商业机会

商业机会也称为市场机会，指的是市场上存在的尚未满足或尚未完全满足的显性或隐性的需求。有时也称为潜在的市场，也就是说客观上已经存在或即将形成，但尚未被人们认识的市场。商业机会存在于社会经济生活的各个方面，多种多样。但对某一个企业来说，众多的商业机会中仅有很少一部分才具有实际意义。为了搞好商业机会的发现和分析工作，有效地抓住和利用某些有利的商业机会，企业的市场营销人员就需要了解商业机会的特性。

2. 创业机会

创业要善于抓住机会，把握住了每个稍纵即逝的创业机会，就等于成功了一半。奥地利经济学派认为，创业机会与商业机会的根本区别在于利润或价值创造潜力的差异，创业机会是一种独特的商业机会，它具有创造超额经济利润的潜力，而一般的商业机会只可能改善现有的利润水平。

概括地说，创业机会是指具有商业价值的创意，表现为特定的组合关系。

3.1.3 创业机会的特征与类型

1. 创业机会的特征

良好的商业机会有以下 4 个特征：第一，它很能吸引顾客；第二，它能在商业环境中行得通；第三，它必须在机会之窗存在的期间被实施(机会之窗是指商业想法推广到市场上去所花费的时间，若竞争者已经有了同样的思想，并已把产品推向市场，那么机会之窗也就关闭了)；第四，你必须有资源(人、财、物、信息、时间)和技能才能创立业务。

2. 创业机会的类型

根据不同的角度，创业机会有多种分类方法。

1) 从创业机会的来源角度分类

从创业机会的来源角度来看，创业机会可分为技术机会、市场机会和政策机会。

(1) 技术机会。技术机会即技术变化带来的创业机会，主要源自新的科技突破和社会科技进步。通常，技术上的任何变化，或既有技术的新组合，都可能给创业者带来某种商业机会。历史上每次划时代的创新成果往往都是通过创业进入市场，进而催生出一个或若干庞大的产业部门，为社会带来巨额财富。

1876 年发明的电话成就了全球通信产业和诺基亚、摩托罗拉、贝尔、朗讯等一大批跨国公司；个人 PC 机诞生于 1981 年，催生了微软、苹果等世界领先企业；1995 年前后电子商务投入市场，亚马逊、谷歌、阿里巴巴、雅虎等一批网络企业应运而生。

(2) 市场机会。市场机会即市场变化产生的创业机会。一般来说，主要有以下 4 种情况：①市场上出现了与经济发展阶段有关的新需求；②当期市场供给缺陷产生的新的商业机会；③先进国家(或地区)产业转移带来的市场机会；④从中外比较中寻找差距，差距中往往隐含着某种商机。

案例 3-1

顶新集团“福满多香脆面”的成功就是典型案例

2001 年以前的“干吃”方便面市场，曾被认为是标准的儿童食品市场。康师傅的“小虎队”、统一企业的“小浣熊”等都是干吃方便面的领导品牌，它们从包装设计到内附的小玩具都清楚地表明了自己的定位是儿童。这来源于一个似乎非常“正确”的假设：只有小孩儿才会把方便面干着吃。

顶新集团于 2001 年进行大量的市场调研，研究了历年的消费者资料，发现干吃方便面的比例其实在成人中也相当高。于是康师傅开始一改“儿童方便面”的传统做法，大胆地去掉了包装上“卡通化”的设计和包装内的赠品，同时在与消费者的沟通中把产品的“好吃、香脆”作为核心诉求。时至今日，康师傅的产品经理们已经不再为“究竟应该采购哪种儿童玩具？”所烦恼，而且“福满多香脆面”已经成为儿童和成人都可以接受的“干吃方便面”第一品牌。

(3) 政策机会。政策机会即政府政策变化所赐予创业者的商业机会。随着经济发展、社会变革、科技进步等，政府必然也要不断调整自己的政策，而政府政策的变化就必然给社会带来新的创业机会。

中国市场受政策影响很大，新政策出台往往引发新商机，如果创业者善于研究和利用政策，就能抓住商机站在潮头。事实上，从政策中寻找商机并不仅仅表现在政策条文所规定的表面，随着社会分工的不断细化和专业化，政策变化所提供的商机还可以延伸，创业者可以从产业链在上下游的延伸中寻找商机。

2) 从创业机会的“目的—手段”关系分类

如果从创业机会的“目的—手段”关系的明确程度来分，可分为识别型机会、发现型机会和创造型机会。

(1) 识别型机会。识别型机会是指市场中的目的—手段关系十分明显，如市场明显的供不应求或根本无法满足需求时，创业者可通过目的—手段关系的有效连接来辨识机会。

(2) 发现型机会。发现型机会是指当目的或手段任意一方的状况未知，等待创业者去进行机会发掘。例如，美国人切斯特·卡尔逊1938年就首次成功地试制出了第一个静电复印图像，开启了人类发明复印机的创举。

(3) 创造型机会。创造型机会是指目的和手段皆不明朗，因此创业者要比他人更具先见之明，才能创造出有价值的市场机会。这种机会开发难度大，但往往能为创业者带来巨额利润。

3.1.4 创业机会的来源

关于创业机会来源众多，我国学者徐本亮提出，我国创业机会主要源自问题、变化、创造发明、竞争和新知识、新技术的产生5个方面。

1. 问题

创业的根本目的是满足顾客需求。而顾客需求在没有满足前就是问题。寻找创业机会的一个重要途径是善于去发现和体会自己和他人在需求方面的问题或生活中的难处。例如，上海有一位大学毕业生发现远在郊区的本校师生往返市区交通十分不便，创办了一家客运公司，就是把问题转化为创业机会的成功案例。

案例 3-2

李维斯的神话

Levi's(李维斯)是来自美国西部最闻名的名字之一。1853年犹太青年商人李维·斯特劳斯为处理积压的帆布试着做了一批低腰、直筒、臀围紧小的裤子，卖给旧金山的淘金工人。由于这种裤子比棉布裤更结实耐磨而大受欢迎。于是，李维索性开了一家专门生产帆布工装裤的公司，并以自己的名字“Levi's”作为品牌，Levi's(李维斯)的神话也由此展开。

2. 变化

创业的机会大都产生于不断变化的市场环境，环境变化了，市场需求、市场结构也必然发生变化。任何变化都能激发新的创业机会，需要创业者凭着自己敏锐的嗅觉去发现和创造。这种变化主要来自于产业结构的变动、消费结构升级、政府改策的变化、人口结构的变化、居民收入水平提高、全球化趋势等诸方面。例如，居民收入水平提高，私人轿车的拥有量将不断增加，这就会派生出汽车销售、修理、配件、清洁、装潢、二手车交易、陪驾等诸多创业机会。

3. 创造发明

世界产业发展的历史告诉我们，几乎每一个新兴产业的形成和发展，都是技术创新的结果。创造发明提供了新产品、新服务，更好地满足顾客需求，同时也带来了创业机会。例如，随着电脑的诞生，电脑维修、软件开发、电脑操作的培训、图文制作、信息服务、网上开店等创业机会随之而来，即使你不发明新东西，你也能成为销售和推广新产品的人，从而给你带来商机。

4. 竞争

市场竞争非常残酷，但既是挑战，也是机遇。如果你能弥补竞争对手的缺陷和不足，这也将成为你的创业机会。很多创业机会是缘于竞争对手的失误而“意外”获得的，如果能及时抓住竞争对手策略中的漏洞而大做文章，或者能比竞争对手更快、更可靠、更便宜地提供产品或服务，也许就找到了机会。

5. 新知识、新技术的产生

知识经济的一个重要特征就是信息爆炸、技术不断更新换代，这些都蕴藏着大量的商机。新知识、新技术的出现还改变了企业之间的竞争手段和模式，也使得拥有新知识、新技术的人成功地发现和利用机会的能力大大提高，从而使得创业机会激增。例如，近年来，移动互联网、3D 打印等新的技术必将带来无限的创业机会。

3.1.5 影响创业机会识别的关键因素

创业机会识别是指创业者识别新的创业机会的过程，是创业的初始阶段。在创业管理的研究中，创业机会识别是一个重要的领域。其影响因素主要包括创业警觉性、先前经验、认知因素、社会关系网络等几个方面。

1. 创业警觉性

如前所述，创业机会识别是多种因素综合作用形成的认知过程，而创业警觉性是其中最为关键的因素之一。警觉的创业者时刻注意着市场，对机会存在的潜在性保持着敏感、警惕及洞察力，一旦发现创业机会就会采取相应行动并努力获取利润。创业警觉在强度上对创业机会识别的显著性影响。

2. 先前经验

先前经验是指过去经历积累所形成的知识、技能与经验。创业者自身的知识和经验可为其在机会识别过程中提供重要参考。不少研究表明，经验丰富的创业者因为掌握了有关市场、产品、资源等有关知识，因而有利于其发现创业机会的能力；有经验的创业者则因体验过机会发现过程，积累了洞察信息、发现机会的隐性知识，有助于对机会信息的警觉性，从而更容易识别到新的创业机会。

3. 认知因素

创业认知因素结构通常是由商机、资源、组织、管理、风险和利益等一系列相关因素的结构化知识所组成。研究表明，良好的创业认知因素结构在创业中具有重要的作用，有助于创业者识别机会、构建商业模式、整合资源、制订创业计划。创业者的创业认知因素结构一旦建立，又成为他(她)学习新创业知识和感知市场信息的极为重要的能量或基础，从而促进创业者的创业警觉性，使其能更敏锐地感知到市场的变化，并迅速洞察这种变化所带来的商业价值。

1993 年的一天，研究电池多年的王传福在一份国际电池行业动态上看到，日本宣布本土将不再生产镍镉电池，他立刻意识到这一变化将引发镍镉电池生产基地的国际大转移，于是就意识到自己创业的机会来了。这就是典型的认知因素作用的结果。

4. 社会关系网络

社会关系网络可以理解为社会活动参与者及其相互之间联系而形成的有机整体，即由特定的人群之间由于相互联系而构成的社会结构单元，它承载了相关的信息、知识、社会情感等多种错综复杂的社会资源。创业活动的参与者可以通过这种网状的社会结构单元来获取相应的资源，识别和利用客观存在着的创业机会。另外，有研究表明约有一半的创业者是通过自身社会关系网络中他人的支持与帮助而识别出创业机会的；创业者利用社会网络资源识别出创业机会的可能性将比单独行动的创业者更大。

可见，社会网络有助于创业者获取更多有用的知识和社会资源，起到连接创业机会与创业者的桥梁作用，个人通过社会网络更易于识别出环境中的创业机会。

3.1.6 创业机会识别的过程

创业开始于对创业者对创业机会的识别与把握。而创业机会来源于显示经济社会中存在的某些需求没有得到满足，创业者可以供给更好的商品来满足这些需求，在此过程中存在获得利润的可能性。创业机会识别的过程包括创意形成、信息收集与研究及创业机会评价 3 个步骤，如图 3.1 所示。

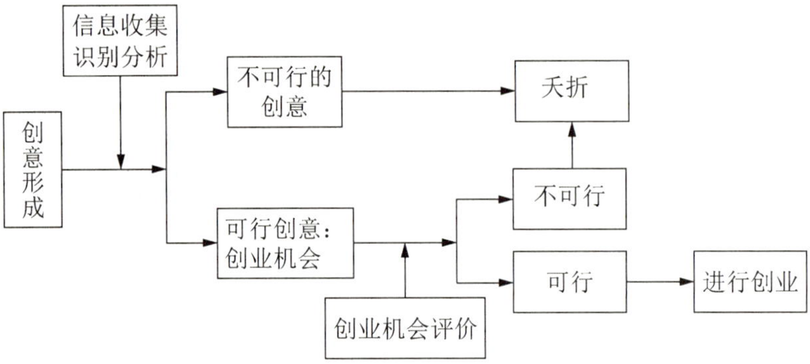

图 3.1 创业机会的识别过程

1. 创意的形成

对机会的识别源自创意的产生，而创意是具有创业指向同时具有创新性的想法。在创意没有产生之前，机会的存在与否意义并不大。而创意往往来源于对市场机会、技术机会和政策变化信息的感知和分析，来源于创业者在个人先前经验基础上的创新性思考和“灵感”乍现。

2. 信息收集与研究

创业机会信息的收集是使创意变为现实的创业机会的基础工作。创业者可以通过第一手或第二手的渠道进行信息收集。创业者通过收集、分析和解释有关特定的产业、技术、市场、政府政策等相关因素的信息，这些信息能够使创业者对创意进行最初的识别分析：如果认为不可行，创意夭折；如果认为可行，则可将创意转化为创业机会。

3. 创业机会评价

并不是每个创业机会都可以进行创业，因为每个创业机会都是机遇与风险并存，所以还要对创业机会进行科学的分析与评价，进而判断这个创业机会是否适合进行创业。创业机会评价主要包括技术方案评价、市场潜力评价和成本收益评价。创业机会评价是创业机会识别中的关键环节，要求创业者对创业机会的可行性客观、公正地评判。如果对创业机会的评价是可行的，则创业者就可以进行创业了。

3.2 创业机会评价

创业者如果仅凭想法去创业，即使创业者信心满满，但最终却很可能以失败告终。这是因为不是每个创业机会都会给创业者带来益处，每个创业机会都存在一定的风险，因此，创业者在利用创业机会之前要对创业机会进行科学的分析与评价，然后结合自身特质与创业机会特征，最终做出创业决策。

3.2.1 创业机会评价的基本框架

一般来说，创业机会评价可以从产品、技术、市场与效益等方面进行评估。但创业者一般不会列举太多评价指标，因为通常创业机会比较模糊，很多指标无法精确地估算。所以，创业者更多的是凭借自己的先前经验、商业敏感抓住几个重要指标进行分析，表现更多的是主观判断而不是科学分析。

1. 杰弗里•蒂蒙斯(Jeffry•A. Timmons)的创业机会评价框架

在创业机会评价指标选取时，引用较多的是蒂蒙斯的评价框架。蒂蒙斯(1999)提出了包含 8 项一级指标、53 项二级指标的评价指标体系，几乎涵盖了其他一些理论所涉及的全面内容，包括行业和市场、经济因素、收获条件、竞争优势、管理团队、致命缺陷问题、个人标准、理想与现实的战略差异等方面，被认为是目前最为全面的创业机会评价指标体系。

蒂蒙斯机会识别指标体系的缺点也比较明显：一是指标多而全，导致主次不够清晰，实践中在对创业机会进行评价时，很难做到对各个方面的指标进行量化设置权重、实现综合评分的效果；二是各维度划分不尽合理，存在交叉重叠，这也在一定程度上影响了机会评价指标的有效性；三是蒂蒙斯创业机会评价体系主要是基于风险投资商的风险投资标准建立的，这与创业者的标准存在一定的差异性，风险投资商的标准更具有主观性，而创业者的标准更具有客观性。

2. 刘常勇的创业机会评价框架

中国台湾的创业学教授刘常勇归纳的创业机会评价框架比较简单，具有一定代表性。他认为创业机会评价主要围绕市场和回报两个层面展开。

1) 市场评价

(1) 是否具有市场定位，专注于具体顾客需求，能为顾客带来新的价值。

(2) 依据波特的五力模型进行创业机会的市场结构评价。

(3) 分析创业机会所面临市场的规模大小。

(4) 评价创业机会的市场渗透力。

(5) 预测可能取得的市场占有率。

(6) 分析产品成本结构。

2) 回报评价

(1) 税后利润至少高于 5%。

(2) 达到盈亏平衡的时间应该在两年以内，如果超过三年还不能实现盈亏平衡，则这样的创业机会是没有价值的。

(3) 投资回报率应高于 25%。

(4) 资本需求量较低。

(5) 毛利率应该高于 40%。

(6) 能否创造新企业在市场上的战略价值。

(7) 资本市场的活跃程度。

(8) 退出和收获回报的难易程度。

需要强调的是，常规的市场研究方法不一定完全适用于创业机会评价，尤其是原创性创业机会的评价。

3.2.2 基于个人特质与机会特征相匹配的创业机会识别

创业活动是创业者与创业机会的结合，由于创业者个性特质的差异，更由于不同创业者所面临的创业环境和资源约束条件不同，创业者尽管发现了创业机会，但这并不意味着就要进行创业，因为并非所有机会都适合每个人。只有当创业者个人特质和创业机会特征之间存在着恰当的匹配关系时，创业活动才最有可能发生，也更可能取得成功。

在解释是某些人而不是另外一些人能够识别特定创业机会的原因，并进而考察创业机会识别的影响因素。个体能否感知到创业机会的存在，取决于他们是否拥有先前知识去甄别外部信息，这意味着掌握特定领域的知识对识别创业机会至关重要。显然，个人因素(如先前经验)有助于创业者感知和识别机会因素(如新信息的价值)。创业机会识别过程大体可分为以下两个阶段。

1. 识别“第三人机会”阶段

“第三人机会”是指对于某些市场主体而言感知到的某种潜在机会。创业者依据先前经验和认知因素，对外部信息进行搜集、分析和甄别，通过增补型匹配、互补型匹配和结构性匹配 3 种匹配方式，识别出第三人机会。

其中，增补型匹配是指有关顾客的信息与创业者所掌握的知识相同或相似，或者有关技术的信息与创业者所掌握的技术知识相同或相似，从而能产生类似于成员——组织匹配理论中的增补型匹配的效果，这种匹配会增强创业者的创业意图。互补型匹配是指个人因素或机会因素能在一定程度上改善创业环境或者补充创业环境所缺少的东西，从而产生类似于成员——组织匹配理论中的互补型匹配的效果。例如，创业者掌握了有关顾客需求的先前经验，外部环境提供了相关新技术的信息，如果这种新技术信息能用来解决创业者认知的顾客需求，那么，创业者先前掌握的关于顾客问题的知识与外部环境提供的关于新技术的信息就属于互补型匹配。显然，互补型匹配有利于识别创业机会。结构性匹配是指已知某种知识关系(如某种技术或服务适合应用于某类顾客)，通过直接推理、类比推理、相似性比较、模式匹配等方式，把这种知识关系应用于改进新的潜在的或实际的顾客需求与创业者所拥有的知识、技术和服务方法或新技术之间的匹配上，这与认知领域结构匹配理论中的结构性匹配相类似。

2. 识别“第一人机会”阶段

“第一人机会”阶段是指对于创业者本人而言有价值的机会的阶段。根据创业意图理论，创业者在考察创业机会时会重点考察机会特征中的营利性和不确定性，而机会的创新性与机会的营利性和不确定性密切相关；而创业者个人的认知因素、成就需要、自我效能感被认为是最为重要的个人特质。

因此，在识别出第三人机会基础上，该机会的创新性、营利性和不确定性程度，若能与创业者个人特质中的认知因素、成就需要、自我效能感相匹配，那么创业者就可能感知和识别出第一人机会。如果两者不能匹配，那么，创业者就会放弃第三人机会。

可见，创业机会是否适合自己的主要依据在于机会特征与个人特质的匹配，如图 3.2 所示。

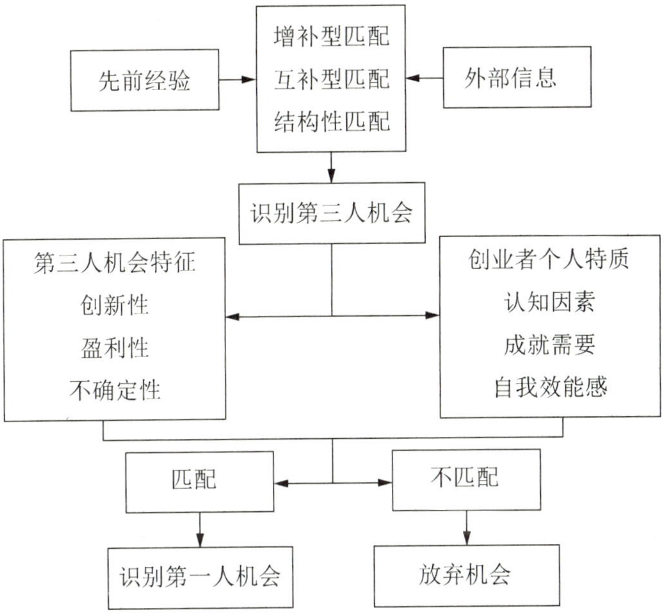

图 3.2 基于个人特质与机会特征匹配的创业机会识别模型框架

3.2.3 创业机会评价的特殊性

尽管创业机会评价已经构建了定性、定量的评价体系和模型，但创业机会的识别与把握却仍然存在不确定性，必须要具体问题具体分析，这是因为创业机会评价具有多方面的特殊性。

1. 创业机会信息存在不完全性

创业者在创业机会的了解上常常面临信息的不完全性。一方面，由于所处地域、所具有的社会关系网络的局限性，很多好的创业机会我们无法知晓；另一方面，由于创业者本身具有的知识结构、工作经验、个人特质和资源禀赋方面的差异性和局限性，必然影响对特定创业机会评价的准确性。所以，同一个创业机会信息对不同的创业者来说，创业机会的大小也是不同的。

2. 创业环境存在不确定性

随着知识经济时代的到来，创业者面临着一个更加复杂多变的、不确定的市场环境，而且往往机会创造价值的潜力越大、科技含量越高，环境不确定性就越大，创业者就越难做出全面、准确的评价。另外，面对科技更新换代的速度不断加快，很多科技成果转眼就会过时，如果不能抓住有利的时机与环境，创业机会也就会转眼即逝。当然，环境的不确定性并非只有消极作用，它会提供开创新事业的更多机会，创业正是对环境不确定性的回应，而且这种应对结果往往进一步催生大量新的不确定性机会。

3. 创业者的理性是有限的

首先，有限理性与创业环境的复杂多变密切相关。创业环境是复杂多变的，而人们对环境的预测能力和认识能力是有限的，人不可能对创业环境无所不知。其次，创业者的个人特质尤其是性格特征、认知因素、职业兴趣存在很大差异，即便是面对同一机会，不同的创业者也会表现出不同的看法和评价。此外，由于受到情境的影响，在很大程度上创业者的创业警觉性往往依靠以往的经验直观推断或偏见的方式。在复杂情境下，一个人不可能获得所有的信息来做出合理的决定。此时，创业者的冒险精神、创造力起着关键性作用。

4. 创业者性别因素的影响

研究显示，由于女性的风险偏好和成就感比男性偏低，女性不太愿意承担风险，因而女性创业偏向于进入风险性小、规模小的服务导向型企业。而男性不但比女性更愿意承担风险，而且他们的成就感一般也比女性强。

5. 其他因素的影响

创业机会识别与评价还受到创业团队、地域差异等多种因素的影响。研究表明，不同地域、不同团队成员、不同环境、不同的环境特征也对创业机会评价和识别产生影响。

可见，对创业机会的识别与评价因人而异、因地而异、因环境而异。创业者在机会评价过程中，必须客观分析个人特质、职业兴趣和能力特长，考虑是否与相应的机会特征相匹配，依托自身的优势，通过选择、整合、创造满足需求的方式，从而使得有价值的创意成为可能的创业机会。

3.2.4 创业机会评价的技巧和策略

虽然社会上有很多的创业机会，但个人特质和创业机会特征的不匹配等原因，适于特定个体创业的机会并不是很多的，存在所谓“机会选择漏斗”。即在众多机会中，经过层层筛选，最终可能只有极少的机会适于该创业者。创业者若能掌握创业机会评价的一些技巧和策略，创业失败的命运或许可以避免，创业成功率也可以因此而大幅提高。

1. 要准确分析创业者自身的个性特质

创业机会的评价显然关系到创业者未来职业生涯的选择与决策。因此，关于人的个性特质与职业性质相一致的理论——人职匹配理论显然具有借鉴价值。

人职匹配理论基本思想是个体差异是普遍存在的，每一个个体都有自己的个性特征，而每一种职业由于其工作性质、环境、条件、方式的不同，对工作者的能力、知识、技能、性格、气质、心理素质等有不同的要求。进行职业决策时，应当根据一个人的个性特质来选择与之对应的职业种类，即进行人职匹配。如果匹配得好，则个人特质与职业环境协调一致，工作效率和职业成功的可能性就大为提高；反之，则工作效率和成功的可能性就很低。

因此，在职业选择时，首先需要通过一定的测评手段与方法来确定个体的人格类型，然后寻找与之相匹配的职业种类。

2. 重视对人的因素评价

对中国创业者进行的研究表明，中国的创业者在进行机会评价时，对人的因素评价应当最为重视。可从以下六个方面综合分析人的因素：①创业团队是否是一个优秀管理者的结合；②是否拥有优秀的员工和管理团队；③创业者在承担压力的状态下心态是否良好；④行业和技术经验是否达到本行业的最高水平；⑤个人目标与创业活动是否相符；⑥在其他变量不变的情况下，有过创业经历的人更可能开始创业并创业成功。

3. 重点关注创业产品的市场与效益

就机会特征而言，较好的创业机会在市场与效益方面应该具备如下特征，且创业机会本身不能存在任何致命的缺陷。一是市场定位要准确。创业机会应当专注于满足顾客需求，能为顾客带来价值增值，创业机会带给顾客的价值越高，创业成功的可能性就会越大。二是创业产品要有较大的市场规模与较快的成长速度。市场规模大小与成长速度，也是影响创业机会评价的重要因素。三是要选择恰当的时间进行创业。恰当的时间是指创业者应当在“适当的时间段”内启动创业、进入市场。这个适当的时间段，就是创业的机会窗口。也就是说，特定的创业机会仅存在于特定的时间段内，创业者只有在这个特定的时间段内启动创业、进入市场，才有可能获得相应的商业回报。反之，如果创业者在机会窗口敞开之前或之后行动，那都可能血本无归。

一般来说，特定机会的时间跨度越大，未来市场的成长性越好，相应地，机会窗口也就会越大。相关实证研究表明，当新技术机会窗口时间短于 3 年，企业进入机会窗口的时机抉择不当时，企业在技术研发和市场营销投资的失败率高达 80%；而如果机会窗口的时间超过 7 年，则几乎所有投资的新企业都能获得丰厚的回报。

4. 达到盈亏平衡所需的时间尽可能要短

创业企业最关键的生存期一般在两年左右。因此，创业的盈亏平衡时间应该能在两年以内达到，如果三年仍然达不到，恐怕就不是一个好的创业机会。当然，也有的创业机会确实需要经过比较长的市场培育期，才能获得后期的持续获利。在这种情况下，首先需要谨慎测算可能筹集到的资金总量能否支撑到开始盈利；其次，要将前期投入视为一种投资，才能容忍较长的盈亏平衡时间。

5. 较高的投资回报率和税后净利润率

不是所有的创业机会都有足够大的盈利潜力来收回为开发利用机会所付出的成本。考虑到创业可能面临的各种风险，具有吸引力的创业机会，其投资回报率应该在 25%以上。一般而言，15%以下的投资回报率是不值得考虑的创业机会；税后净利润率至少能够达到5%以上，如果创业预期的税后净利润率在 5%以下，那么这就不是一个值得投资的机会。

6. 创业风险至少要创业者能够承受

一个好的创业机会风险和收益要相当。创业者一定要考虑商业风险，特定机会的商业风险应该是明朗的，且至少创业者能够承受的风险。

7. 要懂得借助外脑

智者要借力而行。机会评价切忌创业者个人独断专行，应尽可能多听取专家的意见。这类专家应当包括：①有创办企业的经历；②国外研究表明，至少具有 5～10 年以上企业决策层管理经验，才能识别出各种商业机会，并具备创造性的预见能力和捕捉商机的能力。

3.3 创业风险识别

有价值的创业机会也是有风险的。显然，创业风险的识别和规避，对于创业成功无疑具有重要作用。所以，创业者需要结合对机会风险的估计，努力防范和降低风险。

3.3.1 创业风险概述

对创业风险的界定，目前学术界还没有统一的观点，大多数国内外学者都只针对自己所研究的领域或角度来界定，而并没有将其一般的概念提炼出来。蒂蒙斯和迪瓦伊尼将创业风险视为创业决策环境中的一个重要因素，其中包括处理进入新企业或新市场的决策环境及新产品的引入。赵光辉主要从创业人才角度界定创业风险，认为创业风险是指人才在创业中存在的风险，即由于创业环境的不确定性，创业机会与创业企业的复杂性，创业者、创业团队与创业投资者的能力与实力的有限性，而导致创业活动偏离预期目标的可能性及其后果。创业环境的不确定性，创业机会与创业企业的复杂性，创业者、创业团队与创业投资者的能力与实力的有限性，是创业风险的根本来源。

3.3.2 机会风险的构成与分类

由于机会与风险并存，创业风险是由于存在创业机会而带来的，所以创业风险也就是机会风险。机会风险分为系统风险与非系统风险。

1. 系统风险

1) 系统风险的定义

系统性风险又称市场风险，也称不可分散风险，系统风险主要是创业环境中的风险，是因为多种因素的影响和变化，导致投资者风险增大，从而给投资者带来损失的可能性。

系统性风险是由那些影响整个市场的风险因素所引起的，这些因素包括宏观经济形势的变动、国家经济政策的变动、财税改革等。

系统性风险的诱因多发生在企业等经济实体外部，企业等经济实体作为市场参与者，能够发挥一定作用，但由于受多种因素的影响，本身又无法完全控制它，其带来的波动面一般都比较大，有时也表现出一定的周期性。

2) 系统风险的类型

(1) 政策风险。政策风险是指由于政策的变化，可以直接对创业活动产生影响的风险。经济政策、法规出台或调整，会对某些行业甚至整个国民经济产生一定影响，如果这种影响较大时，就会引起创业风险。

(2) 利率风险。利率风险是指创业者的投资收益率受市场利率水平的影响。一般来说，市场利率提高时，会提高融资成本，进而降低投资收益率；反之亦然。

(3) 通胀风险。通胀风险是由于物价的上涨，使得原材料、员工工资等投入成本的提高，如果产品价格上涨幅度小于成本上涨幅度，就会是创业中蒙受损失，产生风险。

(4) 周期性风险。周期性风险是指由于经济周期性波动产生的风险。经济周期性波动使得创业者在经济衰退期和经济萧条期的经营活动受到影响而产生的风险。

(5) 自然风险。因自然力的不规则变化产生的现象所导致危害经济活动、物质生产或生命安全的风险，如地震、水灾、火灾、风灾、雹灾、冻灾、旱灾、虫灾及各种瘟疫等自然现象，在现实生活中是大量发生的。

自然风险的特征是自然风险形成的不可控性，自然风险形成的周期性，自然风险事故引起后果的共沾性，即自然风险事故一旦发生，其涉及的对象往往很广。

2. 非系统风险

1) 非系统风险的定义

非系统风险又称非市场风险或可分散风险，是指创业者由于自身原因带来的风险，如技术风险、财务风险等。非系统风险与创业者在创业过程中的经营管理不善、团队问题、判断失误、决策失误或创业项目的资金结构不合理等因素有关。

2) 非系统风险的类型

(1) 团队风险。团队风险是指由于团队成员经营理念不同、团队成员个性不合、缺乏明确和一致的团队目标及激励机制不完善等原因造成创业团队出现分歧甚至分裂、溃散，进而导致创业活动无法持续进行，使创业活动归于失败的风险。

(2) 信用风险。信用风险也称违约风险，指创业者因违约行为而使创业者蒙受损失的风险。

(3) 财务风险。财务风险是指创业者因资金链断裂而陷入创业困境，即可能丧失偿债能力，导致创业失败的风险。

(4) 技术风险。技术风险主要指随着科学技术的迅猛发展，创业中技术研发、产品试制、技术整合、设备更新等方面的不确定性引起的，威胁到创业企业的生存与发展，甚至导致创业失败的风险。

(5) 经营风险。经营风险主要是指由于创业者经营管理不善而导致创业失败所带来的风险。

3.3.3 系统风险防范的可能途径

1. 保持对系统性风险的警惕

当经济发展过热，需求旺盛，物价逐步攀升，市场整体活跃，创业机会多且赢面大时，创业者踊跃入市，人们对创业风险的意识逐渐淡漠，往往是系统性风险将要出现的征兆。从投资价值分析，当创业市场整体价值有高估趋势时，创业者切不可放松对系统性风险的警惕。

2. 建立风险评估和防范机制

针对创业过程中的风险，创业团队应建立风险评估、风险监控机制，由专门人员搜集、处理和管理情报信息，构建与不断完善信息管理系统，以主动有效地采取针对性防范和控制风险措施。风险评估和风险监控的基础性工作是收集风险管理初始信息，对收集的初始信息进行必要的筛选、提炼、对比、分类、组合和识别，以便对风险分析和评估。

一般情况下，对系统性风险可采取风险规避、风险转嫁等方法，对非系统性战略、团队、财务、运营和法律等风险，创业者则需要千方百计地设法加强控制。

3. 严格筛选创业项目

防范系统性风险，创业项目选择十分关键。通常创业者应当选择自己熟悉的行业，同时地域上也应当较为邻近，以便于沟通、联络和降低成本。在此基础上，必须对创业项目内外环境进行信息收集、访谈和论证，进行详细评估，做深入的投资可行性研究，评估应侧重市场目前的竞争态势、市场增长潜力和创业项目的经济效益。种子期、初创期所面临的技术风险和市场风险远比创业其他阶段高，因此，创业项目遴选得好，成长性高、增值潜力大、风险敏感性低，就会大大降低系统风险的影响程度。

4. 努力分散、转嫁和回避风险

对于创业者来说，系统性风险是无法消除的，但在一定条件下，系统风险能转嫁或转化为可分散的非系统风险，特别是在创业启动阶段。创业启动阶段的工作非常艰辛而又费时费力，不要试图独自解决一切问题，要积极主动地寻求合作和支持，这样有利于分散风险。

转移风险的有效办法包括：①去保险公司投保；②以租赁代替购买设备可转嫁投资风险；③资金筹集上，个人独资承担无限责任，但几个人共同投资，就是有限责任，就能分散风险；④可以通过控制资金投入比例方式等，减弱系统性风险的影响。

根据创业者的风险承受能力，对一些风险过大的投资方案应该坚持回避。例如，创业项目选择必须在国家法律、法规允许的范围内进行，创业项目是否符合有关环保规定，融资渠道是否合法等。回避风险还要做到拒绝与不讲信用厂商业务上往来，经营上不要试图一本万利、一夜暴富、“一锤子买卖”等。

3.3.4 非系统风险防范的可能途径

1. 做好创业准备工作

创业活动存在着创业风险，前期准备必须充足，否则将会埋下风险隐患。首先，必须分析评价自身是否具有创业者所需要的知识和技能素质。同时，综合考虑创业机会的技术因素和可能的资金需求，以及自身存在的风险偏好状况，合理运用风险识别和分析方法，对创业项目、规模、形式、市场定位及团队构成和企业规划等形成初步认识。

2. 选择好创业伙伴

团队风险对早期的创业企业往往是致命的风险因素。防患于未然，就要从创业团队成员的选择开始：一是选择最了解的人一同创业。大家都相互了解，有共同语言，配合默契，不会为相互了解与磨合而花费太多的精力。二是朋友关系和家族亲情不要混合。创业伙伴最坚固的莫过夫妻、父子、兄弟及朋友等都是很好的选择伙伴，但如果是朋友关系加上夫妻关系等家族亲情，这几乎宣告了创业团队不可能走远。所以创业伙伴要么选择纯家族关系，要么选择纯朋友关系。选择了纯朋友关系，就不要半路上让伙伴的家族成员再参与创业团队。三是创业团队必须要有领军人物，这是团队的核心和灵魂。否则，重大事项意见不一时，团队争执不下、议而不决，难以达成一致，会贻误战机。

3. 拓展融资渠道，科学管理资金

创业团队在确定总体创业项目方案后，必须明确自身的资金规模及如何获取资金。因此在创业初期，应积极开拓融资渠道，保证融资渠道多元化。在企业创办后，团队就必须考虑把握资金的日常运作，使资金管理科学化。同时，为了形成对资金管理有效的监督，还需建立行之有效的内部管理制度，加强企业资金的管理，确保资金的完整安全、正常周转和合理使用，避免浪费。

4. 有效保护创业创意和商业机密

创业者在向潜在投资者透露创意真正的独创性和可行性信息时，一定要注意对该创意进行保护。然而创意本身又是难以保护的，这样，我们只能通过一些有效的方法保护创意的资本属性，确保创意人和以创意为基础的创业者的利益，以有效降低创业早期阶段的技术风险和经营风险。通常包括商标注册、专利申请、版权保护、明确知识产权的归属、保密协议等。要想真正保护你的商业创意不被侵犯，最好的保护办法是尽快实施创业计划。你越快、越好地越过这些障碍，早日实施创意，就越有可能阻止潜在的创意、技术被抄袭的危险。

5. 密切监控财务、市场和运营风险

1) 创业者应当密切关注财务风险方面的信息

财务风险普遍是创业启动阶段的“命门”。第一，要认真筹划创业初始需要的融资或投资数额。融资时要考虑好准备借多少，能借到多少，最佳值应该是多少，风险有多大。第二，考虑企业的持续融资能力。创业者需要提前考虑好融资途径，并建立起快速融资渠道，以防万一。第三，建立财务“预防”机制，正确把握企业负债经营的“度”。企业可以负债经营，但要保持合理的负债比率。生产经营状况好，资金周转快，负债经营比率可以适当高一些。

2) 创业者应当密切关注市场风险方面的信息

在市场风险方面，创业者、创业团队应当密切关注的信息产品或服务的价格及供需变化；产品或服务供应的充足性、稳定性；主要客户、主要供应商的信用情况；潜在竞争者、竞争者及其主要产品情况。

3) 创业者应当密切关注运营风险方面的信息

新市场开发、市场营销策略；新创企业组织效能、管理现状、重要业务流程工作状况；质量、安全、环保、信息安全等管理中曾发生或易发生失误的业务流程或环节；因企业内、外部人员的道德风险致使企业遭受损失或业务控制系统失灵；风险监控系统的现状和能力。

针对各种风险应当建立风险应对措施的程序和方法。一是对具有较高发生概率、影响重大的风险优先考虑；二是要建立一套广泛适应的风险决策判断标准，即根据风险严重程度和企业的风险承受程度确定不同的决策；三是对降低风险水平所需成本进行合理分析，评估风险应对措施的成本与效益；四是企业必须持续获得风险变化信息，以有效地控制、管理风险，防范产生新的风险；五是要对重要风险进行实时监控。

3.3.5 创业者风险承担能力的估计

任何创业机会都有风险。只有当创业风险变成实际损失时，不少人才愿意反思自己的风险承受力。事实上，考察自己的风险承受力是创业前的必要功课。

1. 不同创业风险承受能力创业者的特征

创业的风险承担能力因各人条件不同而有所差异。它包括年龄、阅历、文化水平、经济实力、心理素质、社会关系等诸多因素。其中，与创业活动关系最为密切的因素可概括为 4 个方面：创业动机、资金实力、创业知识和经验、心理素质。这 4 个因素决定着创业者对投资风险的承受能力。

按照上述这 4 个条件可以把创业者的风险承受能力划分为 3 档，即低、中、高。

1) 创业风险承受能力低的创业者的特征

(1) 怀着投机冲动参与创业。这些创业者大多是在创业发财效应的感染下萌发了创业的欲望，他们了解到种种关于创业致富的传闻和故事，并从其示范效应中得到鼓舞和刺激，盲目地认为别人能做到的自己一定能做到，别人能赚钱自己也不会亏损，在毫无风险意识的情况下，就雄心勃勃将资金投入创业。

(2) 经济实力较差。除了创业活动以外，既没有其他的收入来源，也没有赚钱的门路，而自己对发财致富的要求又十分迫切，就把创业视为跨入有产阶级行列的捷径，对通过创业来获取高额收益的期望值极高。这些创业者的经济实力一般都较差。

(3) 创业的金额大大高于自己的承受能力。创业的金额大大高于自己的经常性收入，两者之间相差数倍甚至数十倍，其资金比例在自己毕生积蓄中所占的比例过高，达 50%以上，有的创业者甚至负债创业。

(4) 缺乏创业知识和创业经验。文化水平较低且对创业的相关知识及技术了解甚少，各方面信息闭塞，消息来源较少，缺乏创业经验，社会关系简单，没有熟悉创业活动及企业管理方面的人为之参谋，为其提供有价值的创业咨询建议。

(5) 处世谨小慎微。性格内向，为人处世谨小慎微，平日里比较吝啬，把钱看得很重；对创业的风险毫无心理准备，市场稍有波动便惶惶不可终日，亏了本，心理负担极重，对日常生活影响极大。

2) 创业风险承受能力强的创业者的特征

(1) 创业主要重视长期投资效益。在创业中不急于求成，对眼前利益并不十分在意，重视长期投资收益。

(2) 有较为雄厚的经济实力。有比较稳定和优厚的经济收入，赚钱的门路较多，有一定的创业经验和意识，有较高的额外收入。

(3) 创业的金额在自己承受能力范围之内。创业投入只占自己储蓄资金的一部分，通常在 1/3 左右，有稳定的资金来源来弥补创业损失。

(4) 有丰富的创业知识和创业经验。创业知识和创业经验比较丰富，有比较广泛的社会关系。其信息来源广泛，在亲朋好友中有熟悉创业活动及企业管理方面的行家，能得到较有价值的创业咨询建议。

(5) 创业者性格豁达、开朗。创业者的性格比较开朗、豁达，不计较一时的得失，情绪乐观。一旦在创业活动中遭受局部损失，也能够“拿得起，放得下”，重整旗鼓，以利再战。

风险承受能力中等的股民其特征在以上两者之间。

2. 风险评估的层次分析法

创业风险评估可采用“层次分析法”，层层细化、逐级分析，以深入准确地揭示可能遇到的风险因素。可从以下两个方面进行具体风险的估计测算，以做对照比较。

(1) 从技术风险、市场风险、财务风险、政策及法律风险、团队风险等方面，预测特定创业机会、创业活动可能遇到的风险因素。

(2) 从系统风险、非系统风险两个方面，预测特定创业机会、创业活动可能遇到的风险因素，从而判断创业者的风险承受能力。

3.3.6 基于风险估计的创业收益预测

创业者在估计了各项创业风险因素的发生概率和可能的损失之后，还需要测算特定创业机会的风险收益，再判断是否值得去冒险创业。只有风险收益达到足够高的程度，创业者才值得冒险去进行创业活动。

特定机会的风险收益可按下式测算：

$$\mathrm{FR}=(M_1+M_2)\times B\times P_1\times P_2\times S/(C+J)$$

式中：FR——特定机会的风险收益指数；

M_1——特定机会的技术及市场优势指数；

M_2——创业者的策略优势指数；

B——特定机会的持续期内的预期收益；

P_1——技术成功概率；

P_2——市场成功概率；

S——创业团队优势指数；

C——利用特定机会创业的有形资产投资总额；

J——利用特定机会创业的无形资产投资总额。

注意：当且仅当 $\mathrm{FR}\geqslant R$(创业者期望值)时，才值得冒险去利用特定创业机会去进行创业活动。

3.4 商业模式开发

商业模式已经成为创业者和风险投资者经常说的一个名词。几乎每一个人都确信，有了一个好的商业模式，成功就有了一半的保证。那么，到底什么是商业模式？它包含什么要素，又有哪些常见类型呢？

3.4.1 商业模式的定义和本质

1. 商业模式的内涵

1) 商业模式的定义

商业模式是一个企业如何利用自身资源，在一个特定的包含了物流、信息流和资金流的商业流程中，将最终的商品和服务提供给客户，并收回投资、获取利润的解决方案。企业把上述一系列的管理理念、方式和方法，反复应用，进行集成与整合，从而形成自己的一套管理方法和操作系统。

2) 商业模式的特征

(1) 商业模式是一个系统的概念。商业模式是一个整体的、系统的概念，而不仅仅是一个单一的组成因素，如收入模式(广告收入、注册费、服务费)，向客户提供的价值(在价格上竞争、在质量上竞争)，组织架构(自成体系的业务单元、整合的网络能力)等，这些都是商业模式的重要组成部分，但并非全部。

(2) 商业模式的组成部分之间具有内在联系。商业模式的组成部分之间必须有内在联系，这个内在联系把各组成部分有机地关联起来，使它们互相支持，共同作用，形成一个良性的循环。

2. 商业模式的本质

商业模式本质上是若干因素构成的一组盈利逻辑关系的链条。所以，商业模式的本质是价值链，是商业模式运行过程中一系列关键活动的组合，是由若干条不同的价值链所组成的。

1) 商业模式是由若干因素构成的一组盈利逻辑关系的链条

企业通过对价值主张、价值网络、价值维护和价值实现 4 个方面的要素进行设计，要素之间的不同组合方式形成了不同的商业模式。其中，价值主张和价值维护可归为战略方向方面，价值网络可归为运营结构方面，价值实现可以归为经济逻辑方面。

2) 商业模式是企业创造价值的逻辑

价值是通过顾客、伙伴、企业的合作而被创造出来的，包括顾客价值、伙伴价值和企业价值。

3) 商业模式是顾客价值、伙伴价值和企业价值三者的融合

从层次上看，顾客价值、伙伴价值和企业价值三者处于不同层次——顾客价值是基础，伙伴价值是支撑，企业价值是目标。

(1) 顾客价值。价值主张和价值网络的共同作用就形成了顾客价值，顾客价值是企业实际提供给顾客的特定利益组合。对于企业来讲，企业必须要围绕价值主张构建价值网络，

价值网络为价值主张服务；同时，企业在提出价值主张时，也必须要考虑价值网络，即价值主张必须具有现实可操作性。

(2) 伙伴价值。价值网络和价值维护的共同作用就形成了伙伴价值，而伙伴价值是指企业实际提供给伙伴的特定利益组合。对于企业来讲，要想维护价值网络的高效运转，必须要与伙伴共同创造和共同分享价值，实现“共赢”。在不同形态的价值网络中，伙伴的讨价还价能力不同，因此伙伴价值的高低同时取决于价值网络和价值维护两方面的作用。

(3) 企业价值。价值维护和价值实现的共同作用就形成了企业价值，而企业价值是指企业实现的最终盈利。对于企业来讲，利润水平的高低不仅取决于自身，而且取决于伙伴和竞争对手的情况。

3.4.2 商业模式和商业战略的关系

1. 商业模式与商业战略的共性

首先，商业模式和商业战略的本质是相同的。从价值活动实施前的角度来看，它们都是对能够获得竞争优势的价值创造活动的规划或设计；从实施后的角度来看，它们是对带来了竞争优势的价值创造活动的描述。

其次，商业模式是对已实施的战略的描述，商业模式与商业战略具有相似的研究领域和目标，两者不可避免地存在着关联和相互作用。

最后，商业模式是商业战略生成的基础，商业战略是在商业模式基础上的行为选择。

2. 商业模式与商业战略的区别

首先，商业模式是面向现实的、静态的、离散的价值创造方式，商业战略则是面向未来的、动态的、连续地完成从决策到实现的过程。

其次，商业模式关注内部结构和价值实现，商业战略更多地关注外部环境和竞争优势。因而，商业模式主要包含结构体系和价值体系，而商业战略则包含目标体系和行动体系。

最后，一般来说，在某个时段，企业只有一个商业模式，但可能同时存在多个战略。商业模式作为企业价值创造的基础地位总是存在的，不管它是否被企业有意设计；而企业战略并不永远存在。例如，捕捉商业机会的初创企业未必有战略，却一定要有商业模式。但企业遇到重大情况需要采取行动时，则必定需要战略。

从这个意义上讲，商业模式的重要性位居首位，而企业战略则位居第二。在商业模式趋同的情况下，战略核心能力决定企业成败；在环境相同、资源相近的情况下，竞争胜负则取决于商业模式。

3.4.3 商业模式因果关系链条的分解

根据对商业模式本质的讨论，我们知道商业模式是由价值主张、价值网络、价值维护、价值实现 4 个要素构成的一组盈利逻辑关系的链条。

1. 价值主张

价值主张是指企业通过价值链上的资源整合，以独特的方式为客户创造的价值。简而言之，价值主张就是为客户创造什么样的价值。成功的商业模式的基础是要有一个非常有影响力的客户价值主张，它能够给客户带来显著的价值。

2. 价值网络

价值网络反映的是企业为了创造价值，对内对外运营活动的结构特性，泛指企业同其他商业伙伴之间为有效提供和创造价值并实现其商业化而形成合作关系网络。随着技术进步和顾客个性化需求的主张，现实中的价值网络变得更为复杂，原有网络参与者除了顾客、供应商、竞争者和互补者之外，还包括其他多种类型的经济主体，如广告商、商业伙伴、联盟企业、中介机构(渠道商、贸易商等各种服务提供者)和政府等。这些不同类型的参与者之间通过特定的方式建立起直接或间接的竞争与合作关系，并互为依存、彼此联动构成了一个复杂的利益共同体，被称为价值网络生态系统，不同的价值网络生态系统构成了不同的价值网络形态。

案例 3-3

张茵的价值发现和价值网络

中国森林资源相对贫乏。

美国有丰富的森林和废纸资源。据美国森林和纸业协会的报告，美国每年消耗 4 700 万吨纸张，其中将近 75%的废纸将被循环利用。

“每次美国废纸进到天津港，几个小时就会被抢光。”上海一位纸品代理商透露。

中美贸易往来频繁，中国向美国出口的集装箱越来越多。但这些集装箱返回中国时往往空船而归，细心的张茵从中发现了价值和价值网络。她用这些返航的船只拉运美国的废纸，运费十分低廉。

就这样，张茵在美国收购到价格便宜的废纸，通过低廉的运费，源源不断地运送至国内，为造纸厂提供了大量优质原料，事业越做越大。

3. 价值维护

有效的、创新的商业模式可能会因为没有得到伙伴的有力支撑或者竞争者迅速模仿而造成价值流失，导致失败，因此企业必须进行价值维护。国内外大量案例表明，许多商业模式的失败都是因为没有建立有效的价值维护制度，以至于价值创造活动无法维持，甚至彻底失败。

价值维护由伙伴关系与隔绝机制两部分组成。

(1) 伙伴关系是指企业与价值网络合作伙伴在相互信任的基础上，双方或多方在价值创造活动中采取的共担风险、共享利益的长期合作关系。

(2) 隔绝机制是指为价值创造的成果、方法及价值网络免受侵蚀和伤害而做出的机制安排，即如何隔绝破坏者和模仿者，使价值创造活动不被外来因素所破坏。

4. 价值实现

价值实现是指通过各种收入流来获取所创造财富的途径。商业模式以顾客价值创造为起点，最后都必须归结到企业如何将盈利“赚到手”。

价值实现具体内容主要包括收入模式和成本管理两个因素。

(1) 收入模式是指企业获得收入的方式，即企业如何对创造出来的价值进行回收。

(2) 成本管理是指企业管理成本的方式。要解决的根本问题是企业在创造价值的活动中，如何进行成本布局和成本控制，以实现盈利最大化。

商业模式的核心功能在于创造价值和获取价值。上述四要素构成的逻辑关系链条，解释了商业模式创造价值、实现持续盈利的因果关系。

3.4.4 设计商业模式的思路和方法

1. 商业模式的设计思路

商业模式是一个企业创造价值的核心逻辑，价值的内涵不仅仅是创造利润，还包括为客户、员工、合作伙伴、股东提供的价值，在此基础上形成的企业竞争力与持续发展力。所以，设计商业模式的思路应该从创业者现有的资源及市场竞争的实际情况出发，充分考虑社会资源的整合优化，确立为顾客、合作伙伴提供最大化的价值，这是商业模式的设计思路的核心。

1) 明确客户需求

创业者通过市场分析找到未被满足的市场需求或发现新的市场机会，明确未来的目标客户和客户需求，即面向哪些顾客，提供什么样的产品或服务等，这也是价值发现的过程。这是商业模式设计的起点，也是价值主张的关键基础。

2) 确定战略定位

创业者要为客户创造什么样的产品和服务？这是让客户了解未来产品和服务的窗口，企业需要给顾客一个最容易理解和接受的价值主张，如更好的质量、更高的附加值、更低的价格等，以确定未来将向客户提供的业务价值，明确核心盈利点和相关盈利点，实现产品或服务的战略定位。

3) 构建价值网络

从新企业实际出发，以核心竞争力为基础整合社会资源，围绕利益相关者和价值链上下游伙伴，构建价值网络，巧妙配置创业资源使之最优化利用，确保利益相关方的价值主张能得到全面落实。

4) 适时价值维护

在创造产品价值的基础上，要为股东及伙伴等其他利益相关者创造利益，就必须得到价值链伙伴的有效支撑。通过正式制度安排和非正式制度安排，明确企业与伙伴之间的资源交换、信息交流、利益分配等方面的关系，以维持价值网络参与者之间的长期合作关系；同时，通过设置“模仿障碍”使模仿者无法进入行业，或虽然能够进入行业，但由于“先占优势”的存在，使模仿者很难对先入企业的价值创造活动造成威胁。

5) 确立盈利方式

通过制定产品或服务营销策略，确立企业获取利润的方式——包括解决好“凭什么定价”“对谁销售”“怎么销售”的收入模式问题和对经营活动中产生的成本进行管理和控制，确保企业盈利的最终实现。

2. 商业模式的设计方法

商业模式的设计方法主要有参照法、相关分析法、价值创新法和关键因素法。

1) 参照法

参照法是商业模式设计的一种有效方法。该方法是以国内外商业模式作为参照，根据本企业的有关商业权变因素(如环境、战略、技术、规模等)的不同特点进行调整，确定企业商业模式设计的方向。采用参照法进行商业模式设计时一定要根据自身的情况加以调整和改进，在借鉴基础上创新地探索出符合本企业特点的商业模式。许多企业的商业模式设计都是通过参照法进行的，如腾讯参照新浪等建立门户网站；而当当网则复制了亚马逊等。

2) 相关分析法

相关分析法是在分析某个问题或因素时，将与该问题或因素相关的其他问题或因素进行对比，分析其相互关系或相关程度的一种分析方法。相关分析法需要根据影响因素与商业模式一一对应确定企业的商业模式。利用相关分析的方法，可以找出相关因素之间规律性的联系，研究如何降低成本达到价值创造的目的。例如，亚马逊通过分析传统书店，在网上开办电子书店；eBay 网上拍卖也来自传统的拍卖方式。

3) 关键因素法

关键因素法是以关键因素为依据来确定商业模式设计的方法。商业模式中存在着多个变量影响设计目标的实现，其中若干个因素是关键的和主要的(即成功变量)。通过对关键成功因素的识别，找出实现目标所需的关键因素集合，确定商业模式设计的优先次序。关键因素法主要包括 5 个步骤：①确定商业模式设计的目标；②识别所有的关键因素，分析影响商业模式的各种因素及其子因素；③确定商业模式设计中不同阶段的关键因素；④明确各关键因素的性能指标和评估标准；⑤制订商业模式的实施计划。

4) 价值创新法

对一些从未出现过的商业模式的设计，往往需要创新，即通过价值要素的构建、组合等设计出新的商业模式，这一点在互联网企业上表现得尤为明显，如盛大网络游戏全面实行免费模式，开创了网游行业盈利的新模式——CSP(Come Stay-Pay)A8 音乐公司通过网络原创音乐平台将进行原创音乐的网民、网络音乐下载者、电信运营商、风险投资者、合作伙伴等进行了关联，从而设计出新的商业模式。

3.4.5 商业模式创新的逻辑与方法

商业模式创新是指为企业价值创造提供基本逻辑的变化，即把新的商业模式引入社会的生产体系，并为客户和自身创造价值，通俗地说，商业模式创新是指企业以新的有效方式赚钱。

1. 商业模式创新的逻辑

成功的商业模式自身应具有严密的逻辑关系：客户价值创造是商业模式创新的核心；价值传递是商业模式创新的决策途径；价值实现是商业模式创新成功最有力的佐证。

1) 客户价值创造是商业模式创新的核心

商业模式创新的出发点，是如何从根本上为客户创造增加的价值。因此，它逻辑思考的起点是客户的需求，根据客户需求考虑如何有效满足它，这一点明显不同于许多技术创新。同一种技术可能有多种用途，技术创新的视角，常是从技术特性与功能出发，看它能用来干什么，去找它潜在的市场用途。商业模式创新即使涉及技术，多是与技术的经济方面因素有关，以及与技术所蕴含的经济价值及经济可行性有关，而不是纯粹的技术特性。

2) 价值传递是商业模式创新的决策途径

企业通过为客户提供产品与服务来传递客户价值，客户在接受价值的同时获得满意，乐意为企业所提供的价值埋单，从而使得企业收获价值，就是这样一个传递过程。

3) 价值实现是商业模式创新成功最有力的佐证

企业商业模式追求的价值实现，不是企业价值的独享，更不是建立在对顾客欺诈和对合作伙伴压榨的基础上的。这种长久价值的实现应当是以多赢为前提的。商业模式的价值先表现为顾客价值的实现，即顾客认为购买所得大于顾客支出的成本。顾客从企业所提供的产品和服务中获得了超过预期的体验和效用，这是企业价值得以实现的基础。其次，表现为伙伴价值。企业与合作伙伴共同通过优化价值链，减少费用，提高运作效率，共享增加的收益。这是企业价值得以实现的保障，最终企业实现盈利。

2. 商业模式创新的方法

在商业模式这一价值体系中，企业可以通过改变价值主张、目标客户、分销渠道、顾客关系、关键活动、关键资源、伙伴承诺、收入流和成本结构等因素来激发商业模式创新。也就是说，企业经营的每一个环节的创新都有可能成为一个成功的商业模式。研究发现，一般商业模式创新可以从战略定位创新、资源能力创新、商业生态环境创新及这 3 种创新方式结合产生的混合商业模式创新这四个维度进行，如图 3.3 所示。

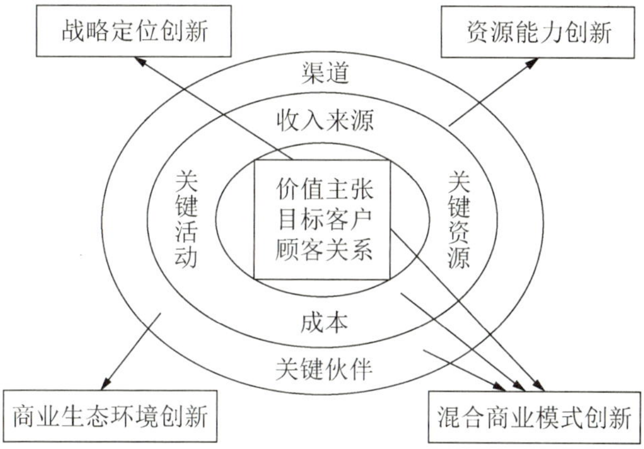

图 3.3 商业模式创新的四维模型

1) 战略定位创新

战略定位创新主要是围绕企业的价值主张、目标客户及顾客关系方面的创新，具体指企业选择什么样的顾客、为顾客提供什么样的产品或服务、希望与顾客建立什么样的关系，其产品和服务能向顾客提供什么样的价值等方面的创新。在激烈的市场竞争中，没有哪一种产品或服务能够满足所有的消费者，战略定位创新可以帮助我们发现有效的市场机会，提高企业的竞争力。

在战略定位创新中，企业首先要了解自己的目标客户，其次是如何让企业提供的产品或服务能最大限度地满足目标客户的需求，在前两者都确定的基础上，再分析选择何种客户关系。合适的客户关系也可以使企业的价值主张更好地满足目标客户。

2) 资源能力创新

资源能力创新是指企业对其所拥有的资源进行整合和运用能力的创新，主要是围绕企业的关键活动，建立和运转商业模式所需要的关键资源的开发和配置、成本及收入源方面的创新。关键活动是指影响其核心竞争力的企业行为；关键资源指能够让企业创造并提供价值的资源，主要指那些其他企业不能够代替的物质资产、无形资产、人力资本等。

在确定了企业的目标客户、价值主张及顾客关系之后，企业可以进一步进行资源能力的创新。战略定位是企业进行资源能力创新的基础，而且资源能力创新的 4 个方面也是相互影响的。一方面，企业要分析在价值链条上自己拥有或希望拥有哪些别人不能代替的关键能力，根据这些能力进行资源的开发与配置；另一方面，如果企业拥有某项关键资源如专利权，也可以针对其关键资源制订相关的活动计划；对关键能力和关键资源的创新也必将引起收入源及成本的变化。

3) 商业生态环境创新

商业生态环境创新是指企业将其周围的环境看作一个整体，打造出一个可持续发展的共赢的商业环境。商业生态环境创新主要围绕企业的合作伙伴进行创新，包括供应商、经销商及其他市场中介，在必要的情况下，还包括其竞争对手。市场是千变万化的，顾客的需求也在不断变化，单个企业无法完全完成这一任务，企业需要联盟，需要合作来达到共赢。

4) 混合商业模式创新

混合商业模式创新是一种战略定位创新、资源能力创新和商业生态环境创新相互结合的方式。根据笔者的研究，企业的商业模式创新一般都是混合式的，因为企业商业模式的构成要素、战略定位、内部资源、外部资源环境之间是相互依赖、相互作用的，每一部分的创新都会引起另一部分相应的变化。而且，这种由战略定位创新、资源能力创新和商业能力创新两两相结合甚至同时进行的创新方式，都会为企业经营业绩带来巨大的改善。总之，商业模式创新既可以是三个维度中某一维度的创新，也可以是其中的两点甚至三点相结合的创新。有效的商业模式能够导致卓越的超值价值，商业模式创新将成为企业家追求超值价值的有效工具。

本 章 小 结

商业机会也指市场上存在的尚未满足或尚未完全满足的显性或隐性的需求。市场机会具有公开性、时效性及理论上的平等性与实践上的不平等性等特性。

创业机会是指具有商业价值的创意。关于创业机会主要源自问题、变化、创造发明、竞争和新知识、新技术的产生 5 个方面。

创业机会识别的过程包括创意形成、信息收集与研究及创业机会评价 3 个步骤。

只有当创业者个人特质和创业机会特征之间存在着恰当的匹配关系时，创业活动才最有可能发生并取得成功。

由于个人特质和创业机会特征的不匹配等原因，适于特定个体创业的机会并不是很多。创业者若能掌握创业机会评价的一些技巧和策略，会提高创业成功率。

机会风险分为系统风险与非系统风险。通过某些途径可以在一定程度上防范创业风险。

创业的风险承担能力因各人条件不同而有所差异。创业动机、资金实力、创业知识和经验、心理素质4个因素决定着创业者对投资风险的承受能力。

商业模式的本质是价值链，是商业模式运行过程中一系列关键活动的组合，是由若干条不同的价值链所组成的。

设计商业模式的思路应该充分考虑社会资源的整合优化，确立为顾客、合作伙伴提供最大化的价值，这是商业模式的设计思路的核心。

一般商业模式创新可以从战略定位创新、资源能力创新、商业生态环境创新及这3种创新方式结合产生的混合商业模式创新这四个维度进行。

思考题

1. 什么是创业机会？ 创业机会主要源自哪些？
2. 简述创业机会识别的过程。
3. 影响创业机会识别的因素主要有哪些？
4. 防范系统风险与非系统风险的途径有哪些？
5. 决定创业者对投资风险的承受能力的因素有哪些？
6. 为什么判断创业机会是否适合自己的主要依据在于机会特征与个人特质的匹配？
7. 设计商业模式的思路是什么？
8. 商业模式的设计方法主要有哪些？
9. 商业模式创新的方法有哪些？

第4章 创业资源

学习目标

1. 了解创业过程中的资源需求和资源获取方法。
2. 掌握创业资源管理的技巧和策略。
3. 掌握创业资源整合和有效使用的方法。
4. 认识创业资源开发的技巧和策略。

4.1 创业资源

4.1.1 创业资源的内涵

1. 资源与创业资源的定义

1) 资源的定义

《经济学解说》(经济科学出版社，2000)将“资源”定义为：“生产过程中所使用的投入”，这一定义很好地反映了“资源”一词的经济学内涵，资源从本质上讲就是生产要素的代名词。“按照常见的划分方法，资源被划分为自然资源、人力资源和加工资源。”徐绪松教授(2005)提出 CSM(复杂科学管理)的新资源观论，认为投入后能够产生效益，包括能够创造经济价值(创造财富)、产生经济增长、建立竞争优势、提高核心竞争力、实现人与自然的和谐、可以持续发展等的东西均称为资源。

2) 创业资源的定义

创业资源是指创业组织在创业的全过程中所拥有和可支配的，能够为创业组织创造价值、实现组织目标的各种要素及要素组合。

2. 创业资源的分类

1) 按照资源的表现形态分类

按照创业资源的表现形态，可分为有形资源与无形资源。

(1) 有形资源。有形资源是指可见的、能用货币直接计量的资源，主要包括物质资源和财务资源。物质资源包括企业的土地、厂房、生产设备、原材料等，是企业的实物资源。财务资源是企业可以用来投资或生产的资金，包括应收账款、有价证券等。

(2) 无形资源。无形资源是指在客户价值中传递，不会发生损耗的并且隐性的产品因素。它是在企业经营期长期发生作用的资源，包括专利、技巧、知识、关系、文化、声誉及能力，与企业的有形资源一样，它们都是稀缺的，都代表了企业为创造一定的经济价值而必须付出的投入。

企业作为一种社会经济组织。在拥有厂房、场地、设备、资金等有形资源的同时，也拥有种类繁多、不易计量与把握的无形资源，如商标权、专利权、专有技术、客户关系、企业形象、企业文化等多方面的内容，这些无形资源在企业的生产经营过程中发挥着不可或缺的作用。

① 商标权。商标是用来辨认特定商品或劳务的标记，它是指专门在某类指定的商品或产品上使用特定的名称或图案的权利，一般包括独占使用权和禁止权两个方面。

② 专利权。专利权指国家专利主管机关依法授予发明创造专利申请人对其发明创造在一定期限内所享有的专有权利。专利权一般包括发明专利权、实用新型专利权、外观设计专利权 3 个方面。专利权都有法律规定的有效期限，在我国发明专利为 20 年，实用新型和外观设计专利为 10 年，超过法定有效期，任何人均可以自由使用该专利。专利权一般具有专用性、期限性、收益性的特征。

③ 专有技术。专有技术指不为外界所知，在生产经营活动中已采用了的、不享有法律保护的各种技术和经验，一般包括工业专有技术、商业贸易专有技术、管理专有技术等。

④ 企业形象。企业形象通常指社会公众对一个企业及其产品的评价、信念和态度，主要包括知名度和美誉度，是企业价值观念、管理和技术等因素的综合，是隐含在企业生产经营活动背后的一种巨大的潜在力。

⑤ 客户关系。客户关系通常指购买企业产品的顾客与销售、服务、制造企业在长期交往和共事中形成的相互关系，这种关系是无形存在的，对于企业产品销售量的提高影响颇大。

⑥ 企业文化。企业文化是指以企业价值观为核心的企业意识形态，包括企业价值观、企业经营理念、企业精神、企业经营方针、企业宗旨、企业规章制度、员工行为准则等。

2) 按照资源对企业成长的作用分类

按照资源对企业成长的作用我们将其分为两大类，即要素资源和环境资源。

(1) 要素资源。对于创业资源中直接参与企业日常生产、经营活动的资源，称为要素资源。

① 场地资源：场地内部的基础设施建设，便捷的计算机通信系统，良好的物业管理和商务中心，以及周边方便的交通和生活配套设施等。

② 资金资源：及时的银行贷款和风险投资，各种政策性的低息或无偿扶持基金，以及写字楼或者孵化器所提供的便宜的租金等。

③ 人才资源：高级科技人才和管理人才的引进，高水平专家顾问队伍的建设，合格员工的聘用等。

④ 管理资源：企业诊断、市场营销策划、制度化和正规化企业管理的咨询等。

⑤ 科技资源：对口的研究所和高校科研力量的帮助，与企业产品相关的科技成果及进行产品开发时所需要用到的专业化的科技试验平台等。

(2) 环境资源。对于创业资源中未直接参与企业生产，但其存在可以极大地提高企业运营的有效性资源，则称为环境资源。

① 政策资源：允许个人从事科技创业活动，允许技术入股，支持海外与国内的高科技合作，为留学生回国创业解决户口、子女入学等后顾之忧，简化政府的办事手续等。

② 信息资源：及时的展览会宣传和推介信息，丰富的中介合作信息，良好的采购和销售渠道信息等。

③ 文化资源：高科技企业之间相互学习和交流的文化氛围，相互合作和支持的文化氛围，以及相互追赶和超越的文化氛围等。

④ 品牌资源：借助大学或优秀企业的品牌，借助科技园或孵化器的品牌，以及借助社会上有影响力的人士对企业的认可等。

案例 4-1

库军强的婚庆公司

某理工学院 2003 级电子计算机专业在校大学生库军强经过充分的市场调查，得出“开拓西式婚礼市场必定会有充分的回报”的结论，决定进军这一领域，2006 年 10 月 28 日，他注册了江西省抚州市永恒西式婚庆公司，并于 11 月 2 日在互联网上开设婚庆网站。但是，库军强没有西式婚庆所需的教堂、婚庆用品，也没有业务推广和报纸电视广告的经费！

思考：如果你是库军强，你会怎么办？

首先是场地问题——教堂，抚州市的两个教堂在江西省是最雄伟的，库军强以详细的计划书使教堂负责人相信，抚州市第一家西式婚庆公司很有前景，双方成功签了一个三年的合作协议，对于婚庆用品，库军强经过两个月的奔波，和抚州市一家大酒店及几家婚庆用品店达成协议，租用他们的婚庆用品。他们也成为婚庆公司的长期合作伙伴。至于广告，则想办法吸引媒体眼球，让他们主动报道——库军强在学校就业指导课上的模拟招聘会中得到启发，他做了一个模拟婚庆，2006年11月2日，库军强公司和米兰婚纱摄影店在抚州市最繁华的街道东大道上，举行了一场模拟婚庆，吸引了抚州市的许多媒体，当天的报纸都用了相当的篇幅报道婚庆的事情！模拟婚庆的录像上传到了婚庆公司的网页上，全国的朋友都能看到，模拟婚庆的录像传上网页的第二天，公司就接到了浙江一对新人的电话，这是公司的第一笔业务，他们报价10万，自此，公司的婚庆业务便红火起来。

3. 创业资源的作用

创业者获取创业资源的最终目的是为了组织这些资源追逐并实现创业机会，提高创业绩效和获得创业的成功。无论是要素资源还是环境资源，无论它们是否直接参与企业的生产，它们的存在都会对创业绩效产生积极的影响。

1) 要素资源在创业中的作用

(1) 场地资源。每个企业都需要有适合经营、生产的场所，包括高科技创业企业，这是企业存在的首要条件之一。例如，为科技人员提供舒适的研究开发环境和高速网络通信系统，为市场人员提供便捷的商务中心和配套设施等，将促进新创企业更好、更快速地成长。

(2) 资金资源。巧妇难为无米之炊，创业需要资金，无论是有形资源、无形资源还是人力资源的构建与购置都需要资金的投入，否则只能是纸上谈兵，绝大多创业者往往由于资金缺乏而在创业之初就陷入困难。创业之前创业者必须结合创业计划，合理确定资本结构与资金需求数量，并切实筹集所需数量的资金，才可能正式开始创业起步，只要有一个环节的资金不到位，即便再伟大的事业也会面临新的风险。因此，资金在创业中具有不可或缺的重要作用。

(3) 人才资源。人才是经济和社会发展的第一资源。科技的迅猛发展，强烈的全球化竞争，任何技术都有可能落伍，任何资源也都有可能被取代，然而人才资源是无论科技怎么发展，都不可能缺少的，人才不仅是企业的创立、创新、持续发展等的基础，更是企业永葆活力的坚强后盾。因此，专业人才是创业企业的根本，是创业企业最为主要的人力资本。事实上，当代企业管理中的人才已经由传统的“劳动力”概念转变为“人力资本”的概念。现代企业可持续发展的关键是获取和开发高素质人才；而对于高科技企业而言，因为其大的知识比例，人才资源则变得更为重要。

(4) 管理资源。高科技企业的创业者大多数是科技人员出身，他们自身具备较强的科研能力，但是由于企业管理知识方面有所欠缺，许多高科技创业企业都因为管理不善而失败，这意味着拥有一套完整且高效的管理制度对于新创企业来说，是一个宝贵资源。当然，当企业缺乏这一资源时，专业的管理咨询策划将有利于提高新创企业的生产、运作效率。

(5) 科技资源。高科技新创企业的目的主要是研发、生产科技产品，科技资源的重要性不言而喻。积极引进寻找具有价值的科技成果，加强和高校科研院所之间的产学研合作，将有助于加快产品研发和成型的速度，减少产品进入市场的时间，为企业的市场竞争提供了有力、强劲支持。

2) 环境资源在创业的作用

(1) 政策资源。从中国目前的创业环境来看，制定相应的扶持政策是发展高科技企业基本，只有经过政策的允许与鼓励，新创企业才能够从国内外获得更多人才、贷款、投资及具有明确产权关系的科技成果、各种服务和帮助等。除此之外，政策资源也是公共资源，所有同质的高科技企业都有享受权，但是正因为如此，新创企业更应该重视政策资源。

(2) 信息资源。专业机构及企业对于信息的搜集、处理及传递等，可以为创业者制定研发、采购、生产和销售的决策等提供指导与参考。对于高科技新创企业而言，市场竞争越激烈，就更需要丰富、及时和准确的信息，以争取到更多的要素资源。这些信息如果创业者亲自通过市场调研分析、获得，成本过高。因此，一般由专业机构提供。

(3) 文化资源。文化资源是企业发展中极为重要的一项，文化资源对于新创企业来说尤为珍贵。硅谷成功的主要原因之一是因为那里所具有的浓厚文化氛围，如鼓励冒险、容忍失败等。文化对于创业企业及创业者有着精神激励作用，使新创企业具有创业更强的动力和能力。

(4) 品牌资源。创业企业所处的环境也具有一定的品牌效应。例如，优秀的孵化器除了能为高科技创业企业提供品牌保证，这可以提高政府与投资商和其他企业等对新创企业信誉度的估价，有助于新创企业资金、人才、科技、管理等资源的获取。创业者要善于利用品牌资源，通过扩大新创企业和品牌之间的互动，来增强社会影响力。

案例 4-2

陈建伟：借力而动

南京仙林大学城内建了一个近 500 平方米的 IT 卖场，而建造者是南京邮电大学的陈峰伟。这个被命名为“华盛电器”的大卖场投入了将近 300 万元，所有投资几乎都是陈峰伟个人的投入、融资。目前，这个完全是大学生独立完成投资、策划，以及所有员工是大学生的卖场已经得到工商的注册，明年初预计就可以开业。南京家电业已巨头云集，陈峰伟已经把苏宁和五星等当成竞争对象。“第一年的预计销售目标是 4000 万元，5 年后，我希望可以高达 2 亿元，占其地区市场份额的 80%。”

陈峰伟在太平洋建设集团实习了一段时间后，后回到河南老家做招生代理，“我两个星期就赚了两万”陈峰伟的声音里透露着些许自豪。陈峰伟是在大学中接触 IT 销售，除了向同学们推销手机、MP3 等 IT 产品外，他还在仙林大学城附近的各个学校内发展自己的代理，“有的学生代理一天就能够卖出两部手机”。“仙林地区笔记本电脑等数码产品的年平均市场份额高达 3.6 亿元之多，手机一天需求量就 300 部。”陈峰伟称这是从他组织的 3 次市场调研中得到的结论。陈峰伟称，“华盛电器”所需的员工已经全部招聘完毕，都是来自仙林地区各学校的大学生。“核心管理团队需要 4～5 人”，陈峰伟称这些伙伴都是各学校的创业主力，本校的院学生会主席也在其中。基层员工以按时计费为主，每小时 3～5 元。陈峰伟称华盛电器的启动资金没有向家里过要一分钱，甚至他做这事都没告诉家里。“其他的钱，我主要是通过融资得到，就是向其他企业借贷。”不久前，他从江苏一知名企业获得了担保，已从北京一家企业成功获得融资，他没有透露具体数额，只说正逐步到位。

4.1.2 创业资源与一般资源的异同

一般商业资源是指经济学意义上的资源，即具有经济价值或能够产生新的价值和使用价值的客观存在物。从这个意义上说，具有经济价值并能够创造新的价值，这是创业资源与一般商业资源的共同点。但资源的通用性无法使企业获得高水平绩效和持续的竞争优势，也无法实现创业企业的成长。

1. 创业资源的外部性

创业资源大多为外部资源，新创企业普遍资源短缺，创业者往往只拥有少量的资源，甚至两手空空。因此，创业者获取资源的有效途径就是使外部资源内部化，特别是对于关键性创业资源要能够有效地获取与整合。

创造性地整合外部资源是创业者成功的关键因素之一，所以成功的创业者大多数都是资源整合的高手。

2. 创业资源的异质性

资源基础理论认为企业的竞争优势来源于企业拥有的异质性资源。资源异质性是指其具有价值性、稀缺性、难以模仿性及难以替代性，因而构成了企业之间竞争优势的来源。

3. 创业资源使用价值的差异性

人类知识除了对于具体事物而言，还总是分属于不同的主体，相互之间无法完全统一，这就是所谓的知识分散性。

通常，分散性知识的存在，意味着对于同样的资源创业者会看到他人未能发现的不同效应，产生不同期望，做出不同的投入产出判断。从而产生超出一般商业资源的新价值，甚至是超额利润的效果。

4. 创业资源能实现新效用

资源价值来源于资源属性的效用，但是资源效用不是一成不变的东西，而是会在社会活动中不断被发现、被定义。创业者按自身发现的资源效用对所获取资源进行开发和利用，把发现的资源新效用变成新功能，如产品或服务，以此获得价值增值甚至是超额利润这一过程，就是创业活动的本质。

由此可见，创业资源是指经由创业者识别并开发利用，充分实现其新效用，获得新价值甚至是超额利润，其有异质性的商业资源。

创业者必须注重控制，整合和充分利用创业资源，已建立新创企业的竞争优势。

案例 4-3

从路边摊到辣椒王国

她，没有上过一天学，连自己的名字都是儿子成人后手把手教她写的。她乐善好施，为人善良，尽管自己的生活已经非常艰辛，但是依然经常接济附近一所学校的一些贫困生，学生们叫她干妈。久而久之，周围的人们也都跟着亲切地叫她“老干妈”。

如今，她是贵阳南明老干妈风味食品有限责任公司的董事长，手下拥有2 000多名员工，年平均产值达 8 亿多元。没上过一天学，仅会写自己名字的她，白手起家，在短短的 6 年内，居然创办了资产达 13 亿元的一家私营大企业。创造这个新神话的农村妇女叫陶华碧，今年已经 51 岁了，许多人也许不知道她的名字，但她的“老干妈麻辣酱”却是家喻户晓，尽人皆知。1996 年 7 月，陶华碧借了南明区云光村委会的两间房子，便开办起了食品加工厂，专门生产有关辣椒的调味品，命名为“老干妈麻辣酱”。1997 年 8 月，“贵阳南明老干妈风味食品有限责任公司”正式挂牌，到 2000 年年末为止，仅仅 3 年半的时间，“老干妈”公司就迅速壮大成发展近 3 亿元的中型企业，上缴国家税收达到 4 315 万元。

现如今，“老干妈”公司累计产值高已达 13 亿元，每年纳税 1.8 亿元，在中国私营企业 50 强排行榜中占第五。

4.1.3 影响创业资源获取的因素

1. 创业资源获取的途径

创业资源获取来自两个方面：一是自有资源，二是外部资源。

1) 自有资源

自有资源主要指创业者(团队)自身拥有的、可用于创业的资金、技术、创业机会信息、自建的营销网络、控制的物质资源或管理才能、管理组织等，自有资源可以通过内部培育和开发，企业通过一定的方式在内部开发无形资产、培训员工及促进内部学习等获取有益的资源。

2) 外部资源

外部资源则包括亲朋好友、同学、同事、商务伙伴或其他投资者的社会关系及其资源，或者能够借用的人、才、空间、设备或其他原材料等。

案例 4-4

天使式众筹：大家投

一年前，我在一个朋友聚会中认识了大家投网站的创始人李群林，他极力推荐他想创建的网站——众筹式的天使平台。我不认为他有机会做成，因为李群林并不是互联网投资人喜欢投资的那种明星创业者。

很多知名的天使投资人都拒绝了他的请求。但李群林并没有轻易放弃，他不断在微博上发表并宣传资金的理念，结识真正对他认可的粉丝和朋友，经过两个月的艰苦努力，他引起了深圳创新谷孵化器的注意，愿意做他项目的领投入，不久他又吸引了 11 个人的投资，总共 12 个投资人，每人出资最高 15 万元，最低 3 万元。除创新谷孵化器是机构外，更多的投资人是没有专业投资经验的个人。大家投网站最后出让 20%的股份。

大家投网站模式是这样的，当创业项目在平台上发布项目后，吸引到足够数量的小额投资人(天使投资人)，并且在凑满融资额度之后，投资人就按照各自出资比例成立有限合伙企业(领投入任普通合伙人，跟投入任有限合伙人)，再以合伙企业法人身份入股之前被投项目公司，持有项目公司出让的股份。而融资成功后，作为中间平台的大家投则从中抽取 2%的融资顾问费。就像支付宝对于电子商务消费者与商家之间的信任问题的解决，大家会共同推出一个叫“投付宝”的中间产品。简而言之，就是将投资款托管，对项目感兴趣的投资人可以把投资款先打到由银行托管的第三方账户，当公司正式注册验资的时候，再将投资款打进公司。投付宝的好处是可以分批拨款，如投资 100 万元，先拨付 25 万元，根据企业的产品或运营进度决定是否持续拨款。

对于创业者来讲，有了投资款托管后，投资人在认投项目时就需要将投资款转入托管账户，认投方可有效，这样就有效避免了以前投资人轻易反悔的情况，会大大提升创业者融资效率；由于投资人存放在托管账户中的资金是分批次转入被投企业，这样就大大降低了投资人的投资风险，投资人参与投资的积极性会大幅度提高，这样也会大幅度提高创业者的融资效率。

从上面的案例可以看出，天使式众筹比较适合成长性较好的高科技创业融资。投资人对项目模式要有一定理解。有最低投资门槛，门槛较高。对于创业者来讲，依旧需要依靠自己的个人魅力进行项目的推荐并期望遇到一个专业的领投入。对于明星创业者，或者明星创业项目，不适合用该模式，而应该选择和大的投资机构接洽。这个模式可以由在一个专业圈子有一定影响力的创业者，结合社交网络来进行募资，把信息传递给更多身边同样懂行的或者愿意信任他的有一定资本能力的投资者。

从大家投自己募集资金的案例可以让我们发现一件有趣的事情，即最有可能给你天使投资的不是微博上你关注的大 V，而是关注你的小号粉丝。大家投的 12 名投资人中，有投资经验的只有 5 个人。这有点像美国人所说的最早的种子资金应该来自于3F，即Family(家庭)、Friends(朋友)和Fool(傻瓜)。

社交媒体的出现，使得普通人的个人感召力可以通过社交媒体传递到除朋友外的陌生人，使得获得更多资源资金的支持变成可能。

案例 4-5

会籍式众筹 3W 咖啡

互联网分析师许单单这两年风光无限，从分析师转型成为知名创投平台3W咖啡的创始人。3W咖啡采用的就是众筹模式，向社会公众募集资金，一个人10股，一股6 000元，那么就相当于一个人6万元。筹款时正是玩微博最火的时候，所以3W咖啡很快就汇集了一大帮知名投资人、创业者等，其中更包括沈南鹏、曾李青等多位知名人士，股东阵容堪称豪华，3W咖啡引爆了中国众筹式创业咖啡在2012年的流行。每个城市几乎都出现了众筹式的3W咖啡。3W很快以创业咖啡为契机，将品牌衍生到了创业孵化器等领域。

3W的游戏规则很简单，不是所有人都可以成为3W的股东，也就是说不是你有6万元就可以参与投资的，股东必须符合一定的条件。3W强调的是互联网创业和投资圈的顶级圈子。而没有人是会为了6万元未来可以带来的分红来投资的，更多是3W给股东的价值回报在于圈子和人脉价值。试想，如果投资人在3W中找到了一个好项目，那么多少个6万元就赚回来了。同样，创业者花6万元就可以认识大批同样优秀的创业者和投资人，既有人脉价值，也有学习价值。很多顶级企业家和投资人的智慧不是区区6万元可以买的。

会籍式的众筹方式在中国2012年创业咖啡的热潮中表现得淋漓尽致。会籍式的众筹适合在同一个圈子的人共同出资做一件大家想做的事情。例如，3W这样开办一个有固定场地的咖啡馆方便进行交流。其实会籍式众筹股权俱乐部在英国的M1NT Ciub也表现得淋漓尽致。M1NT在英国有很多明星股东会员，曾经拒绝过著名球星贝克汉姆，理由是当初小贝在皇马踢球，常驻西班牙，不常驻英国，因此不符合条件。后来MiNT在上海开办了俱乐部，也吸引了500个上海地区的富豪股东，主要以老外圈为主。

创业咖啡注定赚钱不易，但这和会籍式众筹模式无关。实际上，完全可以用会籍式众筹模式来开餐厅、酒吧、美容院等高端服务性场所。这是因为现在圈子文化盛行，加上目前很多服务场所的服务质量都不尽如人意。例如，食品，可能用地沟油。通过众筹方式吸引圈子中有资源和人脉的人投资，不仅是筹措资金，更重要的是锁定了一批忠实客户。而投资人也完全可以在不需经营的前提下拥有自己的会所、餐厅、美容院等，不仅可以赚钱，还可以在自己朋友面前拥有更高的社会地位。

2. 创业资源获取的影响因素

初创企业需要获取广泛的外部资源，以使得企业走出初始阶段。Bergmann Lichtenstein & Brush(2001)定义了资源获取，即由于企业处于不同的发展阶段，同时周边的环境不断变化，因此企业对于资源的需求是不同的，这样企业需要在确定自己对资源的需求后不断地获取资源。前人对于创业资源获取的实证研究都集中在金融资源获取上(Shane & Cable，2002)，更广泛的创业理论文献中已经确定了其他两种对于初创企业的生存起到关键作用的资源，即专门的拥有纯技术或经验为基础的技术和管理知识的人力资源，这个人力资源只能通过说服其他资源拥有者作为团队的关键人员加入公司(如技术总监、营销总监等)；客户或使用者提供的订单，这些订单通常被资源拥有者认为是关键的市场验证信号

(Venkataraman，1997)。通过对于前人文献的梳理，我们得出影响资源获取的因素主要包括创业者拥有的创业网络、创业者特质，以及初始资源。

1) 创业网络

创业网络是创业者(创业企业)所拥有的各种社会关系，包括创业者的个体网络及创业企业的组织关系网络。创业网络是创业者(创业企业)社会网络在创业活动中的嵌入(蔡莉，单标安，刘钊，郭洪庆，2010)。根据 Uzzi(1997)的阐述，网络关系是多种多样的，如商业的、合作伙伴、朋友、代理、导师等，这些途径使资源能够同时存在于两种关系中。现有文献认为网络系统对于小企业来讲可能是一个弥补稀缺资源的主要途径。例如，外部网络帮助企业找到新的资源源头。或许更重要的是，外部网络也是一个获取信息的渠道，这些网络关系在增强企业获取资源的能力，因为网络是创业者获取外部资源的一个方法。

社会网络中包括亲人、朋友及熟人。支持性网络是有一些支持机构组成，如银行、政府及非政府组织。而公司间网络包括其他所有企业。这三种网络类型有不同的功能。社会网络就像是一个机会的集合。一些研究者认为社会网络为创业者提供了信息及其他类型的非物质支持，还有财务支持新创业者主要依赖于他们的个人网络来获取企业所需的资源。约翰森(Johannisson 1998)指出，新的创业者是通过把他们的个人网络作为自己拥有的资源的补充而渐渐独立的。社会网络是通过多种途径去促进资源获取过程的：第一，网络是资源拥有者获得了关于创业者能力及新企业技术和市场潜力的重要信息；第二，网络通过使机会主义更昂贵来降低交易成本。网络中的资源拥有者具有制裁创业者的能力，一旦创业者采用不正当的行为，资源拥有者可以通过传播关于创业者的负面信息来制裁他们。因为信誉是需要时间去建立的，但是名誉被毁却非常快，网络能够为机会主义行为创造“自我实施”保障。这是因为网络具有以上两种能力，它才能够促进创业资源获取顺利进行。

2) 创业者特质

最优秀的创业者会有些共同特质，不管是坚韧性还是对风险的容忍力，这些都是成功所必需的。针对一项名为“创业者最重要的五大性格特征及状态”的课题，一共有 23 份研究分析，其中人们发现创业者和公司经理相比，具备的个性特征更多，他们在经验(好奇心、创新力)和自觉性(自律性、积极性)方面表现更佳，而且他们也具有极高的情绪稳定性，这些特质有助于他们承受更大的压力。

特质一：不屈不挠。

创业是一场距离超长的马拉松赛，过程中充满了不确定性，只有排除艰难险阻才能取得最后的胜利。创业者不会因为比别人有更好的机会而赢得市场，也躲不过一些不可避免的错误。不屈不挠也可以用许多词来形容，如坚持、毅力、果断、承诺、顺应力等，如果用一句老话来形容，就是持之以恒。

特质二：激情。

可能有些人会下意识地认为钱是成功创业者创业的动力。但实际上绝大多数创业者创业是出于他们对新产品、新服务的热情，或抓住了一些解决难题的机遇。他们这样做不仅可以让消费者买到物美价廉的产品，还能让人们过上更加舒适、安逸的生活。激情是支持创业的内在驱动力，它也是让创业者愿意不断付出的基础。

特质三：能承受不确定性。

这种经典的特质如果用通俗的话来说，就是对风险的承受能力——能够承受不确定性带来的恐惧，并且能够承受潜在的失败。德克萨斯基督教大学尼利商学院的 Michael Sherrod

认为“它可以总结为一种成功化解恐惧的能力。”对恐惧的控制能力也是一项最重要的创业者特质。“它包括很多，如对丢脸感到恐惧，对不能按时发工资感到恐惧，对资金不足感到恐惧，对破产感到恐惧等。”

特质四：远见。

有预测未知机遇的能力，同时也能预测他人不能预知的事情，这是创业者必备的特质之一。创业者们的好奇心会帮助他们辨识出一些被忽略的市场机遇，这种好奇心会使其走在创新和一些新兴领域的前列。他们能想象出另一个世界，把自己的远见有效地转化为一种切实可行的业务，随之就会吸引到投资人、客户和员工。

特质五：自信。

自信也是创业者的关键特质。你必须坚信自己的产品是全世界需要的，发现市场机遇然后开拓新市场，在创业的过程中还要不断推翻现有的、普遍认可的东西。研究者将这种特质称为一种源自特殊使命的自信。有了这种信念，就算世界充满风险，你也可以做好充分的调查，有足够的信心完成任务，并把风险减到最小。

特质六：灵活性。

实际上，创业的生存规则也像生命物种一样，都建立在适应周围环境的基础上。公司最终推出的产品或服务很可能不是你最初的计划。因此，灵活性会有助于创业者适应市场环境，应对大众多变的喜好。

3) 初始资源

根据资源基础观学者们的研究，企业可以被定义为是资源和能力的有机结合。创业的过程就是创业者们获取和开发资源的过程，新企业的产出很大程度上是由创业者能够获得的资源的性质决定的。Chandler & Hanks(1994)指出，由于新创企业自身的合法性缺陷，企业规模小等特点导致它具有资源缺乏先天不足的问题，尽管依靠创业者的初始资源禀赋获得初步发展，但如果不继续获取和积累新资源来满足企业的需求，企业就不会得到进一步的发展。因此，企业在发展的同时，就要不断地利用自身的资源禀赋来获取新的资源。

大学生在选择自主创业时，也是具有初始资源匮乏的特点。第一，大学生创业的初始资金匮乏。大学生在校期间几乎是没有收入的，平时的花销也都是来自于家庭的支持，这样大学生是没有任何积蓄的。第二，依据 Brush，Greene & Hart(2001)研究中指出教育程度是创业资源禀赋中的一个方面，而这一点是大学生在创业之初所具有的优势资源。大学生在校期间学习了许多专业知识及课程，这些知识对于他们创业之初进行一些决策时非常有利的。第三，由于大学生在校期间缺乏实践，因此他们没有任何创立企业的经验，所以经验的缺乏也是大学生的一个非常重要的特点。

4.2 创业资源管理

4.2.1 创业资源管理的内涵

1. 创业资源管理的含义

企业的创业资源主要有资金、时间、人才、市场等方面，而其管理包括对这些资源的获取、分配和组织等。

2. 创业资源管理的分类

1) 资金管理

这是因为企业创业在内部发生，一般新业务由旧业务的收入来支撑，所以资金来源显得有保障。在这种资金获取办法下，由于新业务本身不但没有收益，反而必须投入大量的资金而导致“新业务招损”，因此，可能打击从事旧业务的员工的积极性，对企业发展不利，特别是当企业从专业化向多元化转变时更是如此。解决这个问题的办法包括：对新项目使用种子资助资金，采取内部风险投资的方式，或其他有偿使用资金的办法。

2) 人才分配

企业创业的另一个问题是人才支持。当项目处于种子阶段时，主要由少数几个人在运作和管理，一旦进入了孵育发展阶段，就必须有得力的人才来进行规划管理，因此，这里也存在一个新、旧项目争夺人才的问题。为了使新、旧项目的发展不受人才问题的影响，企业必须注意在发展过程中培养新的人才，稀释各部门的人才密度，给人才加压力。

3) 时间管理

企业创业相对首创业来说，一个大问题是创业者的工作时间和精力难有保障。一般来说，企业内部的创业者既要完成当前的工作，又要进行开发工作，因此，工作时间分配经常顾此失彼。为了保障员工有充足的时间来孵化创新性的想法，组织应该从制度上给他们以保证，同时调整他们的工作，避免对员工各方面施加过多的压力，使他们有充足的时间解决创新问题。

4) 市场管理

企业创业是一种以市场为导向的活动，市场对新产品的接受程度直接关系到创业成败，但开始时，新产品在市场中几乎不为人所知，因此，企业必须集中销售资源，致力于新产品的市场开拓。这里也存在新、旧项目营销资源竞争的问题。为了解决这个问题，企业必须加大营销投入。

案例 4-6

李宁，一切皆有可能

李宁公司创办的初期，这一阶段管理团队是感情型的，由李宁的队友、亲属和朋友组成。公司的成长期，从这一阶段开始，职业经理人开始驾驭企业经营发展。在公司的成熟期，李宁公司管理团队逐渐从经验型向学习型过渡，更加重视制度和规律。

客户资源：谁来购买？

根据对中国体育用品市场供需求的分析，李宁意识到可以从青年人身上挖掘巨大消费潜力，创业之初把市场定位在普通大众市场，主要针对的目标市场大致可以分为两个层次：24～35 岁的中等收入水平的消费群体。15～24 岁的还不完全具有经济实力的喜爱运动的学生群体。

对于技术来说，“李宁弓”减震科技，与美国 Exeter 研发公司 Ned Frederick 合作。对于财务资源来说，李宁凭借“体操王子”的名人效应，很快他们就与外商签订了三份合同。

4.2.2 创业资源的获取

1. 依靠自有资源

学术界用“Bootstrapping”这一词描述创业者利用资源的方法，主要是指在资源缺乏的情况下，创业者投入资源分多个阶段投入，并且争取在每个阶段或决策点投入最少的资源，所以也可以称为“步步为营”。

杰弗里·康沃尔总结了步步为营的9条理由：一是企业不可能获得来自银行家或投资者的资金；二是新创建企业所需外部资金来源受到限制；三是创业者推迟使用外部资金的要求；四是创业者对自己掌控企业全部所有权的愿望；五是使可承受风险最小化的一种方式；六是创造一个更高效的企业；七是使自己看起来“强大”以便争夺顾客；八是为创业者在企业中增加收入和财富；九是审慎控制和管理的价值观念。

2. 拼凑

(1) 拼凑的概念：在已有的元素基础上，不断替换其中的一些要素，形成新的认识。

(2) 拼凑的三个关键要素：手边的已有资源；整合资源用于新目的；将就使用。

(3) 全面拼凑：通常是过分重视零碎，并且偏重个人能力和经验，不遵守相关的工艺标准及行业规范和规章制度，也不遵守在社会网络中的传统角色是可以互换的，最终形成了一种“互换强化模式”。其主要问题是拼凑型企业一旦形成，企业会很容易围绕同一群人际关系圈打转，那么很难拓展新的市场，也就丧失了更具有利润的顾客群，阻碍了企业的发展。

(4) 选择性拼凑：在应用领域上，一般选择只在1～2个领域内拼凑，为了避免在全面拼凑中的那种自我加强循环现象产生。在应用时间上，他们在早期创业的时候资源比较紧缺，才采用拼凑，随着企业的发展慢慢减少拼凑，到最后就不再采用拼凑了。

3. 发挥资源的杠杆效应

尽管存在资源约束，但创业者并不会被当前控制或支配的资源所限制，成功的创业者善于利用关键资源的杠杆效应，利用他人或者别的企业的资源来完成自己创业的目的：用一种资源补足另一种资源，产生更高的复合价值；或者利用一种资源撬动和获得其他资源。其实，大公司也不只是一味地积累资源，他们更擅长于资源互换，进行资源结构更新和调整，积累战略性资源，这是创业者需要学习的经验。

对创业者来说，容易产生杠杆效应的资源，主要包括人力资本和社会资本等非物质资源。创业者的人力资本由一般人力资本与特殊人力资本构成，一般人力资本包括受教育背景、以往的工作经验及个性品质特征等；特殊人力资本包括产业人力资本(与特定产业相关的知识、技能和经验)与创业人力资本(如先前的创业经验或创业背景)。调查显示，特殊人力资本会直接作用于资源获取，有产业相关经验和先前创业经验的创业者能够更快地整合资源，更快地实施市场交易行为。而一般人力资本使创业者具有知识、技能、资格认证、名誉等资源，也提供了同窗、校友、老师及其他连带的社会资本。

相比之下，社会资本有别于物质资本、人力资本，是社会成员从各种不同的社会结构中获得的利益，是一种根植于社会关系网络的优势。在个体分析层面，社会资本是嵌入，来自于并浮现在个体关系网络之中的真实或潜在资源的总和，它有助于个体开展目的性行动，并为个体带来行为优势。外部联系人之间社会交往频繁的创业者所获取的相关商业信息更加丰裕，从而有助于提升创业者对特定商业活动的深入认识和理解，使创业者更容易识别出常规商业活动中难以被其他人发现的顾客需求，进而更容易获得财务和物质资源——这正是其杠杆作用所在。

4.2.3 创业资源的整合

1. 创业资源整合的定义

创业资源整合是指寻找并有效利用各种创业资源的过程，并且这一过程应当具备两个基本特点：尽量多的发现有利的创业资源，以效率最高的方式来配置、开发和使用这些创业资源。

根据资源整合的层次不同，我们可以把创业资源整合分为宏观创业资源整合和微观创业资源整合。宏观创业资源整合是指与创业有关的政府部门或其他机构(如孵化器)所进行的资源整合工作，其目的是为所有(或者至少是一部分)创业企业的发展提供更加便利的条件；微观创业资源整合则是指某一个具体的创业企业或创业团队所进行的资源整合工作，其根本目的就是为了自身的发展。在后面的论述中，我们主要是对微观层次的创业资源整合进行阐述。微观层次的创业资源整合又分为外部创业资源整合和内部创业资源整合。

2. 创业资源整合的原则

1) 创业资源整合的总原则

(1) 渐进原则。对于任何一个创业企业或者创业团队来说，有利的创业资源都是难以完全发掘、配置和利用的。因此，就必须遵循渐进的原则，根据对资源的需求程度及资源开发和利用的成本、收益和不确定性三者的综合考虑，逐步地寻找和利用各种创业资源。也就是说，对于每一种创业资源，都应当选择一个适当的整合时机，以降低资源的维护成本。

(2) 双赢原则。基本上，我们所发掘和应用的每一种创业资源实际上也都是一个相对独立的利益体。因此，在开发和使用这些资源的时候，就不能仅仅从创业企业的自身利益出发，而必须坚持双赢的原则。尤其是需要长期使用的创业资源，更要重视对方的既得利益。

(3) 量力原则。不仅对于不同的资源需要渐进开发和使用，即使对于同一种创业资源，也存在着逐步开发的问题。尤其是对于创业团队和创业企业来说，资源开发的能力和经验都相对较弱，因此，就更需要采取量力而行的原则，按部就班地对某一种创业资源进行开发和使用。

例如，一个创业者一开始就想充分发掘员工们的敬业精神，在采取了多种有效措施之后，他确实做到了。员工们每天都以饱满的热情努力工作，希望能够在不久的将来取得好的效益(包括一定的股份)。一年之后，就在大家感觉目标即将实现的时候，公司因遭遇了一次很大的挫折，员工们的士气一下子就低落下来。但他所能想到的激励员工的方法早已经让他用尽了，现在他才知道以前自己过早、过度地开发和利用了员工的敬业精神。

2) 内部创业资源整合的原则

与外部创业资源相比，内部创业资源具有很强的明确性，因此内部资源整合的最根本目标就是如何更有效地配置和使用这些资源，而不是像外部资源整合那样需要不断地发掘各种新的资源主体。因此，我们可以把内部创业资源整合形象地比喻为“内部挖潜”。鉴于内部创业资源的特点，在内部资源整合的过程中应当注意以下基本原则。

(1) 公平原则。如前所述，创业资源的整合要体现双赢原则。因此，对于具有相对独立的利益主体特征的资源，在整合的过程中要体现不同资源主体之间的公平原则。尤其是对于内部的人的资源，由于创业者或者创业企业员工之间平时相互都有沟通，所以不公平的现象很容易就浮现出来，给整合带来负面的影响。

(2) 当前利益与长远利益相结合的原则。创业资源整合的根本目的就是为了实现创业企业利益的最大化，但这个利益还有当前和长远之分。因此，在内部创业资源整合的时候就要充分协调好当前利益与长远利益之间的冲突。就像前面我们所举的例子一样，任何基于当前利益而对创业资源的过度开发，都会给企业的长远发展带来隐患。

(3) 缓冲原则。遇到困难和挫折是创业企业常有的事情，而应对这些困难和挫折可能更多的是依靠创业企业的自有资源，因为任何一个利益主体都不会愿意冒太大的风险去帮助一个新创建的企业。因此，在对内部资源整合的过程中一定要留有余地，以满足不时之需。例如，在资金方面，适当的储备资金是有一定必要性的，因为创业企业在处于困境情况下的二次融资是非常困难的。

3) 外部创业资源整合的原则

由于创业者或者创业企业对外部资源缺乏控制权和支配权，所以外部创业资源整合无论在难度上还是在进展的缓慢程度上都高于对内部资源的整合。或者可以说，对内部资源进行整合的目的就是提高效率，不存在不可使用这些资源的问题。而在外部资源整合方面，基本的目标则是保证可以利用这些外部资源，然后才能谈到效率问题。在外部资源的整合上，应当遵循以下几个基本原则。

(1) 比选原则。由于外部资源的多样性，所以有助于某一创业任务的外部资源可能会有多个，使用每个外部资源都具有不同的收益、成本和不确定性。因此，创业者要根据创业项目发展的需要、自身的实力及这些资源的特点，选择最适合的外部资源。

(2) 信用原则。可以说，与外部创业资源打交道，实际上就是在与人打交道。因此，在外部资源的整合过程中，信用和信誉将是决定能否长期利用某些资源的关键因素。

(3) 提前原则。由于外部资源整合的难度较大、进展相对也较慢，并且外部资源的发现也需要一定的过程，所以不能等到需要的时候再去考虑外部资源的整合，而是应当具有一定的超前眼光，适当提前开始某些外部资源的整合。

2. 创业者整合资源应注意的问题

1) 善于应用资源整合技巧

创业总是和创造、创富及创新联系在一起。一位创业者总结自身创业的经历提出了一些观点：缺少资金、雇员、设备等资源，事实上是一个很大的优势。因为这会使创业者把微量的资源集中于销售，从而为企业带来流动资金。为了保证公司的可持续发展，创业者在每一个阶段都要不停地问自己，怎样才能创造更多的价值？

2) 发挥资源杠杆效应

虽然存在着资源约束，但创业者不会被当前控制的和支配的那些资源所限制，成功的创业者会利用主要资源的杠杆效应，利用别的企业或者他人的资源来达成自己的创业目的：资源相互补充，获得更高的复合价值；或者利用某种资源获得和撬动其他资源。其实，大公司也不是一直积累资源，他们也擅长于资源的互换，进行资源结构调整和更新，累积战略性资源，这就是创业者所需要学习的经验。

3) 合理设置利益机制

资源往往与利益相关，创业者能够从家庭成员那里获得支持的原因是家庭成员之间除了是利益相关者，也是利益整体。既然资源与利益具有相关关系，所以创业者在整合资源过程中，一定要设计有助于整合资源的利益机制，通过利益机制把非直接的和潜在的资源提供者整合起来，并借力发展。整合资源需要注意有利益关系的个人或组织，要找到尽可能多的利益相关者。与此同时，清楚地分析这些个体或组织和自己及自己想做的事情的利益关系，利益关系越直接、越强，整合到资源的可能性就会越大，这是资源整合的基础。

利益关系者相互之间存在着利益关系，间接的或直接的，隐性的或显形的，还需要在不存在的时候创造出来。此外，当利益关系者之间存在利益关系时，不代表一定能够进行资源整合，还需要发展，找到相同的利益，也称利益共同点。因此，当了解、认识到利益的相关者后，我们需要认真分析他们所关注的利益，通常利益关系不断增强会促进资源的整合。

然而，有了共同的利益共同点或者利益，不表示就能进行资源的整合。资源的整合还需要多个方面的配合和合作，切实的合作需要有各个方面利益的真正实现的预期效果来加以保证，那么就要求设计、寻找到多方共赢、合理的机制。对于在长期合作中获益和双赢或共赢的机制已经形成，进一步的合作并不是很难。但对于首次合作，建立共赢机制尤其需要智慧，要让对方看到潜在的收益，为了获取收益而愿意投入资源。因此，创业者在设计共赢机制时，不仅要帮助到对方扩大收益，而且也要帮助到对方降低风险，降低风险也就是扩大收益。在这个基础上，还需要考虑的是如何建立稳定的信任关系，并要加以维护管理。

4) 关注创业企业负资源

前面所提到的创业资源都是对创业有利的要素。而现实中还存在着很多对创业发展不利的要素，我们可以从资源“有效性”的角度把这些要素称为“负资源”。从某种角度来说，“负资源”的有效处理也是非常重要的，因为损失的避免也可以看作是一种收益的方式。对创业企业和创业者来说，负资源的产生主要有两种情况：一是与创业企业或创业者存在直接利益竞争关系的“天然负资源”，这种情况相对较少；二是那些具有双重属性的资源，利用得当就是正资源，利用不当则会转化为负资源。两种负资源的情况见表 4-1。

表 4-1　创业企业负资源

资源类别	具体资源	对资源的认知
天然负资源	同类技术的另一个发明者、同类产品或服务的提供者、潜在的进入者	偶尔也会存在竞争中的合作
双重属性负资源	创业伙伴或员工、原材料供应商、批发商、代理商	一般是由于受到更大利益的诱惑而转变

从表中可以看出，很多内外部创业资源实际上都具有双重属性。所以，在对内外部创业资源进行整合的时候首先要考虑的就是防止它们向负资源方向转化。

从基本思路来说，负资源的整合存在两个基本步骤：第一步就是要尽量避免负资源的出现，主要就是避免具有双重属性的资源转化为负资源，甚至是把负资源再转化为正资源；第二步就是要尽量降低已经产生作用的负资源的影响程度。

案例 4-7

负资源的影响有时候会生死攸关

埃尔曾经是某大型计算机公司(A 公司)的高级技术开发人员。当他认识到 A 公司目前正在开发的新一代计算机的思路并不完全合理时，他向主管提出了自己的设计思想。尽管埃尔的建议得到了首肯，但最后公司还是以成本高为由没有实施。于是，埃尔决定自己创业并生产自己设计的计算机。

由于没有那么多的资金，所以埃尔只能从生产计算机配件开始，希望利用利润的积累来发展自己的计算机设想。由于埃尔具有很高的技术水平，所以他生产的计算机配件取得了很好的市场业绩。就连当时最大的计算机公司 A 公司也大量采购其零配件，甚至占到了其销售额的 50%以上。

但令 A 公司不快的是，埃尔一有机会就在各种场合贬低 A 公司生产的计算机，并且指出了很多具体的问题或缺点。当 A 公司得知埃尔的最终目的是生产计算机时，他们才开始认识到威胁的存在。他们觉得，如果不及时“除掉”埃尔这小子，将来一定养虎为患。于是，他们停止采购埃尔的产品，使得埃尔由于资金紧张而不得不停止了对计算机的研究开发。在 A 公司以兼容问题相要挟而使得其他计算机公司也停止采购埃尔的零配件之后，埃尔陷入了彻底的毁灭之中。

从案例中我们可以看出，一个最大的客户，最终却变成了最大的敌人。所以，对于脆弱的创业企业来说，如何避免负资源的影响有时候会是一件生死攸关的事情。

本 章 小 结

创业资源是指创业组织在创业的全过程中所拥有和可支配的，能够为创业组织创造价值、实现组织目标的各种要素及要素组合。

创业资源按表现形态可分为有形资源与无形资源；按照资源对企业成长的作用我们将其分为两大类，即要素资源和环境资源。

创业资源获取来自两个方面，一是自有资源，二是外部资源。影响创业资源获取的因素包括创业者拥有的初始资源，网络(社会网络、商业网络、支持性网络、政府网络)，以及创业者特质(性别、学历)。

创业资源管理主要包括资金管理、人才分配、时间管理、市场管理。

创业资源整合是指寻找并有效利用各种创业资源的过程，并且这一过程应当具备两个基本特点：尽量多地发现有利的创业资源；以效率最高的方式来配置、开发和使用这些创业资源。

思 考 题

1. 创业资源的定义、分类及作用是什么？
2. 创业成功与否取决于拥有的创业资源，你怎么看待这种观点？
3. 创业资源与一般商业资源的异同有哪些？

4．社会资本及专业人才在创业中的作用有哪些？

5．创业资源获取的途径有哪些？创业资源获取的关键是什么？

6．创业资源获取的影响因素有哪些？

7．简述创业资源管理的含义。

8．简述创业者利用资源的方法有哪些？

9．简述创业内部资源整合原则和外部资源整合原则。

第5章　创业项目财务管理

学习目标

1. 了解基本的融资渠道、融资方式及融资的种类，掌握创业融资的渠道、方式及资金需要量、资本成本测算的方法。

2. 掌握创业项目财务可行性评价的指标，会运用评价指标进行项目评价。

3. 了解财务报表的结构、格式及各财务报表所反映的财务信息。

4. 掌握本-量-利分析和敏感性分析的方法，会对创业项目进行基本的本-量-利分析和敏感性分析测算。

5.1 创业融资

创业融资主要解决的是创业者在企业成立前后最紧迫需要解决的创业启动资金问题。创业融资是指一个初创企业或拟创企业资金筹集的行为和过程。即根据自身状况、企业创立经营需要，通过科学的预测和决策，采用一定的方式，从一定的渠道筹集创业所需资金，保证创业资金需求的理财行为。

案例 5-1

创业筹资的难题

面对就业难的现象，小赵和小张大学毕业后想合伙创业，他们在筹集资金时遇到了难题。小赵记得财务管理老师经常说的一句话“借鸡下蛋”。于是，他主张尽可能多地借钱，用借来的钱去赚钱。小张要比小赵爱学习，他知道无论是借钱还是找投资者进行投资，公司最终都要付出一定的代价，而且“借鸡下蛋”是有一定条件的，弄不好可能会“鸡飞蛋打”。但是到底该选择什么样的方式进行资金的筹集？付出的代价应该如何计算？各种资金所占的比例，也就是资本结构该如何确定？是多借一些钱好还是少借一些钱好？负债经营为什么会给公司带来好处？这些难题困扰着小赵和小张，他们只好查找财务管理方面的资料寻找答案。

5.1.1 融资概述

1. 融资的定义

融资是一个企业的资金筹集的行为与过程，也就是企业作为筹资主体根据自身的生产经营状况、资金拥有的状况，以及企业未来经营发展的需要，通过科学的预测和决策，采用一定的方式，从一定的渠道向公司的投资者和债权人去筹集资金，以保证企业生产需要和经营管理活动需要的理财行为。

2. 融资的分类

企业融资按不同的标准可分为股权融资和债权融资、内部融资和外部融资、直接融资和间接融资、长期融资和短期融资等类型。

1) 股权融资和债权融资

企业融资按所筹资金性质的不同，可分为股权融资和债权融资。股权融资是指通过扩大企业的所有者权益(股东权益)，如吸收直接投资、发行股票、追加投资等方式筹集资金。股权融资形成企业的股权资本，亦称权益资本、自有资本、主权资本，它是企业依法取得并长期拥有，可自主调配运用的资本；债权融资也称债务融资，是指通过增加企业的债务筹集资金，主要有银行借款、发行债券、融资租赁等。债权融资形成企业的债务资本，亦称借入资本。它是企业依法取得并依约使用、到期偿还的资本。

2) 内部融资和外部融资

企业融资按照资本来源的不同，分为内部融资和外部融资。内部融资是指在企业自身内部筹集资金，其来源主要是留用利润。它是在企业内部自然形成的，因此被称为“自动化的资本来源”，一般无须花费筹资费用；外部融资是指向企业外部筹集资金，主要有吸收直接投资、发行股票、发行债券、借款等。外部融资大多需要花费筹资费用。

3) 直接融资和间接融资

企业的融资活动按照是否借助银行等金融机构，可分为直接融资和间接融资。直接融资是指企业不借助银行等金融机构，而直接与资本所有者协商融通资本的一种融资活动。它是以股票、债券为主要金融工具的一种融资机制。其方式主要有吸收直接投资、发行股票、发行债券等；间接融资是指企业借助银行等金融机构而融通资本的一种融资活动。它是以货币为主要金融工具，通过银行体系吸收社会存款，再对企业、个人贷款的一种融资机制。其方式主要有银行借款和融资租赁。

4) 长期融资和短期融资

根据企业融入资本使用时间的不同，可以分为长期融资和短期融资。长期融资是指融入的资金使用期限在 1 年以上，通常是为了购建大型的设备和项目；短期融资是指融入的资金使用期限在 1 年以内，主要是为了解决流动资金临时周转不足的问题，满足日常周转需要。

3. 基本融资渠道

融资渠道是指企业筹措资金来源的方向与通道，体现着资金的源泉与流量。认识和了解各融资渠道及其特点，有利于企业充分拓宽和正确选择融资渠道。我国目前基本的融资渠道主要有：国家财政资金、银行信贷资金、非银行金融机构资金、法人单位资金、居民个人资金、企业内部资金和外商资金等。

各种融资渠道其资金供应量的大小存在着较大的差别。有些渠道的资金供应量大，如银行信贷资金和非银行金融机构资金等。而有些相对较小，如企业自留资金等。这种资金供应量的大小，在一定程度上取决于财务管理环境的变化，特别是宏观经济体制、银行体制和金融市场发展速度等因素。

4. 基本融资方式

融资方式是指企业筹集资金所采用的具体形式。如果说，融资渠道属于客观存在，那么融资方式则属于企业主观能动行为。企业融资管理的重要内容是如何针对客观存在的融资渠道，选择合理的融资方式进行融资。目前我国企业融资的基本方式有吸收直接投资、发行股票、发行企业债券、金融机构借款、融资租赁、商业信用、民间借款等。

各种融资方式所筹集到的资金量、资金成本、资金的风险等有较大差异。因此，企业在进行筹资时认真分析各种融资方式的属性、利弊，结合企业自身情况，选择合理的方式，并有效地进行融资组合，降低成本，提高融资效益。

5.1.2 创业融资的主要渠道和方式

1. 创业初期融资

1) 自筹资金

自筹资金主要包括业主(或合伙人、股东)自有资金、向亲戚朋友借用资金等。创业者在初创阶段通常使用自己的资金，或通过抵押自己的私人财产(如房产、汽车等)获取银行贷款，或通过信用卡借款等方式获取创业资金。向亲朋好友借钱是许多小本创业都经历过的事情，但这种借款金额一般都不会太高。善于吸纳有一定资金实力的合伙人或股东是值得重视的融资渠道和方法。还有通过重视并扩大客户的预付款、向供应商的延期与分期付款等方式可解决部分经营性资金。

2) 获取天使资金

天使投资指的是用自有资金投资初创企业。天使投资是权益资本投资的一种形式，指具有一定净财富的个人或者机构，出资协助具有专门技术或独特概念或者具有一定发展潜力的原创项目或小型初创企业，进行早期的直接投资。天使投资资金来源大多是民间资本，而非专业的风险投资商。天使投资实际上是风险投资的一种特殊形式，是对于高风险、高收益的初创企业的第一笔投资。天使投资虽然是创业融资市场上的“新面孔”，但由于门槛比风险投资低而备受创业者的青睐，成为创业融资的新渠道。

3) 小额创业贷款

目前，我国各地出台相关政策，正在尝试解决创业贷款难的问题，不同省份、不同地区的情况不同，采取的办法也不同。一些地区推出小额创业贷款服务，一些地区由政府出面组建中小企业创业担保公司，为新创企业贷款进行担保等。具体要查询当地的政策。例如，辽宁省对自主创业人员提供创业培训、开业指导、项目推介、小额贷款、经营咨询等创业服务，并将小额贷款额度由原来的 2 万元之内提高到 5 万元之内。

4) 创业租赁

创业租赁兴起于 20 世纪 80 年代末，是专门针对新创企业而开展的一种特殊形式的融资租赁方式。其运作机制起源于融资租赁，是一种将一般融资的灵活性与创业投资的高收益性有机结合的新型融资方式。主要解决新创企业缺乏资本，无力购买所需要设备的问题。在创业租赁合同中，承租人可以在资产使用寿命期间获得设备的使用权；而出租人可以以租金形式收回设备成本，并获得一定的投资报酬。

创业租赁对新创企业而言，具有积极的意义：一是解决新创企业资金短缺的问题，迅速获得所需的设备，有助于尽快形成生产能力；二是租金支付的可计划性，可以与出租方协商安排租金的支付，有助于安排经营计划和财务计划，这对初创企业而言是十分重要的；三是既可改善资本结构，又可以减少企业所得税的税负。因此，创业租赁很适合初创企业。

5) 政府扶持资金

可以申请获得政府扶持基金。例如，科技型中小企业技术创新基金(简称创新基金)，它是经国务院批准设立，用于支持科技型中小企业技术创新的政府专项基金。通过拨款资助、贷款贴息和资本金投入等方式扶持和引导科技型中小企业的技术创新活动，促进科技成果的转化，培育具有中国特色的科技型中小企业，加快高新技术产业化进程。创新基金重点支持产业化初期(种子期和初创期)、技术含量高、市场前景好、风险较大、商业性资金进入尚不具备条件、最需要由政府支持的科技型中小企业项目，并将为其进入产业化扩张和商业性资本的介入起到铺垫和引导的作用。符合条件的初创企业可以申请这类资金。

2. 创业中后期融资

1) 风险投资

风险投资一般是风险投资者(投资公司、风险投资家、天使投资者等)寻找有潜力的成长型企业，投资并拥有这些被投资企业的股份，并在恰当时候取得高资本收益的一种商业投资行为。风险投资是在市场经济环境下支持科技成果转化的一种重要手段，其实质是通过投资于一个高风险、高收益的项目群，将其中成功的项目进行出售或上市，实现所有者权益的变化，这时不仅能弥补失败项目的损失，而且还可以使投资者获得高额回报。

典型意义的风险投资一般投资于创业中期前后的阶段的企业，金额一般较大，审核非常严格。天使投资或种子资本主要是投资于初创企业，金额一般不大，审核相对不那么严格。

2) 直接融资

直接融资主要包括发行股票和发行债券，一般融资数额都较大。两者都对企业的规模、盈利能力、管理水平等有较高的要求，监管部门审核严格，能获得通过的企业不多。两者分别适合不同风险偏好的投资者。目前，我国资本市场发展较快，中小板和创业板市场不断完善，对中小企业和创业企业在资本市场上直接融资的支持力度正在逐步增强。随着多层次资本市场的建立与完善，必将为中小企业的直接融资带来更多的机遇。

3) 间接融资

间接融资主要包括银行贷款和融资租赁。银行贷款分为抵押贷款、担保贷款和信用贷款等。初创企业几乎是不可能拿到银行贷款的，因为是既无抵押物，也无人愿意担保，更无信用度的历史与记录；发展到创业中后期，可以申请获得抵押贷款、担保贷款，甚至信用贷款。但总的来说，目前中小企业普遍存在着贷款难的问题。

融资租赁可解决企业对资产的长期需要，因此，有时也称为资本租赁。采取融资租赁方式，往往比借款购置设备更迅速、更灵活，可以迅速获得所需资产，尽快形成生产能力，有利于企业尽快占领市场，打开销路，并能减少设备陈旧的风险。同时，租金在整个期限内分摊，不用到期归还大量本金，可适当降低企业不能偿付的风险。再有，租金在税前扣除，能减少企业上交的所得税。当然，融资租赁的主要缺点是资金成本较高。一般来说，其租金要比负债筹资的利息高得多。在财务困难时，固定的租金也会成为一项较沉重的财务负担。

4) 内部留利

内部留利就是通过企业内部留用利润、内部积累方式取得企业内部的资金，解决企业资金需求。创业企业进入中后期，市场、产品销售、现金流比较稳定，有一定的利润来源，通过内部留利可以解决企业部分资金需求，这也是企业融资时首要考虑的。即企业融资时，优先考虑内部融资，内部不足时再考虑外部融资。

5.1.3 创业资金需要量测算

创业资金需要量测算主要是测算创业的启动资金。在本章中启动资金的内容限定为货币资金，即仅指创业初期所需要的货币资金。基于此，创业的启动资金与原始投资、注册资本等是不同的概念。这里首先需要明确原始投资、启动资金、注册资本(股本)等相关概念。

原始投资指创业初期原始的投入总额，是指按照设立企业合同、章程规定的生产规模需要投入的基本建设资金和生产流动资金的总和，反映原始的投入总额。投资总额中除注册资本之外，还包括借入资金；企业的注册资本是指为设立企业而在工商行政管理机关登记的资本总额，为投资方认缴的出资总额之和。投资方的出资可以以货币资金出资，可以以实物资产(如厂房、设备等)出资，还可以以无形资产(如专利技术、土地使用权、商标权等)出资。注册资本是投资者对本企业承担风险和分享利润的依据；启动资金主要指创业所需的货币资金，其来源为注册资本中投资者的货币出资和原始投资中的借入资金(向债权人借入的资金)。上述三个概念区别，见表5-1。

表5-1 原始投资、注册资本(股本)、启动资金概念区别

项目	含义	形式	来源
原始投资	原始各种投资总额	货币资产 非货币资产	投资者出资 债权人借入
注册资本	工商行政管理机关登记的资本总额	货币资产 非货币资产	投资者出资
启动资金	用于购建各种资产的资金	货币资产	投资者出资 债权人借入

原始投资、注册资本(股本)、启动资金这几个概念往往比较容易混淆，特别是大学生创业计划书中经常概念不清，出现差错。从上述三个概念的内容中可以看出，若投资者全部以货币资金出资，而且没有借入资金的情况下，原始投资、注册资本(股本)、启动资金三者数量是相同的；若投资者全部以货币资金出资，同时有借入资金的情况下，原始投资与启动资金数量相同，与注册资本(股本)不同；若投资者部分以货币资产出资，部分以非货币资产出资，没有借入资金的情况下，原始投资与注册资本(股本)数量相同，与启动资金不同；若投资者部分以货币资产出资，部分以非货币资产出资，并有借入资金的情况下，原始投资、注册资本(股本)、启动资金三者数量是不相同的。因此，创业者应明确原始投资、启动资金、注册资本(股本)等相关概念的内容，在此基础上进行相关的测算。

创业启动资金测算是创业计划中非常重要，而且较难的内容。说其重要是因为在启动资金测算、确定基础上，才能进行筹资、资金运用安排等资金规划活动，资金的规划安排直接关系着企业的各项经营活动能否顺利进行。说其难是因为一切从零开始，没有经验数据、可比数据进行测算，传统的资金需要量预测方法多是适用于已成立并处于发展中的企业。尽管存在一定难度，但创业启动资金测算这项工作是创业者必需的。下面简单阐述一下创业启动资金测算的思路。

创业启动资金的测算可以从销售测算入手，这是基于以销定产基础上的测算。创业者进行创业需要进行大量的市场调查，了解相关产品、材料的市场情况，在市场调查分析的基础上进行一系列营销规划决策。通过大量市场调研、市场开发规划、企业发展战略等测算确定初期销售量，根据测算的初期销售量来确定生产量，根据生产量进行设备的选型、规模测算，进而展开人员及各项费用的全面测算，最终测算出创业初期启动资金。测算过程需要经过反复、多次进行，直至相对合理。

创业启动资金的测算也可以从生产测算入手，这是基于以产定销基础上的测算。首先确定企业的规模，包括设备、人员等，随之确定了产量，假定产销量基本一致，进而确定了销售量，在这些决策的基础上测算设备投资费用、原材料费用、人员费用、销售费用、研发费用及其他费用等各项费用，加总测算出启动资金。同样，测算过程需要反复、多次进行，直至相对合理。

创业启动资金测算还可以按照资金运用项目、项目间钩稽关系分项进行测算。创业启动资金的运用主要包括：购建(或租赁)厂房、生产用设备、办公用设备、购买原材料、支付人员工资、办公费用、产品销售费用、研发费用及其他费用等。按照资金运用的各项及各项之间的关系反复推算，加总得出创业启动资金测算数额。当然，各项费用的测算都是在市场调研、企业规划决策基础上进行。

总之，创业启动资金测算需要经过反复、多次测算、修正的过程。

5.1.4 创业资本成本测算

1. 资本成本的含义

在市场经济条件下，企业筹措和使用资金往往都要付出代价，而不能无偿使用。资金成本就是企业筹集和使用资金而付出的代价。资金成本包括筹资费用和用资费用两部分内容。

1) 筹资费用

筹资费用是指企业在筹措资金过程中为获取资金而付出的代价。例如，向银行支付的借款手续费，因发行股票、债券而支付的发行费用等。筹资费用通常是在筹措资金时一次性支付，而在使用资金的过程中不再发生。因此，可视为筹资数额的一项扣除，属于固定性费用。

2) 用资费用

用资费用是指企业在生产经营、投资过程中因使用资金而付出的代价。例如，使用股权资金而向股东支付的股利、使用债权资金而向债权人支付的利息等。用资费用与企业使用资金数量的多少和时间的长短相关，属于变动性费用，是资本成本的主要内容。

资金成本可以用绝对数来表示，也可以用相对数来表示。在企业财务管理理论和实务中，一般用相对数来表示。其通用计算公式为

$$资本成本=\frac{年用资费用}{筹资总额-筹资费用}\times 100\%$$

式中，分子为年用资费用；分母为实际筹集到的资金，即资本成本为年用资费用与实际筹得资金(可使用资金)的比率，表示每使用百元资金付出的年代价。

2. 资本成本的测算

资本成本测算的通用计算公式为

$$资本成本=\frac{年用资费用}{筹资总额-筹资费用}\times 100\%$$

式中，年用资费用对债务资金而言，主要是利息，对股权资金而言，主要是股利；

筹资费用主要是银行借款的手续费，发行股票、债券的发行费；

资本成本的测算分债权成本的测算和股权成本的测算，这两类资金成本测算中存在一定的差异。

1) 债权成本测算

债权成本也称为债务成本，指企业筹集的债务资金的成本。在企业筹资实务中主要指借款资金的成本和发行债券的成本。由于借款和债券的利息允许在所得税前列支(所得税法

规定)，使得企业少缴纳一定的所得税，少缴纳所得税的金额为：债务资金利息×所得税税率，即债务资金的利息起到抵税的作用。这就相当于企业实际的用资费用减少，从而降低了资本成本。因此，债权成本的测算公式为

$$资本成本=\frac{年用资费用\times(1-所得税税率)}{筹资总额-筹资费用}\times 100\%$$

【例 5-1】 企业向银行借入 100 万元，期限为 1 年，借款的利率为 8%，借款过程中没有发生其他费用，企业的所得税税率为 25%，计算此笔借款的成本。

$$资本成本=\frac{100\times 8\%\times(1-25\%)}{100-0}\times 100\%=6\%$$

2) 股权成本测算

股权成本指企业筹集的股权资金的成本，主要包括普通股成本、优先股成本、留存收益成本。由于股权资金的用资费用(股利)在税后列支，不允许在所得税前列支，因而没有抵税的作用。其资本成本的测算公式为：

$$资本成本=\frac{年用资费用}{筹资总额-筹资费用}\times 100\%$$

【例 5-2】 某企业发行普通股筹集资金 1000 万元，每股发行价格为 10 元，每股发行费率为 5%，假定采取固定股利政策，每年支付股利每股 1 元，企业的所得税税率为 25%，计算此笔资金的成本。

每股筹集资金的成本与总资金 1 000 万元的成本是相同的，故只计算每股成本即可。

$$资本成本=\frac{1}{10-10\times 5\%}\times 100\%=10.53\%$$

案例 5-2

青岛啤酒公司采取捆绑式筹资策略的动机何在

2001 年 2 月 5—20 日，青岛啤酒股份有限公司上网定价增发社会公众公司普通 A 股 1 亿股，筹集资金净额 7.59 亿元。同年 6 月份，青岛啤酒公司股东大会又做出了关于授权公司董事会在公司下次年会前最多可购回公司发行在外的境外上市外资股 10%的特别决议，计划回购 H 股股份的 10%，即 3 468.5 万股。当时 H 股股价接近于每股净资产值，若按每股净资产值 2.36 元计算，花费 8 185.66 万元就可完成回购计划，缩减股本比例 3.46%。回购 H 股和增发 A 股进行捆绑式操作是公司的一种筹资策略组合，这样股本的“一增一缩”，使得公司的股本仅扩大约 3.43%，但募集资金却增加了将近 7 亿元，取得了十分明显的融资效果。青岛啤酒公司为什么要在一年多的时间内筹得如此多的资金？筹资的动机是什么呢？

5.2 创业项目财务评价

创业项目财务评价主要是从财务角度评价创业项目的可行性。创业者在创业前要进行大量的市场调查分析，在此基础上进行财务及经营可行性分析、评价论证，进而进行创业决策。而财务可行性评价是进行创业决策的直接依据。创业项目财务评价主要基于相关评价指标进行。项目评价的财务指标根据其计算的逻辑关系和作用分为基础性指标和决策指标两类。

5.2.1 创业项目财务评价基础性指标

创业项目财务评价的基础性指标是现金流量。现金流量是创业项目财务可行性分析测算的主要对象，是净现值、内含报酬率和投资回收期等财务评价指标计算的基础。对于创业项目财务可行性来说，项目的现金流量状况比会计期间盈亏状况更为重要。一个创业项目能否顺利进行，有无经济上的效益，不一定取决于有无会计期间利润，而在于能否带来正现金流量，即整个创业项目能否获得超过创业投资的现金回收。

1. 现金流量的含义

现金流量指与创业项目有关的现金流入和流出的数量，或者说是创业方案所引起的在未来一定期间所发生的现金收支。其中，现金收入称为现金流入量，现金支出称为现金流出量，现金流入量与现金流出量相抵后的余额，称为现金净流量。

2. 现金流量的构成及测算

创业项目从整个经济寿命周期来看，大致可以分为 3 个时点阶段：投资期、营业期、终结期，与之相应的现金流量主要由初始现金流量、营业现金流量、终结现金流量 3 部分构成。

1) 初始现金流量

初始现金流量指开始投资(创业)时发生的现金流量，主要包括：①固定资产投资，包括购建厂房、设备等；②流动资产投资，包括对原材料、在产品、产成品和必要的现金等流动资产的投资；③其他费用，包括与初期投资有关的公司注册费、职工培训费等。初始现金流量通常发生在创业(投资期)期初，主要表现为现金流出，即为创业(项目)的原始投资。通常假定原始投资发生在投资期(创业期)期初。

2) 营业现金流量

营业现金流量指营业开始后(投资项目投入使用后)，在营业期内由于生产经营所带来的现金流入和流出的数量。现金流入量主要是营运各年的营业收入，现金流出量主要指营业现金支出(如购买原材料、支付工资及办公费用等)和缴纳的所得税，营业现金支出通常用付现成本(指不包括折旧等非付现的成本)表示。营业现金流量一般按年度计算，通常计算净额，即营业净现金流量，可用下列公式计算：

$$\text{年营业净现金流量}=\text{年营业收入}-\text{付现成本}-\text{所得税}$$

或

$$\text{年营业净现金流量}=\text{净利}+\text{折旧}$$

式中，折旧代表非付现成本，非付现成本主要包括固定资产折旧费用、长期资产待摊费用、资产减值准备等。计算中通常简化以固定资产折旧代替，其他非付现成本往往金额小，可以忽略。

3) 终结现金流量

终结现金流量指项目寿命终结时发生的现金流量，包括固定资产的残值收入或变价收入、原来垫支在各种流动资产上资金的收回、停止使用的土地的变价收入等。终结现金流量主要表现为流入。通常假定终结现金流量发生在项目寿命终结期期末。

现金流量的测算就是按照现金流量的构成分别测算各个时点的现金流，即初始现金流量、各营业期营业净现金流量和终结现金流量。针对创业企业，创业者需要测算创业初期需要的启动资金(初始现金流量)、创业项目投入生产经营后各年带来的收益(营业净现金流量)、项目寿命终结时的现金流量(终结现金流量)。

我国“挑战杯”大学生创业计划大赛中，创业计划书一般要求测算 5 年的经营数据，列示 5 年的财务报表。因此，通常忽略终结现金流量，为项目可行性评价指标计算需要而只测算创业初始现金流量和 5 年营业期的营业净现金流量。

5.2.2 创业项目财务评价的决策指标

创业项目财务评价的决策指标主要用于评价项目的可行性，进行项目取舍决策。这类指标主要包括净现值、内含报酬率和投资回收期。

1. 净现值

净现值(Net Present Value，NPV)是指项目投入使用后产生的净现金流量按资金成本或企业要求达到的报酬率折算为现值，减去初始投资(假定初始投资发生在期初)后的余额。其公式为

$$\mathrm{NPV}=\sum_{t=1}^{n}\frac{\mathrm{NCF}_t}{(1+k)^t}-C$$

式中：NPV——净现值；

NCF_t——第 t 年净现金流量；

k——折现率(资金成本或企业要求的报酬率)；

n——项目预计使用年限或计算需要的年限；

C——初始投资。

按照净现值的含义，在进行测算时，首先测算营业期及终结期各期净现金流量，然后将营业期及终结期各期净现金流量按照时间价值折算成现值，即为未来现金流量的总现值，再用未来现金流量的总现值减去初始投资，计算出净现值。净现值反映了项目带来的净收益状况，净现值大于零，表明项目能够带来净收益，投资可行，否则不可行。

2. 内含报酬率

内含报酬率(Internal Rate of Return，IRR)又称内部报酬率，是使投资项目的净现值等于零的贴现率。它反映了投资项目的真实报酬，即投资项目本身能达到的报酬率。根据内含报酬率的定义，其公式为

$$\sum_{t=1}^{n}\frac{\mathrm{NCF}_t}{(1+r)^t}-C=0$$

式中：NCF_t——第 t 年净现金流量；

r——折现率，即为内含报酬率；

n——项目预计使用年限或计算需要的年限；

C——初始投资。

根据内含报酬率的含义及关系式，测算内含报酬率步骤如下：第一步，测算营业期及终结期各期净现金流量，即未来各期净现金流量；第二步，先预估一个贴现率，并按此折

现率计算净现值。若计算出的净现刚好等于零，表明预估的贴现率即该项目实际内含的报酬率；若计算出的净现值大于零，表明预估的贴现率小于该项目实际内含的报酬率，应提高贴现率，再进行测算；若计算出的净现值小于零，表明预估的贴现率高于该项目实际内含的报酬率，应降低贴现率，再进行测算。如此反复测算，在不存在净现值等于零的情况下，找到净现值由正到负并且比较接近于零的两个贴现率；第三步，根据上述两个邻近的贴现率(折现率)，再用插值法计算出方案的实际报酬率。

内含报酬率反映了投资项目所能达到的真实报酬率。利用内含报酬率指标进行决策时，通常与资金成本相比较，若内含报酬率大于资金成本，表明项目可行。反之，不可行。

3. 投资回收期

投资回收期(Payback Period，PP)是指用项目投产后每年所产生的净现金流量收回初始投资所用时间，一般以年为单位。投资回收期分为静态投资回收期和动态投资回收期。

静态投资回收期是指没有考虑时间价值的投资回收期，动态投资回收期是指考虑时间价值的投资回收期。其计算公式分别为

$$\text{投资回收期(静态)}=\text{累计现金流量出现正值的年份}(T)-1+\frac{\text{第}T\text{年年初尚未收回的金额}}{\text{第}T\text{年产生的净现金流量}}$$

$$\text{投资回收期(动态)}=\text{累计现金流量现值出现正值的年份}(T)-1+\frac{\text{第}T\text{年年初尚未收回的投资额}}{\text{第}T\text{年产生的净现金流量的现值}}$$

投资回收期指标反映了项目投资回收的速度，投资回收期越短，收回投资越快。

在净现值、内含报酬率、投资回收期 3 个指标中，通常以净现值作为评价项目财务可行性的主要指标，以内含报酬率和投资回收期作为辅助指标。因为净现值反映了项目按投资者要求的报酬率所带来的净收益情况，这是投资者最为关注的指标。同时，投资者也需要了解、关注项目所能达到的真实报酬率和项目的投资回收速度。因此，净现值、内含报酬率、投资回收期 3 个指标结合起来评价项目财务可行性更为全面、科学、合理。

案例 5-3

康元葡萄酒厂筹资和投资决策

康元葡萄酒厂是生产葡萄酒的中型企业，该厂生产的葡萄酒酒香纯正，价格合理，长期以来供不应求。为了扩大生产能力，康元葡萄酒厂准备新建一条生产线。

张晶是该厂的助理会计师，主要负责投资和筹资工作。总会计师王冰要求张晶搜集建设新生产线的有关资料，并对投资项目进行财务评价，以供厂领导决策。张晶经过十几天的调查研究，得到以下有关资料:

(1) 投资新的生产线需一次性投入 1 000 万元，建设期 1 年，预计可使用 10 年，报废时无残值收入；按税法要求该生产线的折旧年限为 8 年，使用直线法折旧，残值率为 10%。

(2) 购置设备所需的资金通过银行借款筹措，借款期限为 4 年，每年年末支付利息 100 万元，第 4 年年末用税后利润偿付本金。

(3) 该生产线投入使用后，预计可使工厂前 5 年的销售收入每年增长 1 000 万元，第 6 ~ 10 年的销售收入每年增长 800 万元，耗用的人工和原材料等成本为收入的 60%。

(4) 生产线建设期满后，工厂还需垫支流动资金200万元。

(5) 所得税税率为30%。

(6) 银行借款的资金成本为10%。

5.3 创业项目财务分析

5.3.1 财务分析概述

1. 财务分析的作用

财务分析是根据企业财务报表等信息资料，采用专门方法，系统分析和评价企业财务状况、经营成果及未来发展趋势的过程。通过财务分析，可以评价企业一定时期的财务状况，揭示企业生产经营活动中存在的问题，总结财务管理工作的经验教训，为企业生产经营决策和财务决策提供重要的依据；通过财务分析，可以评价企业的发展趋势，预测其生产经营的前景，为投资者、债权人和利益相关者的决策提供依据；通过财务分析，可以检查企业内部各职能部门和单位完成财务计划指标的情况，评价、考核各部门和单位的工作业绩，以便揭示管理中存在的问题，总结经验教训，提高经营管理水平。

2. 财务分析的方法

1) 比较分析法

比较分析法是按照特定的指标系将客观事物加以比较，从而认识事物的本质和规律并做出正确的评价。根据比较对象的不同，比较分析法分为纵向比较分析法(趋势分析法)、横向比较分析法和预算差异分析法。

(1) 纵向比较分析法又称趋势分析法，是将同一企业连续若干期的同一财务指标或数据进行比较，确定其增减变动的方向、数额和幅度，以此来揭示企业财务状况、经营成果或现金流量变动趋势的一种分析方法。

(2) 横向比较分析法是将本企业的财务指标与其他企业的同期财务指标进行比较，分析其存在的差异和程度，以此来揭示企业经营中存在的问题及企业在同行业中所处的位置。

(3) 预算差异分析法，比较对象是预算(计划)数据，将实际数据与预算数据比较，分析预算执行情况。

2) 比率分析法

比率分析法是通过计算各种比率指标来确定财务活动变动程度的方法。财务比率主要包括构成比率、效率比率和相关比率三大类。

(1) 构成比率又称结构比率，是反映某项经济指标的各个组成部分与总体之间关系的财务比率。例如，企业资产中流动资产、固定资产和无形资产占资产总额的百分比(资产构成比率)。利用构成比率，可以考察总体中某个部分的形成和安排是否合理，以便协调各项财务活动。

(2) 效率比率是反映某项经济活动投入与产出之间关系的财务比率，即所费与所得的比率关系。例如，将利润项目与销售成本、销售收入、资本金等项目加以对比，可以计算出成本利润率、销售利润率和资本金利润率等指标。利用效率比率指标，可以进行得失比较，考察经营成果，评价经济效益。

(3) 相关比率是以某个项目和与其有关但又不同的项目加以对比所得的比率，反映有关经济活动的相互关系。例如，将流动资产与流动负债进行对比，计算出流动比率，可以判断企业的短期偿债能力。利用相关比率指标，可以考察企业各项经济活动之间的相互关系，及企业相互关联的业务安排是否合理，以保障经营活动顺畅进行。

5.3.2 财务报表

财务会计报表是公司财务信息的主要载体，也是公司各项经营活动的综合价值体现，是分析、评价公司财务状况、经营成果、现金流量、发展趋势等财务分析评价的主要依据。因此，读懂财务报表是非常关键的。主要财务报表包括资产负债表、利润表和现金流量表。

1. 资产负债表

资产负债表是反映企业某一特定日期财务状况的会计报表。它以“资产＝负债＋所有者权益”这一会计恒等式为依据，按照一定的分类标准和一定的顺序反映企业在某一个时点上资产、负债及所有者权益的基本情况。资产负债表的结构详见表 5-2。

表 5-2 资产负债表

编制单位： 年度 单位：元

资　　产	行次	期末数	期初数	负债和所有者权益	行次	期末数	期初数
流动资产：				流动负债：			
货币资金				短期借款			
交易性金融资产				交易性金融负债			
应收票据				应付票据			
应收账款				应付账款			
预付款项				预收款项			
应收利息				应付职工薪酬			
应收股利				应交税费			
其他应收款				应付利息			
存货				应付股利			
一年内到期的非流动资产				其他应付款			
其他流动资产				一年内到期的非流动负债			
				其他流动负债			
流动资产合计				流动负债合计			
非流动资产：				非流动负债：			
可供出售金融资产				长期借款			
持有至到期投资				应付债券			
长期应收款				长期应付款			
长期股权投资				专项应付款			
投资性房地产				预计负债			
固定资产				递延所得税负债			

续表

资　　产	行次	期末数	期初数	负债和所有者权益	行次	期末数	期初数
在建工程				其他非流动负债			
工程物资				非流动负债合计			
固定资产清理				负债合计			
生产性生物资产							
有形资产							
无形资产				所有者权益(或股东权益)：			
开发支出				实收资本(或股本)			
商誉				资本公积			
长期待摊费用				减：库存股			
递延所得税资产				盈余公积			
其他非流动资产				未分配利润			
非流动资产合计				所有者权益合计			
资产总计				负债和所有者权益总计			

从资产负债表的结构来看，它主要包括资产、负债和所有者权益三大类项目。资产负债表的左方反映为企业的资产状况，资产按其流动性从大到小分项列示，顺次为流动资产的各个项目和非流动资产的各个项目。资产负债表的右方反映为企业的负债和所有者权益状况，它说明了企业资金的来源情况，即有多少来源于债权人，有多少来源于企业所有者的投资。

资产负债表是进行财务分析的一张重要财务报表，它提供了企业的资产结构、资产流动性、资金来源状况、负债水平及负债结构等财务信息。分析者通过对资产负债表的分析，可以了解企业的偿债能力、资金营运能力等财务状况，为债权人、投资者及企业管理者提供决策依据。

2. *利润表*

利润表也称损益表，是反映企业一定期间生产经营成果的会计报表。利润表以“利润＝收入－费用”这一会计恒等式为依据编制而成，即把一定期间的收入与其同一会计期间的相关费用进行配比，以计算出企业一定时期的净利润(或净亏损)。通过利润表，可以反映企业一定会计期间的收入实现情况和费用耗费情况，可以反映企业一定会计期间生产经营活动的成果，据以判断资本保值增值情况。利润表通常按照利润的构成项目分别列示，其结构见表5-3。

表5-3　利润表

编制单位：　　　　　　　　年度　　　　　　　　单位：元

项　　目	行　　次	本年金额	上年金额
一、营业收入			
减：营业成本			
营业税金及附加			
销售费用			

续表

项　　目	行　　次	本年金额	上年金额
管理费用			
财务费用			
资产减值损失			
加：公允价值变动收益			
投资收益			
二、营业利润			
加：营业外收入			
减：营业外支出			
三、利润总额			
减：所得税费用			
四、净利润			

企业的收入主要包括营业收入(指主营业务收入即产品销售收入和其他业务收入)、投资收益、营业外收入和公允价值变动收益。费用支出主要包括营业成本(指主营业务成本即产品销售成本和其他业务成本)、销售费用、管理费用、财务费用、营业税金及附加、资产减值损失、营业外支出、所得税费用等。总收入减去总费用支出就是净利润。在利润表中，利润的计算分为三个层次，依次是营业利润、利润总额(税前利润)和净利润。

利润表是进行财务分析的一张重要财务报表，它提供了收入、费用、构成营业利润的各项要素、构成利润总额的各项要素、构成净利润的各项要素等财务信息。分析者通过对利润表的分析，可以了解企业实现的收入及发生的耗费情况，考核企业利润计划的完成情况，分析企业的获利能力及利润增减变化的原因，预测企业利润的发展趋势。

3. 现金流量表

现金流量表是以收付实现制为基础编制的，是指反映企业在一定会计期间现金和现金等价物流入和流出的报表。现金是指企业库存现金及可以随时用于支付的存款。现金等价物是指企业持有的期限短、流动性强、易于转换为已知金额现金、价值变动风险很小的投资。实质就是等价于现金。

企业的现金流量产生于不同的来源，也有不同的用途。现金流量表分别经营活动、投资活动和筹资活动列报现金流量的来源和用途，其结构见表5-4。

表5-4　现金流量表

编制单位：　　　　年　　月　　　　单位：元

项　　目	本期金额	上期金额
一、经营活动产生的现金流量		
销售商品、提供劳务收到的现金		
收到的税费返还		
收到其他与经营活动有关的现金		
经营活动现金流入小计		

续表

项　　目	本期金额	上期金额
购买商品、接受劳务支付的现金		
支付给职工以及为职工支付的现金		
支付的各项税费		
支付其他与经营活动有关的现金		
经营活动现金流出小计		
经营活动产生的现金流量净额		
二、投资活动产生的现金流量		
收回投资收到的现金		
取得投资收益收到的现金		
处置固定资产、无形资产和其他长期资产收回的现金净额		
处置子公司及其他营业单位收到的现金净额		
收到其他与投资活动有关的现金		
投资活动现金流入小计		
购建固定资产、无形资产和其他长期资产支付的现金		
投资支付的现金		
取得子公司及其他营业单位支付的现金净额		
支付其他与投资活动有关的现金		
投资活动现金流出小计		
投资活动产生的现金流量净额		
三、筹资活动产生的现金流量		
吸收投资收到的现金		
取得借款收到的现金		
收到其他与筹资活动有关的现金		
筹资活动现金流入小计		
偿还债务支付的现金		
分配股利、利润或偿付利息支付的现金		
支付其他与筹资活动有关的现金		
筹资活动现金流出小计		
筹资活动产生的现金流量净额		
四、汇率变动对现金及现金等价物的影响		
五、现金及现金等价物净增加额		

续表

项　　目	本期金额	上期金额
加：期初现金及现金等价物余额		
六、期末现金及现金等价物余额		

补 充 资 料	金额
1．将净利润调节为经营活动现金流量	
净利润	
加：计提的资产减值准备	
固定资产折旧	
无形资产摊销	
长期待摊费用摊销	
待摊费用减少(减：增加)	
预提费用增加(减：减少)	
处置固定资产、无形资产和其他长期资产的损失(减：收益)	
固定资产报废损失	
财务费用	
投资损失(减：收益)	
递延税款贷项(减：借项)	
存货的减少(减：增加)	
经营性应收项目的减少(减：增加)	
经营性应付项目的增加(减：减少)	
其他	
经营活动产生的现金流量净额	
2．不涉及现金收支的投资和筹资活动	
债务转为资本	
一年内到期的可转换公司债券	
融资租入固定资产	
3．现金及现金等价物净增加情况	
现金的期末余额	
减：现金的期初余额	
加：现金等价物的期末余额	
减：现金等价物的期初余额	
现金及现金等价物净增加额	

企业负责人：　　主管会计：　　制表：　　报出日期：　年　月　日

现金流量分为 3 类，即经营活动产生的现金流量、投资活动产生的现金流量、筹资活动产生的现金流量。现金净流量是指现金流入与流出的差额，可能是正数，也可能是负数。如果是正数，则为净流入；如果是负数，则为净流出。一般来说，现金流入大于流出反映了企业现金流量的积极现象和趋势。现金流量信息能够表明企业经营状况是否良好，资金是否紧缺，企业偿付能力大小，从而为投资者、债权人、企业管理者等提供非常有用的信息。

上述三张财务报表是财务分析用的主要报表。大学生创业计划书(商业计划书或可行性分析报告)中，通常要求预编创业连续五年的年度财务报表(包括资产负债表、利润表和现金流量表)和季度财务报表，并基于年度财务报表进行简要的财务分析评价，目的是展示给风险投资商、债权人、企业管理者关于企业发展的愿景，吸引风险投资商投资。

案例 5-4

如何“透视”企业财务报表中的“辉煌”业绩

财务报表是浓缩企业某一特定日期财务状况和某一时期经营成果、现金流量的报告文件，是国家实施宏观调控和企业加强内部经营管理的重要依据，也是投资者和债权人进行决策的重要参考。因此，财务报表的真实性显得尤为重要。然而，一些企业置法律法规及社会责任于不顾，玩弄“数字游戏”，编制虚假财务报告，给企业及相关利益主体造成了巨大的损失。这种现象在世界各国都不同程度地存在，也曾造就了许多“辉煌”的企业。但依靠虚假财务报表支撑的“辉煌”终难持久，如美国的安然、日本的奥林巴斯等大公司的财务丑闻让全世界人都感到震惊；中国的银广厦、蓝田等上市公司绩优股神话的破灭，也让人们心有余悸。

5.3.3 本-量-利分析

在市场经济条件下，创业者最为关心的是能够实现多少利润，实现利润最大化也是创业者创业的主要目标。为了分析预测利润，进一步确定目标利润，往往需要展开保本分析(因为保本是获得利润的基础)、保利分析及相关经营安全性、敏感性等分析。这些分析都是围绕成本、业务量、利润三大指标进行，将这三大指标联结起来进行分析，即为“成本-业务量-利润分析(简称本-量-利分析)”。它是在成本性态分析和变动成本法的基础上，进一步研究销售数量、价格、成本和利润之间的数量依存关系的一种分析方法。本-量-利分析是管理分析的重要分析方法。通过本-量-利分析，预测保本点、保利点，分析企业经营的安全性、敏感性，帮助企业进行生产决策、定价决策和投资不确定性分析决策。

1. 本-量-利分析的关系式

1) 基本损益方程式

利润＝销售收入－总成本
＝单价×销量－(变动成本＋固定成本)
＝单价×销量－(单位变动成本×销量＋固定成本)
＝单价×销量－单位变动成本×销量－固定成本
＝(单价－单位变动成本)×销量－固定成本

为便于计算分析，式中各变量用符号表示，本节中各符号表示如下：

L 为利润，S 为销售收入，TC 为总成本，V 为变动成本，F 固定成本，P 为销售单价，b 为单位变动成本，Q 为销售量，Q_0 表示保本销售量，S_0 为保本销售额，m 表示单位边际贡献，M 表示边际贡献，m_r 表示边际贡献率。

则本-量-利分析的基本关系为

$$L=(P-b)\times Q-F$$

2) 相关关系式

单位边际贡献＝单价－单位变动成本

边际贡献＝销售收入－变动成本

＝单位边际贡献×销量

＝(单价－单位变动成本)×销量

边际贡献率＝边际贡献/销售收入×100%

＝单位边际贡献/单价×100%

变动成本率＝变动成本/销售收入×100%

＝单位变动成本/单价×100%

2. 保本分析

保本分析又称盈亏平衡分析、损益平衡分析、两平分析等，是本-量-利分析中最基本、最重要的分析。保本分析就是当企业恰好处于盈亏平衡状态(不盈不亏、利润为零状态)时，研究其本-量-利关系的一种定量分析方法。其基本内容是分析并确定产品的盈亏平衡点，即保本点，从而确定企业经营的安全程度，以及有关因素对盈亏平衡点的影响。

1) 保本点的确定

保本点也叫盈亏平衡点、盈亏临界点，是指企业达到盈亏平衡状态的业务量。保本点有两种表现形式：一是盈亏平衡点的销售量，二是盈亏平衡点的销售额。通常用基本公式来确定，就是根据基本等式计算当企业的利润为零时的销售量或销售额。

(1) 根据基本等式确定。根据本-量-利分析的基本等式

$$L=(P-b)\times Q-F$$

令 $L=0$，得

$$(P-b)\times Q-F=0$$

保本销售量的公式为

$$Q_0=F\div(P-b)=F\div m$$

保本销售额的公式为

$$S_0=Q_0\times P=F\times P\div(P-b)=F/(P-b)\div P=F\div m_r$$

【例 5-3】 假设某新创企业固定成本总额为 30 000 元，生产的产品单价 100 元，单位变动成本 40 元，预计年度销售量为 1 000 件，则：

保本销售量＝30 000÷(100－40)＝500

保本销售额＝500×100＝50 000

(2) 图解法确定。除了根据基本公式确定外，也可以用坐标图绘制销售收入线和成本线，确定保本点。标准式本-量-利关系分析图如图 5.1 所示。

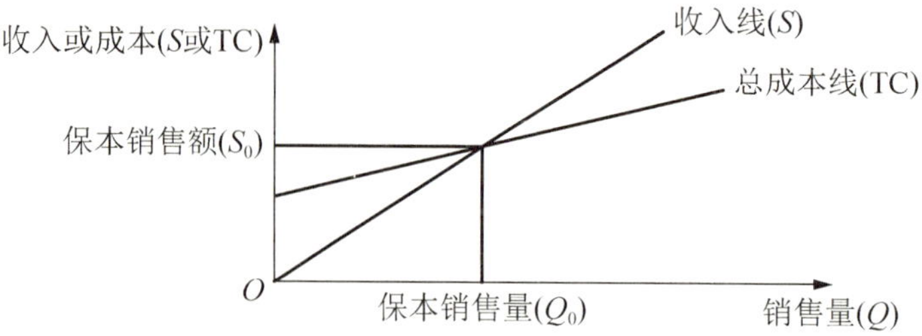

图 5.1 标准式本-量-利关系分析图

图中，横轴为销售量 Q，纵轴为销售收入或总成本(S 或 TC)，销售收入曲线为 S，总成本曲线为 TC，由前面基本公式对保本点的分析，两条曲线的交点对应的横坐标和纵坐标分别为保本销售量 Q_0 和保本销售额 S_0。作图法简单明了，直观形象，但绘图时的误差较大，确定的保本点不够精确。

2) 有关因素变动对保本点的影响

由保本点测算公式可知，影响保本点的因素主要有销售单价、单位变动成本和固定成本。由保本点测算公式 $Q_0=F\div(P-b)$可知，当其他条件不变时，产品销售价格的变化会导致保本点反向变化；单位变动成本的变化会导致保本点同向变化；固定成本的变化会引起保本点同向变化。

3. 保利分析

保利分析是在保本分析的基础上，对销售量、成本、利润三者之间的关系做进一步的分析和研究。其根据本-量-利分析的基本关系式，来测算分析保证目标利润实现的销售量、销售单价、单位变动成本和固定成本。在分析影响目标利润的上述各个因素时，往往假定其他 3 个因素是固定的或不变的，保利点(保利量)如下：

保利量：$Q=(L+F)\div(P-b)=(L+F)\div m$

保利额：$S=Q\times P=P(L+F)\div(P-b)=(L+F)\div m_r$

这里的 L 为目标利润，其他字母含义同上。

除了分析保证目标利润实现的销售量外，还可以分析保证目标利润实现的销售单价、单位变动成本和固定成本。在企业实务中，通常销售单价、单位变动成本和固定成本相对稳定，因此，分析保利量的情况较多些。

案例 5-5

XM 的卫星业务为何失败

过多的固定成本，对于一个企业而言可能并非好事。曾经的卫星广播业巨头——XM 卫星广播公司(XM Satellite Radio Co., Ltd.)对于这一点有深刻的体会。

XM 卫星广播公司成立于 1992 年 6 月 6 日，最初的名字叫美国移动广播公司(American Mobile Radio Corporation)，在 1998 年 10 月 12 日改为现名，1997 年 3 月 10 日获得 FCC 颁发的数字音频广播服务牌照。

2001 年年初，为了开展卫星广播业务，XM 花费超过 10 亿美元用于购买广播牌照、发射两颗卫星和进行技术改进。即使在开始经营后，XM 仍投入数十亿美元用于其他如编程、卫星传输、研发之类的固定支出项目。与此形成鲜明对比的是，XM 的变动成本很小，仅包括版税、客户服务成本等。事实上，XM 的卫星广播业务开创了一种高经营杠杆的业务模式，即在支出结构中包含很大比例的固定成本支出。因此，

XM 盈利的唯一途径就是积聚大量的用户及出售广告。

很快，这一高经营杠杆的业务模式的弊端就显现出来了。2002 年 Sirius 卫星广播公司进入市场并提供与 XM 几乎相同的服务，即向全美国用户提供 100 多个音乐和谈话类节目频道的收视服务，并收取月租费。与 XM 一样，Sirius 也将盈利的希望寄托在用户的增长和广告销售上。

XM 还面临着其他潜在的竞争者，传统广播业务仍然占有大量的市场份额，而且在 XM 和 Sirius 起步的同时，苹果公司也推出了它的第一款 ipod 数字音乐播放器。显然，苹果的播放器业务比卫星广播拥有更低的经营杠杆，即更少的固定成本支出和更多的变动成本，这使得 ipod 在很低的销售量下也能实现盈利。

为了应对众多的竞争者，XM 开始将大量资金投入到独家节目上，XM 花费 6.5 亿美元买下了美国职业棒球联盟的独家卫星转播权。又支付给奥普拉·温弗瑞 5 500 万美元用于在 XM 开办节目。Sirius 则花费 5 亿美元买断国家橄榄球比赛的转播权。

然而巨额的支出并未获得应有的回报。到 2006 年，尽管已经有了 800 万用户，XM 却从未实行盈利。观察家甚至预言 XM 和 Sirius 永远不可能收回他们的巨额固定支出。

2007 年，在成本和市场空间的双重压力下，XM 同意与 Sirius 合并。正如一位观察家所说，这是一次“为了阻止我们继续烧钱”的合并。

资料来源：根据哈佛商学院案例“XM Satellite Radio”(No.9-504-009)改编。

5.3.4 敏感性分析

在企业现实生产经营中，市场(原材料价格、产品价格、供求数量等)是在不断波动、变化的，同时，企业的技术条件(原材料消耗和工时消耗水平波动)也在变化，这些变化都会引起本、量、利模型中参数的变化，使得原来测算出来的保本点、目标利润或目标销售量等失去可靠性。因此，经营者希望事先知道哪一个参数影响小，哪一个参数影响大，影响程度如何，以便采取相应对策。本-量-利的敏感分析就是研究与分析有关参数发生多大变化时会使盈利转为亏损，各参数的变化对利润的影响程度，以及各因素变动时如何调整销量，以保证原目标利润的实现等问题。敏感性分析能够帮助经营者了解各个参数影响的大小，可以使经营者决定对哪些参数应重点控制，当主要参数发生变化后，能及时采取措施，调整企业的计划，将经营活动控制在最有利的状态下。

1. 有关参数变化的范围

销售量、销售单价、单位变动成本、固定成本等参数的变化都将不同程度地影响企业利润的高低。这些参数的变化达到一定幅度时，会使企业的利润为零，即企业进入盈亏临界状态，使企业的经营状况发生质变。敏感分析的目的之一，就是要为企业提供能引起企业目标发生质变的各参数变化的界限，即极限值，作为企业指导生产经营、预测、决策的重要依据。其方法也称为最大最小法。

各参数变化极限值(临界值)的计算思路是根据基本损益方程式，令利润等于零，求出参数临界值，包括销售量的最小极限值、单价的最小极限值、单位变动成本的最大极限值、固定成本的最大极限值。

2. 各参数变化对利润变化的影响程度

各参数变化都会引起利润的变化，但影响程度确各不相同。有的参数发生微小的变化，就会引起利润发生很大的变化，这说明利润对这种参数的变化十分敏感，称这种参数为敏感因素；相反，有的参数发生较大的变化，但其引起利润的变化并不是很大，这说明利润对这种参数的变化并不敏感，称这种参数为不敏感因素。

反映某一参数敏感程度的指标是敏感系数，其计算公式为

$$\text{敏感系数}=\frac{\text{目标值变动百分比}}{\text{参数变量变动百分比}}$$

在本-量-利敏感分析中，目标值指利润，参数变量包括单价、销售量、单位变动成本和固定成本，可以依次分析各参数的敏感性。

在创业项目敏感性分析中，除了进行本、量、利敏感性分析外，通常还要进行项目评价指标(净现值和内含报酬率)的敏感性分析(其分析方法同上，这里略)，使创业者在情况发生变化后及时采取对策，调整企业计划，应对各种风险。

本章小结

创业融资主要解决的是创业者在企业成立前后最紧迫需要解决的创业启动资金问题。融资按不同的标准可分为股权融资和债权融资、内部融资和外部融资、直接融资和间接融资、长期融资和短期融资。

创业初期融资的主要渠道和方式有自筹资金、获取“天使”资金、小额创业贷款、创业租赁及政府扶持资金等；创业中后期融资的主要渠道和方式有风险投资、直接融资、间接融资、内部留利等。

创业资金需要量测算主要是测算创业初期需要的启动资金。创业启动资金的测算可以从销售测算入手，也可以从生产测算入手，还可以按照资金运用项目、项目间钩稽关系分项进行测算。

资金成本就是企业筹集和使用资金而付出的代价。资金成本包括筹资费用和用资费用两部分内容。筹资费用是指企业在筹措资金过程中为获取资金而付出的代价；用资费用是指企业在生产经营、投资过程中因使用资金而付出的代价。

创业项目财务评价主要是从财务角度评价创业项目的可行性，财务可行性评价是进行创业决策的直接依据。

现金流量主要包括投资期的初始现金流量、营业期的营业现金流量和项目寿命终结期的终结现金流量3部分。按照上述3部分构成测算创业项目的现金流量。

净现值反映了项目带来的净收益状况，是评价项目可行性、进行项目决策的重要指标。

内含报酬率是使投资项目的净现值等于零的贴现率。它反映了投资项目的真实报酬，即投资项目本身能达到的报酬率。在利用该指标进行投资决策时，通常与资金成本比较。

投资回收期是指用项目投产后每年所产生的净现金流量收回初始投资所用时间，一般以年为单位。该指标用于投资决策比较直观些。

财务分析以企业财务报告及其他相关资料为主要依据，其主要方法有比较分析法和比率分析法。

财务会计报表(财务报表)是公司财务信息的主要载体，也是公司各项经营活动的综合价值体现。财务报表主要包括资产负债表、利润表(损益表)和现金流量表。

本-量-利分析即“成本-业务量(产量或销量)-利润”分析。它是在成本性态分析和变动成本法的基础上，进一步研究销售数量、价格、成本和利润之间的数量依存关系的一种分析方法。本-量-利分析的基本关系式为

$$\text{利润}=\text{收入}-\text{变动成本}-\text{固定成本}$$

在企业财务敏感性分析中，通常分析利润对销售量、销售单价、单位变动成本、固定成本的敏感性，也分析项目评价指标(净现值和内含报酬率)对相关因素的敏感性，使管理者在情况发生变化后及时采取对策，调整企业计划，应对各种风险。

思 考 题

1. 创业者进行创业融资时，需要考虑哪些问题？

2. 如何测算创业初期需要的启动资金？

3. 如何评价创业项目的可行性？

4. 资产负债表、利润表和现金流量表分别反映什么财务信息？对管理者(创业者)有什么帮助？

5. 本-量-利分析的目的是什么？基于本-量-利分析测算结果，管理者如何进行决策或调整生产经营？

6. 敏感性分析的目的是什么？基于敏感性分析测算结果，管理者如何进行决策或调整生产经营？

第 *6* 章　创业项目的市场分析

学习目标

1. 理解市场分析的内涵。
2. 掌握市场分析的内容和方法。
3. 了解市场需求分析。
4. 学会进行社会调查。

6.1 创业项目市场分析的内涵

6.1.1 创业项目的市场分析的含义

创业项目的市场分析是指创业团队在创业过程中，寻找并确定创业机会，完成创业项目可行性研究、战略分析之后，确立了创业项目的发展方向，经过市场细分、市场定位、锁定目标市场之后，根据市场调查数据，运用统计学原理，系统分析创业团队核心能力与市场价值、客户价值现状及其相关性分析与变化趋势建模分析、决策分析、规避创业风险的过程。

它是市场调查的必然结果，又是市场预测的前提和准备过程。创业项目的市场分析基本反映了市场营销的全过程。

6.1.2 创业项目市场分析的作用

创业项目市场分析的作用主要有以下几个方面。

1. 创业项目市场分析可以帮助创业者出正确的决策

企业若想在一个新的市场开辟自己的业务，除了要了解市场需要之外，还要了解该市场商业上的竞争对手，这些工作都要通过各种分析手段来完成。只有通过细致的市场调查和分析，企业才有可能对自己的营销策略做出正确的决策。

2. 市场分析促使企业做出正确的销售手段

促销活动是企业在推销产品过程中的主题活动，然而企业如何进行促销活动和选择什么样的促销手段，则要特别依靠市场分析工作。以广告为例，商业广告的途径和种类很多，但究竟哪一种广告的效果好，还需要进行细致的分析研究。

3. 市场分析可以帮助企业找出经营中的问题

企业经营中出现的问题范围很广，包括企业管理、产品、销售、广告等各个方面。造成某种问题的成因也并不简单，尤其是当许多因素相互作用的时候，市场分析就十分重要。例如，某企业在一个时期内销售收入大幅度下降，可是却搞不清问题是出在降价上还是出在广告设计上。于是市场分析就从两个因素进行着手，根据销售记录，人们发现价格降低以后，销售量却减少了，说明产品的需求价格弹性小于1，降价的决策是错误的；如果通过对广告效果的调查发现广告媒介的错误导致广告效果不好，那问题就出在广告方面。

4. 市场分析可以加强企业与顾客的联系

市场分析通过搜集顾客的信息及对信息的分析和处理把顾客和企业联系起来。正是由于有了这些信息，才使市场分析人员能够确定顾客和企业之间存在的问题，同时发现市场营销活动中不适当的策略与方法，同时找出解决这些问题的办法。

6.2 市场分析的内容

市场分析是市场调查的必然结果，又是市场预测的前提和准备过程。创业项目的市场分析基本反映了市场营销从预案到实现的全过程。

6.2.1 外部环境分析

外部环境分析可以帮助创业团队知彼，避免或者更从容地应对创业风险，选择正确的战略方向。

1. 宏观环境分析

宏观环境分析通常按照以下 4 个要素进行分析：政治和法律环境因素、经济环境因素、社会和文化环境因素、技术环境因素。

1) 政治和法律环境因素

一般来说，一些政治因素对企业行为有直接影响，而法律法规会间接影响企业的活动。政治环境主要包括政治制度与体制、政局、政府的态度等；法律环境主要包括政府制定的法律、法规。

2) 经济环境因素

经济因素分析是指对国内生产总值、利率水平、财政货币政策、通货膨胀、失业率水平、居民可支配收入水平、汇率、能源供给成本、市场机制、市场需求等方面进行的战略分析。

3) 社会和文化环境因素

社会文化因素分析包含以下方面：人口状况、社会流动性、消费心理、生活方式变化、文化传统、价值观等。

4) 技术环境因素

技术环境因素分析包含技术水平、技术力量、新技术的发展 3 方面的内容。

2. 行业环境分析

行业环境分析是创业团队了解竞争对手的资源与状态情况的过程，所谓知己知彼，百战不殆。行业环境分析就是“知彼”的过程。

1) 行业生命周期分析

大多数行业会经过一个起步期、成长期、成熟期和衰退期，制定企业战略时，行业所处的生命周期属于哪个阶段是非常重要的考虑因素(图 6.1)。在判断企业所处生命周期阶段的指标有市场份额、需求增长率、产品品种和竞争者数量等。

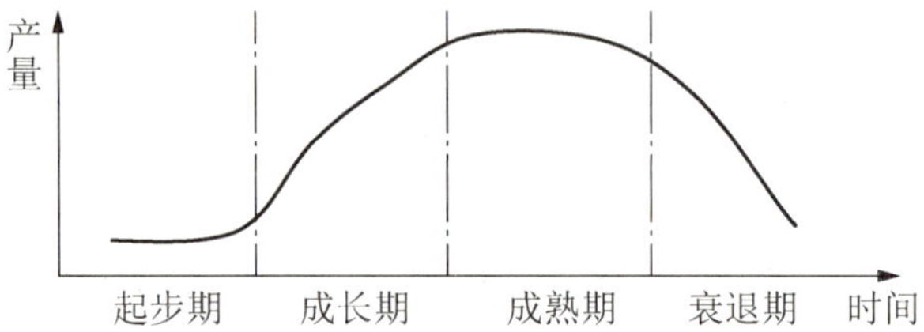

图 6.1　企业生命周期分析

(1) 起步期。企业规模可能很小，关于该行业的企业如何发展有不同看法，产品类型、特点、性能和目标市场不断发展变化。市场中充满各种新发明的产品或服务，管理层采取战略支持产品上市。产品设计尚未成熟，行业产品的开发相对缓慢，利润率较低，市场增长率较高。

(2) 成长期。该行业已经形成并快速发展，大多数企业因高增长率而在行业中继续存在。管理层需确保充分扩大产量达到目标市场份额。需大量资金达到高增长率和扩产计划，现金短缺。设置进入壁垒，阻止竞争者进入行业。

(3) 成熟期。增长率降到较正常水平，相对稳定，各年销售量变动和利润增长幅度较小，竞争更激烈。后期一些企业因投资回报率不满意而退出行业，一小部分企业主导行业，需监控潜在兼并机会、探索新市场、研发新技术、开发具有不同特色功能的新产品。

(4) 衰退期。行业生产力过剩，技术被模仿后出现的替代品充斥市场，市场增长率严重下降，产品品种减少，行业活动水平随公司从该行业退出而下降，该行业可能不复存在或被并入另一行业。

3) 波特五力分析模型

迈克尔·波特提出最具影响力的战略分析模型——五力模型，用以确定企业在行业中的竞争优势和行业可达到的最终资本回报率。一般企业面临以下五种竞争力量，如图 6-2 所示。

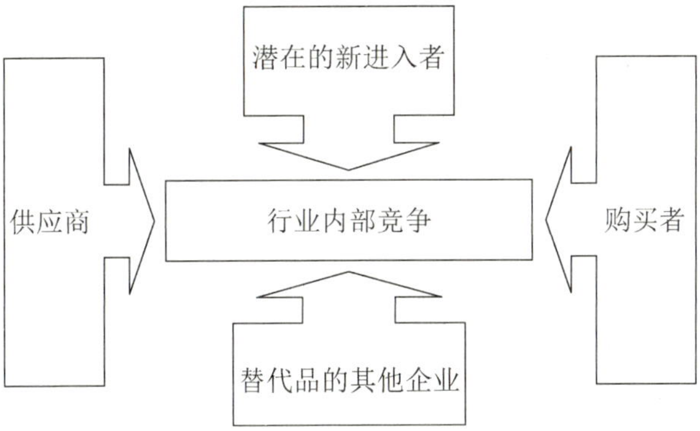

图 6.2 五力模型

(1) 新进入者的威胁。新进入者进入市场参与竞争获取利润，对现有的竞争者构成威胁，削弱现有企业产生理想财务回报率的能力，分割市场份额，激化竞争。新进入者威胁力度和数量很大程度取决各种进入壁垒的高度，决定进入壁垒高度的因素包括规模经济、客户忠诚度、资本金投入、转换成本、对销售渠道使用权、政府政策和现有产品与规模经济无关的成本优势等。

(2) 供应商议价能力。提高供应商在行业中议价能力，从而降低公司在行业中营利性的因素包括：①没有替代品，没有其他供应商；②该产品或服务独一无二，且转换成本很高；③供应商所处行业由少数几家公司主导并面向大多数客户销售；④供应商产品对客户生产业务很重要；⑤企业采购量占供应商产量的比率很低；⑥供应商能直接销售产品并与企业抢占市场。

(3) 购买商议价能力。提高购买商议价能力因素包括：①购买方从卖方购买的产品占卖方销售量很大比例；②购买商购买的产品对其经营不很重要，且该产品缺少唯一性；③转换其他供应商购买的成本较低；④购买商购买的产品或服务占其成本的比例较高；⑤购买商购买的产品或服务容易被替代；⑥购买商的采购人员有高超的谈判技巧；⑦购买商有能力自行制造或提供供应商的产品或服务。

(4) 替代产品的威胁。替代产品指可由其他产业生产的产品或提供的服务，具有的功能大致与现有产品或服务功能相似，可满足消费者同样的需求。替代品通过设置价格上限、改变需求量及迫使企业投入更多资金并提高服务质量来影响一个行业营利性。

(5) 同业竞争者竞争强度。竞争强度取决以下因素：①竞争者数量，市场中竞争者越多，竞争强度会越高；②行业增长率，行业增长缓慢，新进入者从其他竞争者那里争取市场份额，现有企业之间争夺既有市场份额，竞争会变激烈；③行业固定成本，行业固定成本越高，企业寻求降低单位产品固定成本或增加产量，导致在价格上相互竞争；④产品转换成本，产品缺乏差异性或具标准化，购买商轻易转换供应商，供应商之间相互竞争；⑤不确定性，一个企业不确定同行业另一企业如何经营，可能制定更具竞争力的战略；⑤战略重要性，企业最重要的战略目标是获得成功，则会采取具有竞争力的行为达成目标；⑥退出壁垒，使现有供应商难以退出某行业的障碍会令同业的竞争激烈化。

6.2.2 内部环境分析——企业资源与能力分析

如果说外部环境分析有助于发现创业机会，那么内部环境分析就是认知自我的过程。仅仅了解竞争对手是不够的，只有深入剖析创业团队和项目的内部优势——核心能力与资源，做到既“知己”又“知彼”，才真正迈开了创业征途的第一步。

1. 企业资源优势分析

在当代，无形资源的作用越来越受到企业的重视。在无形资源中，能力作为企业持续竞争优势的潜在来源，指的是一个公司比其他公司做得特别突出的一系列活动，它可能出现在特定的职能中，也可能与特定技术或产品设计相联系，或者存在于管理价值链各要素的联系之中，如人力资源、团队、职能、流程、项目或组织整体等。优势资源的判断标准包含以下 4 个方面。

(1) 稀缺性，是指比较难以获得的资源，通常需要付出较大或者特定的代价。

(2) 不可模仿性，是指竞争对手很难模仿或者获取的资源，如地理位置、著名品牌、文化、宗教风俗等。

(3) 不可替代性。

(4) 持久性。

2. 企业能力分析

企业能力分析包括以下几个方面：研发能力、生产管理能力、营销能力、财务能力和组织管理能力等。

企业能力分析手段包括对顾客是否有价值、比竞争对手是否有优势、是否难模仿、企业价值链分析等。

美国哈佛商学院迈克尔·波特提出“价值链分析法”(图 6.3)，企业价值的增加由基本活动和支持性活动二者交互作用生成，基本活动和支持性活动构成了企业的价值链。基本活动涉及企业生产、销售、进料后勤、发货后勤、售后服务。支持性活动涉及人事、财务、计划、研究与开发、采购等。对于普通的企业，并不是每个环节都创造价值，实际上只有某些特定的价值活动才真正创造价值，是价值链上的“战略环节”。企业的竞争优势就是企业在价值链某些特定的战略环节上的优势。运用价值链的分析方法来确定核心能力，就是要求企业密切关注组织的资源状态，要求企业特别关注和培养在价值链的关键环节上获得重要的核心能力，以形成和巩固企业在行业内的竞争优势。企业的优势既可以来源于价值活动所涉及的市场范围的调整，也可来源于企业间协调或合用价值链所带来的最优化效益。

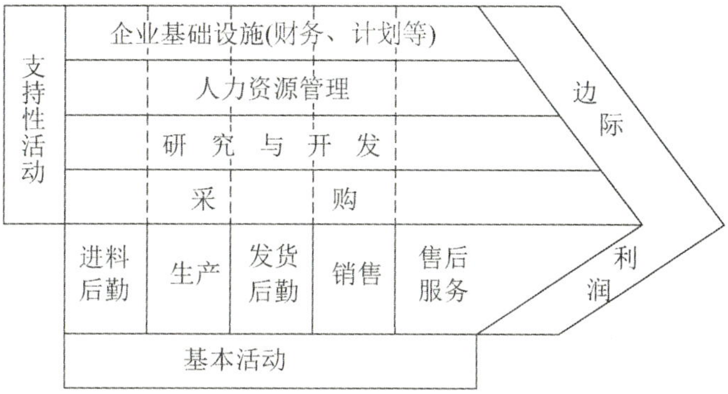

图 6.3 价值链

6.2.3 创业项目目标市场的确定方法

确定市场需求的前提是确定目标市场。目标市场的确定通常经过市场细分和市场定位以后确定。

1. 目标市场、市场定位和市场细分的关系

目标市场是指营销中被锁定的客户群体。细分市场是在行业中选择一个没有被竞争对手关注或者是覆盖的市场，从产品功能、产品性质、产品特点上下功夫，从行业中创造一个更加细分的市场，从而达到销售目的的一种行为。

一般来说，市场细分、市场定位与目标市场是企业制定销售战略整体中的三个部分，相互依存、相互支持、相互依托。可以先进行市场定位，选择目标市场，进行市场细分；也可以先细分市场，再选择目标市场，最后品牌定位，或者先细分市场之后，然后进行市场定位，最后选定目标市场。

2. 市场细分

市场细分按照产品用途分为消费品市场细分和生产资料市场细分两种。

1) 影响消费品市场细分的因素

消费品市场的细分通过多方面因素或者变量进行。常见的是地理因素、人口统计因素、心理因素和行为因素，每个因素又包括一系列的细分变量。

(1) 按地理因素细分。按地理因素细分，就是按消费者所在的地理位置、地理环境等变数来细分市场。因为处在不同地理环境下的消费者，对于同一类产品往往会有不同的需要与偏好，例如，对自行车的选购，城市居民喜欢式样新颖的轻便车，而农村的居民注重坚固耐用的加重车等。因此，对消费品市场进行地理细分是非常必要的。按地理因素细分

的因素主要包括地理位置、城镇与农村及地形和气候等。

(2) 按人口统计因素细分。按人口统计因素细分，就是按年龄、性别、职业、收入、家庭人口、家庭生命周期、民族、宗教、国籍等变数，将市场划分为不同的群体。由于人口变数比其他变数更容易测量，且适用范围比较广，因而人口变数一直是细分消费者市场的重要依据。

(3) 按心理因素细分。按心理因素细分，就是将消费者按其生活方式、性格、购买动机、态度等变数细分成不同的群体。

(4) 按行为因素细分。按行为因素细分，就是按照消费者购买或使用某种商品的时间、购买数量、购买频率、对品牌的忠诚度等变数来细分市场。

2) 市场细分应注意的问题

(1) 市场细分之前把市场进行区隔。区隔市场与市场细分不同，区隔是区隔出一个大的市场人群，也叫市场区隔。用一个大产品类别对应市场的一类人群的就叫区隔市场。共性的需求产品一般从年龄上直接区隔。

(2) 在区隔市场的基础上细分市场。把已经区隔的人群进行细分，在产品的共性利益基础上加上个性利益，然后针对这个年龄段不同个性特点的人所要求的个性利益变量，就是细分。例如，针对已经区隔为25～35岁的人群生产一款洗手液，共性的利益是去污、杀菌。这个利益对这个年龄段的人都有作用。但细分之后就产生了不同，美白洗手液就对应了既去污，又杀菌，还需要美白的人群。

(3) 细分市场随着市场竞争的加剧越来越细。由于市场竞争的加剧，在大的细分条件下还出现了越来越具体的细分。例如，服装的大类别里面可以分出商务的、休闲的，还可以有商务休闲的。在休闲里面还有很多种类。例如，休闲里边有户外攀岩的、户外野游的、户外运动的，还有户外时尚的。

(4) 依据市场的成熟程度进行细分。消费者的认识是逐步发展的，市场的培育需要企业有意识引导才能够逐渐成熟，企业要根据市场的调查结果来考虑产品的市场是处于什么阶段，只有到了相对成熟的状态下，市场需求足以支撑企业战略目标，才可以进行多变量细分。

3) 市场细分的步骤

(1) 选定产品市场范围。企业根据自身的经营条件和经营能力确定进入市场的范围，如进入什么行业，生产什么产品，提供什么服务。

(2) 列举细分变量。把所有市场需求和影响顾客购买行为的细分变量列举出来。

(3) 初步划分细分市场。分析、预测潜在顾客的不同需求，初步划分市场。对不同的潜在顾客进行抽样调查，评价所列出的变量，了解顾客的共同需求，然后初步划分出一些差异最大的细分市场，至少从中选出三个分市场。

(4) 筛选。根据有效市场细分的条件，对所有细分市场进行分析研究，剔除不合要求、无用的细分市场。

(5) 为细分市场定名。结合各细分市场上顾客的特点，用形象化、直观化的方法为细分市场定名。例如，某旅游市场分为纯玩型、豪华型、购物型、冒险型、舒适型、经济型等。

(6) 选定目标细分市场。制定相应的营销策略。调查、分析、评估各细分市场，最终确定可进入的细分市场，并制定相应的营销策略。

3. 市场定位

市场定位是指企业向潜在消费者传递特定信息，使本企业与其他企业严格区分开来，并且使顾客明显感觉和认识到这种差别，从而在顾客心目中占有特殊的位置。企业在对整体市场进行细分之后，要对各细分市场进行评估，然后根据细分市场的市场潜力、竞争状况、本企业资源条件等多种因素选择几个细分市场作为目标市场。市场定位包括目标市场的选择，目标市场的选择则是市场定位的重点内容之一。

1) 影响市场定位的因素

影响企业定位的主要因素有产品属性、产品的性价比、产品功能、使用者、产品类别和竞争者。

(1) 产品属性。依据产品鲜明的属性特征定位。例如，感冒药“白加黑”的产品属性特征清晰，产品名称“白加黑”强化广告语“白天吃白片，晚上吃黑片”。有效地将本企业生产的感冒药与竞争企业的产品加以区别。

(2) 产品性价比。基于产品性价比优势进行市场定位是一个有效的战略选择。例如，台湾鼎新集团将其方便面品牌“福满多”定位为价廉物美；将“康师傅”方便面定位为高品质产品。

(3) 产品功能。强调独特功能的产品会吸引相当一部分消费者。例如，谷歌眼镜实现了不用手的“手机”功能。

(4) 使用者。不同的个性特征和类型使用者对产品有不同的需求。1975 年，美国的米勒。推出了一种低热量的“Lite”牌啤酒，将其定位为喝了不会发胖的啤酒，迎合了那些经常饮用啤酒而又担心发胖的人的需要。

(5) 产品类别。根据产品类别的不同(如餐饮类、卫生用品类等)进行产品的市场定位，以突出不同产品种类的差异。产品类别和特定需求直接能够产生品牌联想，如由快餐联想到麦当劳。

(6) 竞争者。绑定竞争对手的市场定位也是一种有效的定位方法。在快餐业，麦当劳与肯德基是一对竞争对手，针对麦当劳服务标准化的定位特点，肯德基提出了“鸡肉烹调专家”的差异定位策略。

2) 市场定位的内容

(1) 产品定位。其侧重于产品实体定位，即质量、成本、特征、性能、可靠性、用性、款式。

(2) 企业定位。即企业形象塑造品牌，员工能力、知识、言表、可信度。

(3) 竞争定位。确定企业相对于竞争者的市场位置。

(4) 消费者定位。确定企业的目标顾客群。

3) 市场定位的步骤

市场定位的关键是企业要设法在自己的产品上找出比竞争者更具有竞争优势的特性。

竞争优势一般有两种基本类型：①价格竞争优势，就是在同样的条件下比竞争者定出更低的价格。这就要求企业采取一切努力来降低单位成本；②偏好竞争优势，即能提供确定的特色来满足顾客的特定偏好。这就要求企业采取一切努力在产品特色上下功夫。因此，企业市场定位的全过程可以通过以下三大步骤来完成：

(1) 分析目标市场的现状，确认本企业潜在的竞争优势。这一步骤的中心任务是要回答以下 3 个问题：①竞争对手产品定位如何；②目标市场上顾客欲望满足程度如何及确实还需要什么；③针对竞争者的市场定位和潜在顾客的真正需要的利益要求企业应该及能够做什么。要回答这 3 个问题，企业市场营销人员必须通过一切调查手段，系统地设计、搜索、分析并报告有关上述问题的资料和研究结果。

通过回答上述 3 个问题，企业就可以从中把握和确定自己的潜在竞争优势。

(2) 准确选择竞争优势，对目标市场初步定位。竞争优势表明企业能够胜过竞争对手的能力。这种能力既可以是现有的，也可以是潜在的。选择竞争优势实际上就是一个企业与竞争者各方面实力相比较的过程。比较的指标应是一个完整的体系，只有这样，才能准确地选择相对竞争优势。通常的方法是分析、比较企业与竞争者在经营管理、技术开发、采购、生产、市场营销、财务和产品 7 个方面中的强项和弱项。借此选出最适合本企业的优势项目，以初步确定企业在目标市场上所处的位置。

(3) 显示独特的竞争优势和重新定位。这一步骤的主要任务是企业要通过一系列的宣传促销活动，将其独特的竞争优势准确传播给潜在顾客，并在顾客心目中留下深刻印象。为此，企业首先应使目标顾客了解、熟悉、认同、喜欢和偏爱本企业的市场定位，在顾客心目中建立与该定位相一致的形象；其次，企业通过各种努力强化目标顾客形象，保持目标顾客的了解，稳定目标顾客的态度和加深目标顾客的感情来巩固与市场相一致的形象；最后，企业应注意目标顾客对其市场定位理解出现的偏差或由于企业市场定位宣传上的失误而造成的目标顾客模糊、混乱和误会，及时纠正与市场定位不一致的形象。

4) 市场定位方法

市场定位的核心是与众不同，即差异化，所以市场定位战略可以理解为差异化战略，差异化可表现为许多方面。

(1) 质量差异。名牌产品企业生产高品质的产品，比同类产品质量普遍要好。

(2) 价格差异。根据竞争对手的价格确定本企业产品高价、中价或低价。

(3) 款式差异。采用独具特色的款式：服装、家具、手机等产品，很注重款式的差别。

(4) 功能差异。与竞争对手保持不同的产品功能或更加优化的功能。

(5) 顾客群体差异。如某些手表定位于成功人士；某些香水定位于影视明星、青春少女等。

(6) 使用场合差异。某些产品特别强调在某种特殊场合下使用。

(7) 分销渠道差异。建立本企业独特的分销渠道体系。

(8) 广告等促销方式的差异。同类产品，采用与众不同独具特色的广告形式和其他促销方式。

(9) 服务差异化。本企业向目标市场提供与竞争对手不同的优质服务。

(10) 企业形象差异化。企业的形象在消费者的心目中是一个总体的印象，消费者购买了企业形象好的产品，买后感到放心。企业要树立良好的企业形象和形成良好的企业文化。

5) 市场定位的策略

(1) 避强定位。避强定位策略是指企业力图避免与实力最强的或较强的其他企业直接发生竞争，而将自己的产品定位于另一市场区域内，使自己的产品在某些特征或属性方面与最强或较强的对手有比较显著的区别。

(2) 迎头定位。迎头定位策略是指企业根据自身的实力，为占据较佳的市场位置，不惜与市场上占支配地位的、实力最强或较强的竞争对手发生正面竞争，而使自己的产品进入与对手相同的市场位置。

(3) 创新定位。寻找新的尚未被占领但有潜在市场需求的位置，填补市场上的空缺，生产市场上没有的、具备某种特色的产品，如 MP3 与 MP4、传呼机与手机等换代产品。采用这种定位方式时，公司应明确创新定位所需的产品在技术上、经济上是否可行，有无足够的市场容量，能否为公司带来合理而持续的盈利。

(4) 重新定位。公司在选定了市场定位目标后，如定位不准确或虽然开始定位得当，但市场情况发生变化时，如遇到竞争者定位与本公司接近，侵占了本公司部分市场，或由于某种原因消费者或客户的偏好发生变化，转移到竞争者方面时，就应考虑重新定位。重新定位是以退为进的策略，目的是实施更有效的定位。

市场定位是设计公司产品和形象的行为，以使公司明确在目标市场中相对于竞争对手自己的位置。公司在进行市场定位时，应慎之又慎，要通过反复比较和调查研究，找出最合理的突破口。避免出现定位混乱、定位过度、定位过宽或定位过窄的情况。而一旦确立了理想的定位，公司必须通过一致的表现与沟通来维持此定位，并应经常加以监测以随时适应目标顾客和竞争者策略的改变。

4. 分析工具简介

1) 业务组合分析——波士顿矩阵

制定公司层战略及市场定位的方法之一就是波士顿矩阵(Boston Consulting Group, BCG)矩阵。该方法由波士顿咨询集团开发。BCG 矩阵区分出 4 种业务组合。BCG 矩阵将组织的每一个战略事业单位标在矩阵图上(图 6.4)，预测哪个战略事业单位将会提供潜在收益(明星业务)或者浪费组织资源(瘦狗业务)。帮助创业团队恰当地判断是否应该在问题业务和现金牛业务继续投入资金，继续投入多久等关键问题。BCG 的实质是为了通过业务的优化组合实现企业的现金流量平衡。BCG 矩阵是最早的组合分析之一，这种方法综合不同业务在一起，指出竞争地位、战略方向，推断竞争对手。

图 6.4 波士顿矩阵

运用 BCG 矩阵的原则就是发展明星业务；保持现金流业务；收割问题业务；放弃瘦狗业务。其中理解的关键就是问题业务的收割。市场增长率高证明这个业务有发展空间，占有率低可能意味着竞争对手强大，创业企业要么加大投资力度占领市场份额，要么退出这个业务。对于创业项目初期而言，资金匮乏是常见的情形，要避免浪费有限的资金资源，更要避免创业项目被收割。

收割战略是指企业为了控制成本和提高现金流量而减少在某一特定部门或方向上的投资，删除所有在设备、广告、研发等上面的新投资。收割战略是产业面对衰退阶段公司实施的有计划、有控制的退出战略。

2) SWOT 分析

SWOT 分析模型即态势分析法，也称 TOWS 分析法、道斯矩阵，是将对企业内外部条件各方面内容进行综合和概括，进而分析组织的优劣势、面临的机会和威胁的一种方法。20 世纪 80 年代初由美国旧金山大学教授韦里克提出，被用于企业战略制定、竞争对手分析等，包括分析企业的优势(Strengths)、劣势(Weaknesses)、机会(Opportunities)和威胁(Threats)。通过 SWOT 分析，可以帮助企业把资源和行动聚集在自己的强项和有最多机会的地方，并让企业的战略变得明朗。

基本原理：企业自身状态可以分为优势 S，劣势 W；面临外部环境可分为机会 O，威胁 T。二者交互作用形成 4 种态势：优势-机会(SO 态势)、优势-威胁(ST 态势)、劣势-机会(WO 态势)、劣势-威胁(WT 态势)，相应形成 4 种战略：SO 战略、ST 战略、WO 战略、WT 战略，即增长战略、多元战略、扭转战略、防御战略。

案例 6-1

因素组合应用案例

某邮政企业发展业务的 SWOT 分析见表 6-1。

表 6-1　某邮政企业发展业务的 SWOT 分析

内部能力 / 外部因素	优　　势	劣　　势
	公众信任的传统	上门服务资源不足
	顾客的亲近感、融合感	市场及物流专家不足
	全国范围物流网	组织、预算、费用操作灵活性不足
	人力资源众多	包裹完好性不足
	业务创新能力	实时追踪查询服务不足
机会	SO 增长战略组合	WO 扭转战略组合
电商发展带来的寄件增长	以邮政网络为基础，积极开展宅送业务	包裹邮寄组织专门化
拥有市场发展的自由度	进入配送市场	实物—信息实时追踪及物流控制
物流 IT 大数据等技术发展	运用新技术开展新业务	增值服务与价格体系重建
风险	ST 多元战略组合	WT 防御战略组合
通信技术发展缩减了邮政需求	利用物流网络打造积极的市场发展战略	根据服务的差别打造组织，独立分别运营
邮政服务市场开放	建立全球物流企业战略联盟	流程再造，提高运营效率
宅送服务企业大幅增加	提高物流邮件等服务质量	
其他企业服务质量增加	加强客户关系，巩固并发展市场	

6.2.4 市场分析研究的基本方法

市场分析的方法主要包括以下几种：

1. 系统分析法

市场是一个多要素、多层次组合的系统，既有营销要素的结合，又有营销过程的联系，还有营销环境的影响。运用系统分析的方法进行市场分析，可以使研究者从企业整体上考虑营业经营发展战略，用联系的、全面的和发展的观点来研究市场的各种现象，既看到供的方面，又看到求的方面，并预见到它们的发展趋势，从而做出正确的营销决策。

2. 比较分析法

比较分析法是把两个或两类事物的市场数据相比较，从而确定它们之间相同点和不同点的逻辑方法。对一个事物不能孤立地认识，只有把它与其他事物联系起来加以考察，通过比较分析，才能在众多的属性中找出本质的属性和非本质的个性。

3. 结构分析法

在市场分析中，通过市场调查资料，分析某现象的结构及其各组成部分的功能，进而认识这一现象本质的方法，称为结构分析法。

4. 演绎分析法

演绎分析法就是把市场整体分解为各个部分、方面、因素，形成分类资料，并通过对这些分类资料的研究分别把握特征和本质，然后将这些通过分类研究得到的认识联结起来，形成对市场整体认识的逻辑方法。

5. 案例分析法

案例分析是以典型企业的营销成果作为例证，从中找出规律性的东西。市场分析的理论是从企业的营销实践中总结出来的一般规律，它来源于实践，又高于实践，用它指导企业的营销活动，能够取得更大的经济效果。

6. 定性与定量分析结合法

任何市场营销活动，都是质与量的统一。进行市场分析，必须进行定性分析，以确定问题的性质，也必须进行定量分析，以确定市场活动中各方面的数量关系，只有使两者有机结合起来，才能做到不仅将问题的性质看得准，又能使市场经济活动数量化，从而更加具体和精确。

7. 宏观与微观分析结合法

市场情况是国民经济的综合反映，要了解市场活动的全貌及其发展方向，不但要从企业的角度去考察，还需从宏观上了解整个国民经济的发展状况。这就要求必须把宏观分析和微观分析结合起来，以保证市场分析的客观性，争取正确性。

8. 物与人的分析结合法

市场分析的研究对象是以满足消费者需求为中心的企业市场营销活动及其规律。作为企业营销的对象是人。因此，要想把这些物送到所需要的人手中，就需要既分析物的运动规律，又分析人的不同需求。以便实现二者的有机结合，保证产品销售的畅通。

9. 直接数据法

直接数据法是指直接运用已有的本企业销售统计资料与同行业销售统计资料进行比较，或者直接运用行业地区市场的销售统计资料同整个社会地区市场销售统计资料进行比较。通过分析市场占有率的变化，寻找目标市场。

10. 必然结果法

必然结果法是指商品消费上的连带主副等因果关系，由一种商品的销售量或保有量而推算出另一种商品的需求量。

11. 复合因素法

复合因素法是指选择一组有联系的市场影响因素进行综合分析，测定有关商品的潜在销售量。

上述方法的应用可以结合大数据挖掘技术采用电子计算机进行处理。

6.3 市场需求预测

6.3.1 市场需求预测的定义

市场需求预测是指通过对消费者的购买心理和消费习惯的分析，以及对国民收入水平、收入分配政策的研究，推断出社会的市场总消费水平。

市场需求预测是市场研究中最重要的一部分，也是最复杂的一部分。

6.3.2 市场需求预测的内容

其内容包括：①对某一种或几种产品潜在需求的预测；②对潜在供应的估计；③对拟设中的产品市场渗透程度的估计；④某段时间内潜在需求的定量和定性特征。除了全部和大部分供出口的产品以外，对产品的潜在需求主要以国内市场为基础进行预测。

6.3.3 市场需求预测的步骤

对需求预测的基本步骤为：①收集并分析当前消费量及其在一段时期的变化率；②按市场每个部分将消费量数据分类；③确定以往需求的决定因素，以及其对以后需求的影响；④预测这些决定因素的发展及其对需求的影响；⑤以一种或几种方法的组合，对这些决定因素进行判断，并预测需求。

6.3.4 市场需求预测的方法

市场需求预测是在营销调查的基础上，运用科学的理论和方法，对未来一定时期的市场需求量及影响需求诸多因素进行分析研究，寻找市场需求发展变化的规律，为营销管理人员提供未来市场需求的预测性信息。

1. 购买者意向调查法

购买者意向调查法多用于工业用品和耐用消费品，适宜做短期预测。

2. 综合销售人员意见法

综合销售人员意见法即分别收集销售人员对预测指标估计的最大值、最可能值及最低值及其发生的概率，集中所有参与预测者的意见，整理出最终预测值的方法。

3. 专家意见法

专家意见法包含小组讨论法、单独预测集中法、特尔菲法等。

4. 市场试验法

市场试验法多用于投资大、风险高和有新奇特色产品的预测。

5. 时间序列分析法

将某种经济统计指标的数值，按时间先后顺序排列形成序列，再将此序列数值的变化加以延伸，进行推算，预测未来发展趋势。

产品销售的时间序列，其变化趋势主要是受下 4 种因素的影响：长期趋势、季节变动、循环变动、不规则变动。

6. 直线趋势法

运用最小平方法，以直线斜率表示增长趋势的外推预测方法。其公式为：

$$Y=a+bX$$

式中，a——直线在 Y 轴上的截距；

b——直线斜率；

Y——预测目标值；

X——时间。

在已知 n 个观察值(x_i，y_i)的情况下($i=1,2,\cdots,n$)，可依据下式求出参数 a、b，然后建立直线趋势方程进行预测。

7. 统计需求分析法

统计需求分析是运用一整套统计学方法，发现影响企业销售的最重要的实际因素及其影响力大小的方法。

6.3.5 市场需求预测的程序

掌握市场需求预测的程序是需求预测工作中最基本的一环，以此为基础，才能顺利地将预测工作进行到底。

1. 选择预测目标

进行市场预测首先要明确预测的目标是什么。目标是指预测的具体对象的项目和指标，为什么要进行这次预测活动，这次预测要达到什么直接目的。其次，还要分析预测的时间性、准确性要求，划分预测的商品、地区范围等具体问题。

确定了预测目标，接着要分析预测的时间性和准确性要求。如果是短期预测，允许误差范围要小，而中长期预测，误差为 20%～30%则是允许的。预测的地区范围应是企业的市场活动范围，每次预测要根据管理决策的需要，划定预测的地区范围，过宽、过窄都会影响预测的进程。

2. 广泛收集资料

进行预测必须要有充分的市场信息资料，因此，在选择、确定市场预测目标以后，首要的工作就是广泛系统地收集与本次预测对象有关的各方面数据和资料。收集资料是市场预测工作的重要环节。按照市场预测的要求，凡是影响市场供求发展的资料都应尽可能地收集。资料收集得越广泛、越全面，预测的准确性程度就能相应提高。在这里，市场调查材料是一个重要的信息来源。

收集的市场资料可分为历史资料和现实资料两类。历史资料包括历年的社会经济统计资料、业务活动资料和市场研究信息资料。现实资料主要包括目前的社会经济和市场发展动态，生产、流通形势、消费者需求变化等。收集到的资料，要进行归纳、分类、整理，最好分门别类地编号保存。在这个过程中，要注意标明市场异常数据，要结合预测进程，不断增加、补充新的资料。

3. 选择预测方法

收集完资料后，要对这些资料进行分析、判断。常用的方法是首先将资料列出表格，制成图形，以便直观地进行对比分析，观察市场活动规律。分析判断的内容还包括寻找影响因素与市场预测对象之间的相互关系，分析预测期市场供求关系，分析判断当前的消费需求及其变化，以及消费心理的变化趋势等。

在分析判断的过程中，要考虑采用何种预测方法进行正式预测。市场预测有很多方法，选用哪种方法要根据预测的目的和掌握的资料来决定。各种预测方法有不同的特点，适用于不同的市场情况。一般而言，掌握的资料少、时间紧，预测的准确程度要求低，可选用定性预测方法；掌握的资料丰富、时间充裕，可选用定量预测方法。在预测过程中，应尽可能地选用几种不同的预测方法，以便互相比较，验证其结果。

4. 建立模型，进行计算

市场预测是运用定性分析和定量测算的方法进行的市场研究活动，在预测过程中，这两方面不可偏废。

一些定性预测方法，经过简单的运算，可以直接得到预测结果。定量预测方法要应用数学模型进行演算、预测。预测中要建立数学模型，即用数学方程式构成市场经济变量之间的函数关系，抽象地描述经济活动中各种经济过程、经济现象的相互联系，然后输入已掌握的信息资料，运用数学求解的方法，得出初步的预测结果。

5. 评价结果，编写报告

通过计算产生的预测结果，是初步的结果，这一结果还要加以多方面的评价和检验，才能最终使用。检验初步结果，通常有理论检验、资料检验和专家检验。理论检验是运用经济学、市场学的理论和知识，采用逻辑分析的方法，检验预测结果的可靠性程度；资料检验是重新验证、核对预测所依赖的数据，将新补充的数据和预测初步结果与历史数据进行对比分析，检查初步结果是否合乎事物发展逻辑，符合市场发展情况；专家检验是邀请有关方面专家，对预测初步结果做出检验、评价，综合专家意见，对预测结果进行充分论证。

对预测结果进行检验之后，就可以着手准备编写预测报告了。与市场调查报告相似，预测报告也分为一般性报告和专门性报告，每次预测根据不同的要求，编写不同类型的报告。

6. 对预测结果进行事后鉴别

完成预测报告，并不是预测活动的终结，下一步还要对预测结果进行追踪调查。市场预测结果是一种有科学根据的“假定”，这种“假定”毕竟仍要由市场发展的实际过程来验证，因此，预测报告完成以后，要对预测结果进行追踪，考察预测结果的准确性和误差，并分析总结原因，以便取得预测经验，不断提高预测水平。

6.4 市场调查

市场需求预测是以市场调查为基础的，虽然精确预测市场是很困难的，但是可以确信，随着信息技术、云端技术和大数据挖掘技术的发展，今后市场调查无论在数量上还是在质量上都会有极大的提高。

6.4.1 市场调查的内涵

1. 市场调查定义

市场调查就是指运用科学的方法，有目的地，系统地搜集、记录、整理有关市场营销信息和资料，分析市场情况，了解市场的现状及其发展趋势，为市场预测和营销决策提供客观、正确的资料。

2. 市场调查的对象

从市场调查的对象看，企业一般比较重视客户的调查，其实对于零售商、批发商、中转商及广告媒介等也要做认真、详细的调查，从多个侧面了解，从而使结论更趋于实际性和科学性，理想的产品加上合适的渠道才能达到适销对路。

3. 市场调查的内容

市场调查的内容很多，有市场环境调查，包括政策环境、经济环境、社会文化环境的调查；有市场基本状况的调查，主要包括市场规范、总体需求量、市场的动向、同行业的市场分布占有率等；有销售可能性调查，包括现有和潜在客户的人数及需求量，市场需求变化趋势，本企业竞争对手的产品在市场上的占有率，扩大销售的可能性和具体途径等；还可对消费者及消费需求、企业产品、产品价格、影响销售的社会和自然因素、销售渠道等开展调查。

4. 市场调查原始数据收集方法

1) 观察法

观察法分为直接观察和实际痕迹测量两种方法。

(1) 直接观察法指调查者在调查现场有目的、有计划、有系统地对调查对象的行为、言辞、表情进行观察记录，以取得第一手资料，它最大的特点总在自然条件下进行，所得材料真实生动，但也会因为所观察的对象的特殊性而使观察结果流于片面。

(2) 实际痕迹测量是通过某一事件留下的实际痕迹来观察调查，一般用于对客户的流量，广告的效果等的调查。例如，企业在几种报纸、杂志上做广告时，在广告下面附有一张表格或条子，请读者阅后剪下，分别寄回企业有关部门，企业从回收的表格中可以了解哪种报纸、杂志上刊登广告最为有效，为今后选择广告媒介和测定广告效果提出可靠资料。

2) 询问法

询问法是将所要调查的事项以当面、书面或电话的方式，向被调查者提出询问，以获得所需要的资料，它是市场调查中最常见的一种方法，可分为面谈调查、电话调查、邮寄调查、留置询问表调查 4 种，它们有各自的优、缺点，面谈调查能直接听取对方意见，富有灵活性，但成本较高，结果容易受调查人员技术水平的影响。邮寄调查速度快，成本低，但回收率低。电话调查速度快，成本最低，但只限于在有电话的客户中调查，整体性不高。留置询问表可以弥补以上缺点，由调查人员当面交给被调查人员问卷，说明方法，由其自行填写，再由调查人员定期收回。

3) 实验法

它通常用来调查某种因素对市场销售量的影响，这种方法是在一定条件下进行小规模实验，然后对实际结果做出分析，研究是否值得推广。它的应用范围很广，凡是某一商品在改变品种、品质、包装、设计、价格、广告、陈列方法等因素时都可以应用这种方法，调查客户的反应。

4) 网络市场调查

网络市场调查可以充分利用网络的开放性、自由性、平等性、广泛性和直接性等特点，开展调查工作。网络市场调查没有空间和地域的限制，一切都是随机的，调查人员无法预期谁将是企业站点的访问者，也无法确定调查对象的样本。即使那些在网上购买企业产品的消费者，要准确了解其身份、职业、性别、年龄等也是一个很复杂的问题。

因此，网络市场调查的关键之一是如何识别并吸引更多的访问者，使他们有兴趣在企业站点上进行双向的网上交流。

6.4.2 市场调查的流程

市场调查的重要环节主要为信息收集和调查分析。信息收集是为调查分析提供数据；调查分析是对信息数据的剖析并写出调查报告，企业战略目标、管理计划等管理方案就是根据调查的报告来制订。

1. 调查主体流程

1) 信息收集

信息收集是对市场环境的信息资料采集，采集资料的真实性和有效性对调查分析的科学性产生着直接的影响，而采集资料的真实性和有效性直接取决于信息采集的调查方法。最有效的信息收集方式是深入市场，现实性管理称为深入调查法。深入调查法是根据调查目的，通过深入市场来采集信息资料的一种实效性调查方法，该调查方法具有针对性、经济性、实效性等特点。

在信息收集中，为提高调查效果，可以适当赠送一些小礼品，并可灵活采用一些科学的调查方法作为补充，如电话咨询、问卷调查、行业拜访等，深入调查法的中心任务是通过深入市场，确保采集信息的实效价值。

2) 调查分析

调查分析是对调查信息资料汇总和解析，并需根据分析结论写出调查报告。调查报告是针对调查课题在分析基础上拟定的总结性汇报书，可以根据调查分析提出一些看法和观点。调查报告是通过调查资料对调查实效价值的具体体现。

调查分析方法主要分为定性分析和定量分析两种，在此基础上，现实性管理增加了理性分析法，即运用管理思想和专业的眼光，在通过对远景市场展望的基础上来对调查信息资料进行剖析和思考，从而制订出对企业有实效价值的调查分析报告。通常调查分析组应该由专家级的人物组成。

2. 市场调查的基本过程

市场调查是企业制订营销计划的基础。企业开展市场调查可以采用两种方式：一是委托专业市场调查公司来做；二是企业自己来做，企业可以设立市场研究部门，负责此项工作。市场调查工作的基本过程包括明确调查目标、设计调查方案、制订调查工作计划、组织实地调查、调查资料的整理和分析、撰写调查报告。

1) 明确调查目标

进行市场调查，要明确市场调查的目标，按照企业的不同需要，市场调查的目标有所不同，企业实施经营战略时，必须调查宏观市场环境的发展变化趋势，尤其要调查所处行业未来的发展状况。企业制度市场营销策略时，要调查市场需求状况、市场竞争状况、消费者购买行为和营销要素情况，当企业在经营中遇到了问题，这时应针对存在的问题和产生的原因进行市场调查。

2) 设计调查方案

一个完善的市场调查方案一般包括以下几个方面内容。

(1) 明确调查目的要求。根据市场调查目标，在调查方案中列出本次市场调查的具体目的要求。例如，本次市场调查的目的是了解某产品的消费者购买行为和消费偏好情况等。

(2) 选定调查对象。市场调查的对象一般为消费者、零售商、批发商、零售商和批发商为经销调查产品的商家，消费者一般为使用该产品的消费群体。在以消费者为调查对象时，要注意到有时某一产品的购买者和使用者不一致，如对婴儿食品的调查，其调查对象应为孩子的母亲。此外还应注意到一些产品的消费对象主要针对某一特定消费群体或侧重于某一消费群体，这时调查对象应注意选择产品的主要消费群体，如对于化妆品，调查对象主要选择女性；对于酒类产品，其调查对象主要为男性。

(3) 确定调查内容。调查内容是收集资料的依据，是为实现调查目标服务的，可根据市场调查的目的确定具体的调查内容。例如，调查消费者行为时，可按消费者购买、使用，使用后评价 3 个方面列出调查的具体内容项目。调查内容的确定要全面、具体，条理清晰、简练，避免面面俱到，内容过多，过于烦琐，避免把与调查目的无关的内容列入其中。

(4) 设计调查表。调查表是市场调查的基本工具，调查表的设计质量直接影响到市场调查的质量。设计调查表要注意以下几点：①调查表的设计要与调查主题密切相关，重点突出，避免可有可无的问题；②调查表中的问题要容易让被调查者接受，避免出现被调查者不愿回答，或令被调查者难堪的问题；③调查表中的问题次序要条理清楚，顺理成章，符合逻辑顺序，一般可遵循容易回答的问题放在前面、较难回答的问题放在中间、敏感性问题放在最后，封闭式问题在前、开放式问题在后；④调查表的内容要简明、尽量使用简单、直接、无偏见的词汇，保证被调查者能在较短的时间内完成调查表。

(5) 选取抽样方法。调查样本要在调查对象中抽取，由于调查对象分布范围较广，应制订一个抽样方案，以保证抽取的样本能反映总体情况。样本的抽取数量可根据市场调查的准确程度的要求确定，市场调查结果准确度要求愈高，抽取样本数量应愈多，但调查费用也愈高，一般可根据市场调查结果的用途情况确定适宜的样本数量。

(6) 确定资料的收集和整理方法。市场调查中，常用的资料收集方法有调查法、观察法和实验法，一般来说，前一种方法适宜于描述性研究，后两种方法适宜于探测性研究。企业做市场调查时，采用调查法较为普遍，调查法又可分为面谈法、电话调查法、邮寄法、留置法等。这几种调查方法各有其优、缺点，适用于不同的调查场合，企业可根据实际调查项目的要求来选择。资料的整理方法一般可采用统计学中的方法，利用工作表格，对调查表进行统计处理，获得大量的统计数据。

3) 制订调查工作计划

(1) 组织领导及人员配备。建立市场调查项目的组织领导机构，可由企业的市场部或企划部来负责调查项目的组织领导工作，针对调查项目成立市场调查小组，负责项目的具体组织实施工作。

(2) 访问员的招聘及培训。访问人员可从高校中的经济管理类专业的大学生中招聘，根据调查项目中完成全部问卷实地访问的时间来确定每个访问员 1 天可完成的问卷数量，核定需招聘访问员的人数。对访问员须进行必要的培训，培训内容包括：①访问调查的基本方法和技巧；②调查产品的基本情况；③实地调查的工作计划；④调查的要求及要注意的事项。

(3) 工作进度。将市场调查项目整个进行过程安排一个时间表，确定各阶段的工作内容及所需时间。市场调查包括以下几个阶段：①调查工作的准备阶段，包括调查表的设计、抽取样本、访问员的招聘及培训等；②实地调查阶段；③问卷的统计处理、分析阶段；④撰写调查报告阶段。

(4) 费用预算。市场调查的费用预算主要有调查表设计印刷费；访问员培训费；访问员劳务费、礼品费；调查表统计处理费用等。企业应核定市场调查过程中将发生的各项费用支出，合理确定市场调查总的费用预算。

4) 组织实地调查

市场调查的各项准备工作完成后，开始进行问卷的实地调查工作，组织实地调查要做好两方面工作。

(1) 做好实地调查的组织领导工作。实地调查是一项较为复杂烦琐的工作。要按照事先划定的调查区域确定每个区域调查样本的数量，访问员的人数，每位访问员应访问样本的数量及访问路线，每个调查区域配备一名督导人员；明确调查人员及访问人员的工作任务和工作职责，做到工作任务落实到位，责任明确。

(2) 做好实地调查的协调、控制工作。调查组织人员要及时掌握实地调查工作的进度完成情况，协调好各个访问员之间的工作进度；要及时了解访问员在访问中遇到的问题，并帮助其解决；对于调查中遇到的共性问题，提出统一的解决办法。要做到每天访问调查结束后，访问员首先对填写的问卷进行自查，然后由督导员对问卷进行检查，找出存在的问题，以便在后面的调查中及时改进。

5) 调查资料的整理和分析

实地调查结束后，即进入调查资料的整理和分析阶段，收集好已填写的调查表后，由调查人员对调查表进行逐份检查，剔除不合格的调查表，然后将合格调查表统一编号，以便于调查数据的统计。调查数据的统计可利用电子表格软件完成，将调查数据输入计算机后，经软件运行后，即可获得已列成表格的大量的统计数据，利用上述统计结果，就可以按照调查目的的要求，针对调查内容进行全面的分析工作。

6) 撰写调查报告

撰写调查报告是市场调查的最后一项工作内容，市场调查工作的成果将体现在最后的调查报告中，调查报告将提交企业决策者，作为企业制定市场营销策略的依据。市场调查报告要按规范的格式撰写，一个完整的市场调查报告格式由题目、目录、概要、正文、结论和建议、附件等组成。

4.4.3 市场调查报告的格式

市场调查报告的格式一般由标题、目录、概述、正文、结论与建议、附件等几部分组成。

1. 标题

标题和报告日期、委托方、调查方，一般应打印在扉页上。关于标题，一般要在与标题同一页，把被调查单位、调查内容明确而具体地表示出来，如《关于×××市家电市场调查报告》。有的调查报告还采用正、副标题形式，一般正标题表达调查的主题，副标题则具体表明调查的单位和问题。如《消费者眼中的〈××××杂志〉读者群研究报告》。

2. 目录

如果调查报告的内容、页数较多，为了方便读者阅读，应当使用目录或索引形式列出报告所分的主要章节和附录，并注明标题、有关章节号码及页码，一般来说，目录的篇幅不宜超过一页。

3. 概述

概述主要阐述课题的基本情况，它是按照市场调查课题的顺序将问题展开，并阐述对调查的原始资料进行选择、评价、做出结论、提出建议的原则等。其主要包括3方面内容：

① 简要说明调查目的，即简要地说明调查的由来和委托调查的原因；

② 简要介绍调查对象和调查内容，包括调查时间、地点、对象、范围、调查要点及所要解答的问题；

③ 简要介绍调查研究的方法。介绍调查研究的方法，有助于使人确信调查结果的可靠性，因此对所用方法要进行简单叙述，并说明选用方法的原因。例如，是用抽样调查法还是用典型调查法，是用实地调查法还是文案调查法，这些一般是在调查过程中使用的方法。

另外，在分析中使用的方法，如指数平滑分析、回归分析、聚类分析等方法都应做简要说明。如果部分内容很多，应有详细的工作技术报告加以说明补充，附在市场调查报告的最后部分的附件中。

4. 正文

正文是市场调查分析报告的主体部分。这部分必须准确阐明全部有关论据，包括问题的提出到引出的结论，论证的全部过程，分析研究问题的方法，还应当有可供市场活动的决策者进行独立思考的全部调查结果和必要的市场信息，以及对这些情况和内容的分析评论。

5. 结论与建议

结论与建议是撰写综合分析报告的主要目的。这部分包括对引言和正文部分所提出的主要内容的总结，提出如何利用已证明为有效的措施和解决某一具体问题可供选择的方案与建议。结论和建议与正文部分的论述要紧密对应，不可以提出无证据的结论，也不要没有结论性意见的论证。

6. 附件

附件是指调查报告正文包含不了或没有提及，但与正文有关必须附加说明的部分。它是对正文报告的补充或更详尽的说明，包括数据汇总表及原始资料背景材料和必要的工作技术报告，如为调查选定样本的有关细节资料及调查期间所使用的文件副本等。

本章小结

创业项目的市场分析内容包括外部环境分析、行业分析和创业企业内部分析，以及针对恰当的市场定位和市场细分之后的目标市场进行市场需求预测、市场调查等。

市场分析的目的是帮助创业团队充分了解创业环境、核心能力，寻找正确的商业模式和战略发展模式。

创业者通常通过市场分析过程和方法发现某种信息、资源、机会或掌握某种技术，转化、创造成更多的财富、价值，并实现某种追求或目标。

创业者通过市场分析了解创业的外部环境(宏观环境、行业环境)和内部环境。

创业者通过市场分析所了解到的环境数据特征来打造最适合自己的核心能力。

PEST 分析、五力模型分析、价值链分析、SWOT、波士顿矩阵是常见的市场环境分析工具。

市场分析是帮助创业者确立企业发展战略，预测市场需求，市场信息调查以修正市场发展战略的优化过程。

思考题

1. 什么是市场分析？市场分析的内容有哪些？

2．简述市场分析的过程。
3．确定目标市场的影响因素主要有哪些？
4．创业战略与商业模式的关系是什么？
5．如何组合使用 PEST 分析、五力模型分析、价值链分析、SWOT、波士顿矩阵？
6．市场调查的内容和类型有哪些？
7．市场需求预测的常用方法有哪些？

第 7 章　创业项目的市场营销分析

学习目标

1. 了解创业项目市场营销及计划的含义；掌握市场营销及营销计划的一般性内容。

2. 掌握市场营销计划的编制程序。

3. 理解和运用所学知识和技能，制订市场营销计划。

7.1 创业项目市场营销概述

企业对市场营销活动进行有效的管理，是通过计划、组织和控制职能发挥作用的。因此，市场营销分析与计划是创业计划书中最重要的计划之一，而且其他各种计划都要涉及市场营销计划的内容。准确把握创业项目市场营销内涵、主要内容等相关基础知识，加强创业项目的市场营销分析，加强创业营销管理，高效组织和灵活控制创业计划书，对于企业和创业项目赢得竞争优势具有重要意义，同时也成为现代创业活动在市场竞争中取胜的关键因素。

7.1.1 创业项目市场营销的概念

创新创业项目市场营销可以被理解为创业者在创造、沟通、传播和交换创新产品过程中，为顾客、客户、合作伙伴及整个社会带来价值的活动、过程和体系，也就是指创新创业营销人员针对市场开展经营活动、销售行为的过程。

创新创业项目市场营销的营销主体是创新创业型企业；营销的产品大多是全新的产品，它的营销既不是市场巩固，也不是市场扩张，而是市场进入，它属于市场导入型营销，它所要做的核心工作是让市场认识、喜爱、接受和消费自己的新产品；营销的对象是新市场。

7.1.2 创业项目市场营销的重要意义

创新创业产品一般为新产品，面对的大多是一个全新市场，这就意味着大部分创新创业项目没有成熟的经验可以借鉴，也没有足够的资源可以依靠，企业就会面临着巨大的市场风险，所以一个创业者应该如何来分析他的产品和市场？如何制定他的营销战略和策略？又应该采用什么方式来进入市场？如何突破进入市场过程中的障碍？如何来组织自己最初的营销队伍？创新创业项目的市场营销的重要意义就在于帮助企业仔细分析上述问题，并进行一项面向新市场的风险性营销，同时为企业建立足够的风险控制能力，才能够保证创新创业项目市场营销行为的成功。

7.1.3 创业项目市场营销的特殊性

1. 创业项目市场营销解决的是企业创业期的营销问题

按照生命周期理论，企业分为创业期、成长期、成熟期和衰退期 4 个阶段。不同的阶段，应该采取不同的营销策略，创业期采取市场进入策略；成长期采取市场扩张策略；成熟期采取市场巩固策略；衰退期采取市场转型策略。一般营销研究的是企业发展各个阶段的普适性规律，是带有普遍性的理论，适用于企业发展的各个阶段的营销。创业营销只研究企业创业期的营销规律，探讨的是处于创业阶段或者再创业阶段企业的营销问题，它是带有特殊性的营销理论，不具有普适性，它注重解决企业发展过程中创业阶段的营销问题。

2. 创业项目市场营销解决的是新产品的入市营销问题

从产品的生命周期理论来看，产品生命周期分为引入期、成长期、成熟期和衰退期 4 个阶段。一般营销研究的是产品各个阶段都适用的普遍营销规律，具有普适性。创业营销重点研究产品引入期的营销规律，解决产品引入期的营销问题，也就是重点解决新产品的营销问题。引入期的产品，对整个市场而言，可能不是新产品，而是成熟期产品，但对创新创业项目而言，它是地地道道的新产品，因此，它的营销也只能按照新产品的营销方式进行营销，也就是只能按照产品引入期的方式进行营销。所以，创业营销本质上是新产品的入市营销。

3. 创业项目市场营销解决的是资源严重不足状态下的营销问题

根据经营的资源理论，一个企业可供支配的主要经营资源大约只有10种，非常成功企业一般拥有其中的绝大部分资源，一般企业经常只能拥有其中的50%～60%的资源，而创业项目企业经常只有极其有限的3～4种资源，甚至更少。成功企业的营销是在资源充足背景下的营销，一般企业的营销是在资源比较充足状态下的营销。而创业企业则是在资源严重不足状态下的营销。因此，创新创业项目的市场营销远远比成功企业和一般的市场营销难度大得多，属于高难度营销范畴。因此，创业营销解决的是企业发展过程中最为艰苦的高难度营销问题，解决的是资源严重不足背景下的营销问题。

7.2 创业项目市场营销的主要内容

市场营销的活动内容涉及市场营销环境分析、目标市场营销战略、市场营销组合策略等诸多方面。

7.2.1 市场营销环境分析

市场营销环境是企业生存的环境，环境可以为企业提供机会也制造威胁。企业必须研究营销环境。市场营销人员的一项主要工作就是时刻注意企业所处环境及环境变化，从中寻找商机，避开风险。

1. 市场营销环境的定义

市场营销环境是指在市场营销活动之外，能够影响市场营销部门建立并保持与目标顾客良好关系的各种因素和力量。

2. 市场营销环境的分类

市场营销环境包括市场营销微观环境和市场营销宏观环境。

1) 市场营销微观环境

市场营销微观环境指与企业紧密相连，直接影响企业市场营销能力的各种参与者，包括企业本身、市场营销渠道、顾客、竞争者及公众。其中企业的分工是影响企业营销活动的一个内在因素，供应商和市场营销中介是企业取得竞争优势的重要条件，顾客是企业得以生存和发展的根本，竞争者是对企业的经营活动的一种制约，公众对企业的营销活动产生监督、影响、制约作用。

2) 市场营销宏观环境

市场营销宏观环境指影响微观环境的一系列巨大的社会力量，也称为间接市场营销环境，主要是人口、经济、政治法律、科学技术、社会文化及自然生态等因素。人口环境包括人口数量及人口结构，以及人口的地理分布等；经济环境包括经济发展阶段、消费者收入变化、消费者的支出模式的变化、消费者储蓄和信贷情况的变化；自然环境指企业发展过程中所需要的生态环境及国家政府对生态环境所采取的态度；现代科学技术环境包括技术革新、技术发明、技术应用对营销的影响；政治法律环境包括政治环境和法律环境。社会文化是指一个国家或地区的民族特征、价值观念、生活方式、风俗习惯、伦理道德、教育水平、语言文字、社会结构等的总和。

3. 市场营销环境分析

企业在制订营销计划和对市场营销管理过程中，都离不开对市场营销环境的分析。企业所处的环境总处于不断变化的状态中，环境的发展趋势基本上分为两大类，一是环境威胁，二是市场机会。

1) 环境威胁与市场机会

(1) 环境威胁是指环境中一种不利于企业的发展趋势所形成的挑战，如果不采取果断的市场营销行为，这种不利的趋势将会伤害到企业的市场地位。

(2) 市场机会是指对企业市场营销管理富有吸引力的领域。企业在每一个特定机会中成功的概率，取决于其业务实力是否与该行业所需要的成功条件相符合。

2) 环境威胁和市场机会的分析及评价

任何企业都面临着若干个市场机会和环境威胁，然而并不是所有的威胁都一样大，所有的机会都同样有吸引力。企业通常用环境威胁矩阵图(图 7.1)和市场机会矩阵图(图 7.2)来加以分析。

潜在环境威胁的影响程度	出现环境威胁的可能性		
		大	小
	大	I	II
	小	III	IV

图 7.1 环境威胁矩阵

潜在吸引力	成功可能性		
		大	小
	大	I	II
	小	III	IV

图 7.2 市场机会矩阵

环境威胁矩阵图横排表示“出现威胁的可能性”，纵列代表“潜在的严重性”，表示盈利减少程度。市场机会矩阵图的横排代表“成功的可能性”，纵列代表“潜在的吸引力”，表示潜在盈利能力。

用上述方法来分析和评价企业所经营的业务员，可能出现 4 种不同的结果，如图 7.3 所示。

理想环境，即高机会和低威胁的环境；冒险环境，即高机会和高威胁的环境；成熟环境，即低机会和高威胁的环境；困难环境，即低机会和低威胁的环境。

机会水平	威胁水平		
		高	低
	大	理想环境	冒险环境
	小	成熟环境	困难环境

图 7.3 环境分析综合评价

7.2.2 目标市场营销策略

1. 定义

目标市场营销策略是指企业通过市场细分，从众多的细分市场中，选择出一个或几个具有吸引力，有利于发挥企业优势的细分市场作为自己的目标市场，综合考虑产品特性、竞争状况和自身实力，针对不同的目标市场选择不同的营销策略的过程。

这个过程被称为 STP 策略。STP 即细分市场(Segmenting)、选择目标市场(Targeting)和产品定位(Positioning)。由于消费者需求差异的客观存在，因此，任何一个企业也无法满足一个广阔市场上的所有消费者的需求。所以，研究某些特定市场的特性，根据消费者需求的差异性进行市场细分，选择适宜的特定的消费者群作为企业服务的目标市场，是企业市场营销活动的重要内容。

2. 分类

根据所选择的细分市场数目和范围，目标市场选择策略可以分为无差异目标市场策略、差异性目标市场策略和集中性目标市场策略 3 种方式。

1) 无差异市场营销策略

无差异目标市场策略是指不考虑各细分市场的差异性，将它们视为一个统一的整体市场，认为所有客户对基金投资有共同的需求。采用无差异目标市场策略无视各细分市场客户群体的特殊需求，可以减少企业在市场调研、产品开发、制订各种营销组合方案等方面的营销投入。这种策略对于需求广泛、市场同质性高且能大量生产、大量销售的产品比较合适。

2) 差异性市场营销策略

差异性市场营销策略是将整体市场划分为若干细分市场，针对每一细分市场制订一套独立的营销方案。例如，服装生产企业针对不同性别、不同收入水平的消费者推出不同品牌、不同价格的产品，并采用不同的广告主题来宣传这些产品，就是采用的差异性营销策略。

差异性营销策略的优点是小批量、多品种、生产机动灵活、针对性强，使消费者需求更好地得到满足，由此促进产品销售。另外，由于企业是在多个细分市场上经营，一定程度上可以减少经营风险；一旦企业在几个细分市场上获得成功，有助于提高企业的形象及提高市场占有率。

差异性营销策略的不足之处主要体现在两个方面：一是增加营销成本。由于产品品种多，管理和存货成本将增加；由于公司必须针对不同的细分市场发展独立的营销计划，会增加企业在市场调研、促销和渠道管理等方面的营销成本。二是可能使企业的资源配置不能有效集中，顾此失彼，甚至在企业内部出现彼此争夺资源的现象，使拳头产品难以形成优势。

3) 集中性市场营销策略

实行差异性营销策略和无差异营销策略，企业均是以整体市场作为营销目标，试图满足所有消费者在某一方面的需要。集中性营销策略则是集中力量进入一个或少数几个细分市场，实行专业化生产和销售。实行这一策略，企业不是追求在一个大市场角逐，而是力求在一个或几个子市场占有较大份额。

集中性营销策略的局限性体现在两个方面：一是市场区域相对较小，企业发展受到限制；二是潜伏着较大的经营风险，一旦目标市场突然发生变化，如消费者趣味发生转移，或强大竞争对手的进入，或新的更有吸引力的替代品的出现，都可能使企业因没有回旋余地而陷入困境。

前述三种目标市场策略各有利弊，企业到底应采取哪一种策略，应综合考虑以下几个方面：①企业资源或实力；②产品的同质性；③市场同质性；④产品所处生命周期的不同阶段；⑤竞争者的市场营销策略；⑥竞争者的数目。

7.2.3 市场营销组合策略

俗话说：条条大路通罗马。实现某种营销目标有多种策略可供选择。在计划书中，市场营销管理人员应概括提出有关市场营销组合的各种具体策略，并根据前述对创业项目的市场分析，说明采取各种不同策略和策略组合的原因和理由。市场营销组合策略最常见的包括 4P。

1. 产品策略

1) 含义与主要内容

产品策略(Product)是指企业制定经营战略时，首先要明确企业能提供什么样的产品和服务去满足消费者的要求，企业的一切生产经营活动都是围绕着产品进行的，即通过及时、有效地提供消费者所需要的产品而实现企业的发展目标。企业生产什么产品？为谁生产产品？生产多少产品？这似乎是经济学命题的问题，其实是企业产品策略必须回答的问题。其中包括产品的内涵和外延界定、产品组合、产品生命周期、产品品牌、包装和售后服务策略等。

2) 产品生命周期策略

产品生命周期(product life cycle，PLC)，是产品的市场寿命，即一种新产品从开始进入市场到被市场淘汰的整个过程。产品的生命周期包括以下四个阶段，如图 7.4 所示。

第一，引入期。指产品从设计投产直到投入市场进入测试阶段。新产品投入市场，便进入了介绍期。此时产品品种少，顾客对产品还不了解，除少数追求新奇的顾客外，几乎无人实际购买该产品。生产者为了扩大销路，不得不投入大量的促销费用，对产品进行宣传推广。该阶段由于生产技术方面的限制，产品生产批量小，制造成本高，广告费用大，产品销售价格偏高，销售量极为有限，企业通常不能获利，反而可能亏损。

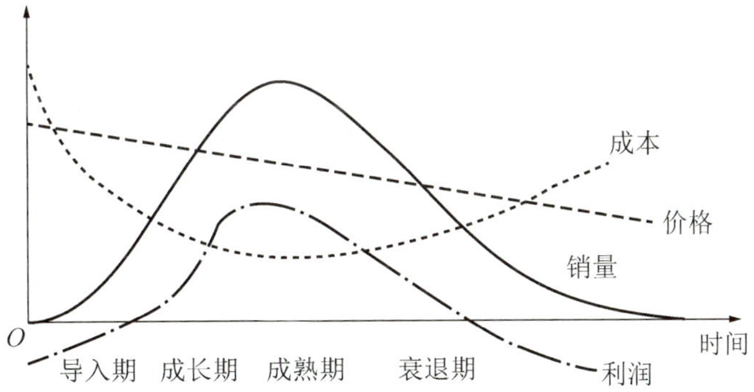

图 7.4 产品生命周期

第二，成长期。当产品进入引入期，销售取得成功之后，便进入了成长期。成长期是指产品通过试销效果良好，购买者逐渐接受该产品，产品在市场上站住脚并且打开了销路。这是需求增长阶段，需求量和销售额迅速上升。生产成本大幅度下降，利润迅速增长。与此同时，竞争者看到有利可图，将纷纷进入市场参与竞争，使同类产品供给量增加，价格随之下降，企业利润增长速度逐步减慢，最后达到生命周期利润的最高点。

第三，成熟期，指产品走入大批量生产并稳定地进入市场销售，经过成长期之后，随着购买产品的人数增多，市场需求趋于饱和。此时，产品普及并日趋标准化，成本低而产量大。销售增长速度缓慢直至转而下降，由于竞争的加剧，导致同类产品生产企业之间不得不加大在产品质量、花色、规格、包装服务等方面加大投入，在一定程度上增加了成本。

第四，衰退期，指产品进入了淘汰阶段。随着科技的发展及消费习惯的改变等原因，产品的销售量和利润持续下降，产品在市场上已经老化，不能适应市场需求，市场上已经有其他性能更好、价格更低的新产品，足以满足消费者的需求。此时成本较高的企业就会由于无利可图而陆续停止生产，该类产品的生命周期也就陆续结束，导致最后完全撤出市场。

3) 新产品开发策略

新产品开发要以满足市场需求为前提，企业获利为目标，遵循“根据市场需要，开发适销对路的产品；根据企业的资源、技术等能力确定开发方向；量力而行，选择切实可行的开发方式”的原则进行。

采用何种策略则要根据企业自身的实力，根据市场情况和竞争对手的情况。当然，这与企业决策者的个人素质也有很大关系，开拓型与稳定型的经营者会采用不同的策略。常用的策略包括以下几个方面。

第一，先发制人策略。先发制人策略是指企业率先推出新产品，利用新产品的独特优点，占据市场上的有利地位。采用先发制人策略的企业应具备强烈的占据市场“第一”的意识。采取先发制人策略，就能够在市场上捷足先登，利用先入为主的优势，最先建立品牌偏好，从而取得丰厚的利润。采用先发制人的策略，企业必须具备以下条件：企业实力雄厚，且科研实力、经济实力兼备，并具备对市场需求及其变动趋势的超前预判能力。

第二，模仿式策略。模仿式策略是等别的企业推出新产品后，立即加以仿制和改进，然后推出自己的产品。这种策略是不把投资用在抢先研究新产品上，而是绕过新产品开发这个环节，专门模仿市场上刚刚推出并畅销的新产品，进行追随性竞争，以此分享市场收益，又称为竞争性模仿，既有竞争，又有模仿。

第三，系列式产品开发策略。系列式产品开发策略是围绕产品向上下、左右、前后延伸，开发出一系列类似的但又各不相同的产品，形成不同类型、不同规格、不同档次的系列产品。采用该策略开发新产品，企业可以尽量利用已有的资源，设计开发更多的相关产品，如海尔围绕客户需求开发的洗衣机系列产品，适合了城市与农村、高收入与低收入、多人口家庭与少人口家庭等不同消费群体的需要。

2. 价格策略

1) 含义和主要内容

价格策略(Price)是指企业通过对顾客需求的估量和成本分析，选择一种能吸引顾客、实现市场营销组合的策略。价格策略的确定一定要在维护生产者和消费者双方经济利益的前提下，以消费者可以接受的水平为基准，根据市场变化情况，灵活反应，客观买卖双方共同决策。其中主要包括定价目标、定价方法、新产品的定价策略等。

2) 定价策略的运用

定价策略也要与产品策略相结合使用，尤其是要根据产品的生命周期选择使用不同的定价策略。例如，导入期是新产品首次正式上市的最初销售时期，只有少数创新者和早期采用者购买产品，销售量小，促销费用和制造成本都很高，竞争也不太激烈。这一阶段企业营销策略的指导思想是把销售力量直接投向最有可能的购买者，即新产品的创新者和早期采用者，让这两类具有领袖作用的消费者加快新产品的扩散速度，缩短导入期的时间。具体可选择的营销策略有快速撇取策略，即高价高强度促销；缓慢撇取策略，即高价低强度促销；快速渗透策略，即低价高强度促销缓慢渗透策略，即低价低强度促销。成长期的产品，其性能基本稳定，大部分消费者对产品已熟悉，销售量快速增长，竞争者不断进入，市场竞争加剧。企业为维持其市场增长率，可采取以下策略：改进和完善产品；寻求新的细分市场；改变广告宣传的重点；适时降价等。成熟期的营销策略应该是主动出击，以便尽量延长产品的成熟期，具体策略有市场改良策略，即通过开发产品的新用途和寻找新用户来扩大产品的销售量；产品改良策略，即通过提高产品的质量，增加产品的使用功能、改进产品的款式、包装，提供新的服务等来吸引消费者。衰退期的产品，企业可选择以下几种营销策略：维持策略、转移策略、收缩策略、放弃策略。

3) 新产品的定价策略

(1) 市场撇脂定价法，即开始的时候将产品的价格定得很高，然后在市场上一层一层地获取收入。索尼公司经常使用这一策略。1990 年，索尼在日本市场推出世界上第一台高清电视时，这种高技术含量的产品定价是 43 000 美元，只有那些能够为新技术支付昂贵的顾客才能买得起。索尼在接下来的几年迅速降低价格来吸引消费者，到 1993 年一台 28 英寸(1 英寸=2.54 厘米)高清电视机只需日本消费者花 6 000 美元就能买到，2001 年，2 000 美元就能购买到 40 英寸的高清电视，这个价格很多人都能支付得起，通过这种方法，索尼公司从各个细分市场上获得最大的利润。撇脂定价法只有在特定条件下使用才有意义。首先，产品的质量和形象必须能支撑高价位，并且有人愿意在这个高价位上购买；其次，生产小批量产品的单位成本不能高到抵消高价位带来的利润；最后，竞争对手不能轻易进入市场和影响高价位。

(2) 市场渗透定价法。市场渗透定价法顾名思义是低价定价，只在规模较小但利润高的细分市场上获取利润。他们制定比较低的初始价格，目的是迅速和深入地渗透市场——快速吸引大量的购买者，赢得较大的市场份额。适用范围包括：①价格非常敏感的消费群体；②生产和分销成本必须随着销量的增加而快速下降；③低价能够阻止竞争，否则，价格只是暂时的优势。

3. 分销渠道策略

分销渠道策略(Place)是指企业为了使其产品进入目标市场所进行的路径选择活动和管理过程。它关系到企业在什么地点、什么时间、由什么组织向消费者提供商品和劳务。当企业从项目发展到产品、从局部市场发展到全国市场甚至世界市场时，产品销售是建立在与分销商的合作之上的。而且需要有吸引力的目标和体系，来保证分销渠道的不断发展，形成覆盖面广、销售力强的网络，这样才能为企业发展构建出牢固的基础。许多企业比较能关注自己的销售部门，通过建立管理手段来调整销售部门的工作绩效，对分销商来讲，企业同样应该关心他们的绩效与贡献，通过调整价格、广告推广、促销安排等手段，来帮助分销商成长与发展。企业应选择经济、合理的分销渠道，把商品送到目标市场。按流通环节的多少，可将分销渠道划分为直接渠道与间接渠道；间接渠道又分为短渠道与长渠道。

4. 促销策略

促销策略(Promotion)是市场营销组合的基本策略之一。促销策略是指企业如何通过人员推销、广告、公共关系和营业推广等各种促销方式，向消费者或用户传递产品信息，引起他们的注意和兴趣，激发他们的购买欲望和购买行为，以达到扩大销售的目的。国际市场营销的促销策略方式主要有人员促销、广告、公共关系和营业推广。

1) 人员促销

人员促销是指企业派出推销人员直接与顾客接触、洽谈、宣传商品，以达到促进销售目的的活动过程。人员促销的特点包括人员促销具有很大的灵活性，促销策略在推销过程中，买卖双方当面洽谈，易于形成一种直接而友好的相互关系，通过交谈和观察，推销员可以掌握顾客的购买动机，有针对性地从某个侧面介绍商品特点和功能，抓住有利时机促成交易；也可以及时发现问题，进行解释，解除顾客疑虑，使之产生信任感。

2) 广告策略

广告策略是一种紧密结合市场营销而采取的策略，它不仅告知消费者购买商品的获益，以说服其购买，而且结合市场营销的其他手段，给予消费者更多的附加利益，以吸引消费者对广告的兴趣，在短期内收到即效性广告效果，有力地推动商品销售。广告促销策略，包括馈赠、文娱、服务、折价、公共关系等促销手段的运用。

3) 公共关系策略

公共关系策略是企业通过对周边生产经营环境进行沟通和协调，营造利于公司的生产经营活动环境的组织或个人的行为。它的协调职能属于管理范畴。其目标就是营造企业的内外部良好的经营生态环境，其对象是那些掌握资源的特定人(群)，并通过对目标人群进行宣传、沟通和协调，以争取目标人群对自身的认可和支持。科特勒用 PENCILS 概括公共关系一般涉及的 7 个领域：即 P(Publication)——发表、发布新闻；E(Events)——制造有传播价值的事件；N(News)——及时公布新近发生的事实；C(Community)——广结良缘，争做“社区好公民”；I(Intermediary)——选择恰当的媒介，有效传播信息；L(Lobby)——广泛说服，以争取公众的理解和支持；S(Society)——向公众倡导积极进取的社会理念。

4) 营业推广

营业推广是指人员推销、广告和公共宣传以外的，能迅速刺激需求、鼓励购买的各种促销形式的一种策略。营业推广策略也是在一个较大的目标市场中，为了刺激顾客的早期需求而采取的能够迅速产生购买行为的一系列短期的销售活动。营业推广包括针对消费者的推广活动，如折扣、赠送礼品等促销活动；也包括针对销人员的推广活动，如展会，营销奖励等。

7.3 创业项目市场营销计划

7.3.1 创业项目市场营销计划的内涵

1. 创业项目市场营销计划的定义

市场营销计划是企业营销战略的重要职能之一，也是创业项目营销战略的最终体现。市场营销计划是关于项目、产品或品牌在营销方面的安排和规划。市场营销计划书就是一定时期内运用企业营销资源，已达成营销目标的战略、策略及包括具体步骤、措施在内的执行性书面文案。其主要内容涉及两个问题：一是创业项目的营销目标是什么；二是如何实现营销目标。也就是说，在创业项目营销活动开展之前，首先要明确营销活动的目的及达到这种目的的手段，而这正是营销计划所要解决的问题。

2. 创业项目市场营销计划的作用

没有营销计划，营销管理就是一种盲目活动，就会导致营销活动的混乱和效率低下。正是市场营销计划的特殊地位，决定了它在营销管理中的特殊作用。

(1) 营销计划是企业内部各部门、各层次、各方面之间保持协调一致，使众人的努力形成一种合力，从而促使营销目标的实现。

(2) 营销计划使企业在利用机会的同时，最大限度地减少风险。

(3) 营销计划使营销活动变得经济合理。由于营销计划用共同的目标、明确的努力来代替不协调的、分散的活动，用均匀的工作流程来代替不均匀的工作流程，用深思熟虑的决策来代替仓促、草率的判断，因而，可以使营销费用降低到最低限度，使营销行动变得经济合理。

(4) 营销计划有利于企业实现对营销活动的有效控制。营销计划为营销控制提供了标准和依据。如果没有营销计划规定的目标作为测定的尺度，营销管理人员就无法检查其下级完成任务的情况，也无法判断企业的营销活动是否偏离了规定的方向。

3. 创业项目市场营销计划的类型

创业项目市场营销计划可按不同的标准进行分类。

1) 按计划时期长短分类

按计划时期长短可将市场营销计划分为长期计划、中期计划和短期计划。长期计划是确定未来发展方向和奋斗目标的纲领性计划。长期计划的期限通常是 5 年以上，有的长达 20 年甚至更长的时期；短期计划的期限通常为 1 年，其主要内容是分析当前的营销形势、威胁和机会、年度的营销目标、营销策略、行动方案和预算；中期计划介于长期计划和短期计划之间，期限通常为 1 年以上 5 年以下，在长期计划和短期计划二者之间起承上启下的作用。

2) 按计划涉及的范围分类

按计划涉及的范围可将市场营销计划分为总体营销计划和专项营销计划。总体营销计划是企业营销活动的全面、综合性计划，它反映企业的总体营销目标，以及实现总体目标所必须采取的策略和主要的行动方案，是判定各种专项营销计划的依据。专项营销计划是为解决某一特殊问题或销售某一产品而制订的计划，通常比较单一，涉及的面较窄，较为容易判定，但在制订这些计划时，要特别注意与总体营销计划相衔接，否则，就会出现在各项计划彼此之间发生冲撞并与总体计划相抵触的现象。

7.3.2 创业项目市场营销计划的内容

如前所述，创业项目市场营销计划可以分为各种不同方面的计划。但作为整体来看，市场营销计划具有大致相同的基本内容。

具体来说，一份完整的市场营销计划书应包括计划概要、市场现状、机会与问题分析、市场营销目标、市场营销策略、市场营销行动方案、市场营销预算、市场营销控制等。

1. 计划概要

计划书一开始，便应对本计划的主要目标及执行方法和措施做一扼要的阐述。计划概要部分的主要目的是便于管理机构和高层主管及时掌握计划的核心内容，并据此检查研究和初步评核计划的优劣。下面便是某企业年度市场营销计划概要的部分摘要："本计划打算在 2015 年使销售额、利润和市场占有率比上一年有较大幅度的增长，计划销售额目标为 1 150 万元，比去年增长 9%，毛利为 285 万元，毛利率为 28%；净利润为 60 万元；市场占有率为 6.3%，比去年增加 0.6%。这个增长目标经过改进促销和加强关系营销活动而提高本企业及产品的知名度和争取零售商对本企业产品的支持可以达到……"为了便于审核者进一步阅读评核计划所述的资料，通常在计划概要部分之后，紧接着列出计划内容目录。

2. 市场现状

这是正式计划中的第一个主要部分。这个部分主要是提供与创业项目及市场有关的背景材料，收集与市场、产品、竞争、分销及资源分配等方面的相关数据资料；还要包括对创业项目及营销活动产生影响与冲击的较小行动者和较大的社会力量的描述等。也就是对于创业项目及创业企业的市场处境进行分析。

为了进行这些分析，必须收集和掌握十分详细的信息。这里面包括全行业及企业自身和竞争者产品的总体及各个细分市场的收入、费用和利润的过去、现在及计划期的信息、市场容量的大小、主要的细分市场、消费者的需求、特有的环境因素等。而在市场容量大小的分析中，尤其应注意对行业市场容量及其增长率这两个因素的分析。这些分析可使企业的产品经理得知整个行业现在的市场容量有多大，以及在一年内将增长到何种程度，从而使得有可能估计现在和将来自己的产品可获得的市场占有率。

3. 机会与问题分析

在营销现状分析的基础上，营销管理人员应该进一步提出主要的机会与威胁、优势与劣势，以及计划期内企业营销遇到的一些问题，这 4 个方面的分析统称为 SWOT(Strengths Weakness Opportunity Threats)分析。

SWOT 分析法，又称态势分析法或优劣势分析法，用来确定企业自身的竞争优势(Strength)、竞争劣势(Weakness)、机会(Opportunity)和威胁(Threat)，从而将公司的战略与公司内部资源、外部环境有机地结合起来，即基于内外部竞争环境和竞争条件下的态势分析，将与研究对象密切相关的各种主要内部优势、劣势和外部的机会和威胁等，通过调查列举出来，并依照矩阵形式排列，然后用系统分析的思想，把各种因素相互匹配起来加以分析，从中得出一系列相应的结论，而结论通常带有一定的决策性。

1) 优势

优势是组织机构的内部因素，具体包括有利的竞争态势、充足的财政来源、良好的企业形象、技术力量、规模经济、产品质量、市场份额、成本优势、广告攻势等。

2) 劣势

劣势也是组织机构的内部因素，具体包括设备老化、管理混乱、缺少关键技术、研究开发落后、资金短缺、经营不善、产品积压、竞争力差等。

3) 机会

机会是组织机构的外部因素，具体包括新产品、新市场、新需求、外国市场壁垒解除、竞争对手失误等。

4) 威胁

威胁也是组织机构的外部因素，具体包括新的竞争对手、替代产品增多、市场紧缩、行业政策变化、经济衰退、客户偏好改变、突发事件等。

SWOT 方法的优点在于考虑问题全面，是一种系统思维，而且可以把对问题的“诊断”和“开处方”紧密结合在一起，条理清楚，便于检验。运用这种方法，可以对研究对象所处的情景进行全面、系统、准确的研究，从而根据研究结果制订相应的发展战略、计划以及对策等。

创业项目市场营销计划中，这个部分的目的是使项目管理人员可预见到那些将影响到企业兴衰的重大事态的发展变化，以便采取相应的市场营销手段，趋吉避凶，求得更顺畅的发展。为此，市场营销管理人员应尽可能列出可以想象到的市场机会与威胁，以便加以分析和检验，并考虑采取哪些具体行动。

4. 市场营销目标

1) 市场营销目标的种类

营销目标是营销计划的核心部分。在进行了 SWOT 分析之后，接着便应确定企业的具体目标，并对影响这些目标的某些问题加以考虑和论证。创业项目的目标通常包括总体目标和专门目标两大类。

(1) 总体目标。总体目标旨在给企业及其市场营销计划指明方向，如提高市场份额、增强对主要客户的独立性、增大销售能力、提高品牌知名度及改善企业形象等。专门目标则旨在令企业的各种主要业绩能够被衡量评估，并且当目标不能实现时可以采取改进的行动，同时还要保证所有市场营销职能或功能的协调配合。

(2) 专门目标。主要的专门目标分细分为两大类：财务目标和市场营销目标。财务目标必须转换为营销目标进行体现，如销售额、市场占有率、分销网覆盖面、单价水平利润等，如达到 40%的市场份额、销给前 5 位客户的数量、不超过总销售量的 40%、获得份额达到 28%，或其品牌在潜在消费者中的认知度达到 55%……那么随后便出现一个关键问题，即为何要较大的改变这些指标的百分率，以及如何达到这种程度的改变。这样市场营销管理人员便应进一步考虑包括争取提高市场份额及品牌知名度在内的各种重要的问题，并在计划中加以论证，提出解决办法和方案。

2) 营销目标的制定方法

(1) 成本/利润加成法。这种方法在目前很多中小企业中十分普遍，即根据每年公司运营所需的所有成本加上对利润的要求，直接换算出公司未来一年的营销目标。企业在发展之初还处于生存阶段之时，这样制定目标的方式是可以理解的。但是，如果一个企业永远使用这样一种简单的方法来制定每年的营销目标，那么企业的发展必然要受到限制。因为，这样的目标最多可以保证企业的生存，而无法为企业的再发展提供有力的支持。

(2) 简单类比法。这种方式目前同样被众多国内企业所采用，即在充分考虑了继续经营所需的资源后，同时根据自身行业或同行业的平均增长或平均规律进行简单的类比，进而对未来一年的经营目标进行一个简单的设定。这种方式看似是考虑到了市场环境、竞争环境、同业水平、自身以往经营情况等多方面因素，实际上，如果没有完善的、科学的对目标的核算方法作为支持，目标仍然避免不了流于形式。因此，虽然比第一种方式前进了一步，却依然属于主观的形式范畴。

(3) 分析推导法。这种方式是目前被大多数国际公司普遍认为较为科学，并且采用的方法之一。这种方式通常是通过对过去几年中企业在市场上的表现以及对自身资源的合理评估后，通过有效的调研方法，取得一些相关的参数指标，进而把这些指标参数运用到一个通用模型中，进行调整与计算，从而最终得出未来一年营销目标的合理范围。

5. 市场营销策略

市场营销策略是实现营销目标的途径和手段。具体来说，市场营销策略是为了实现市场营销目标而采取的总体行动方案、工作的部署重点和资源的分配方案。它为创业项目的市场营销工作提供总的指导思想和行动框架，即决策者为实现营销目标做出决策，然后在计划书中简明扼要地交代其营销战略与策略。

当然，由于创业项目要达到的市场营销目标是多方面的，要达到的各种特定市场营销目标所采用的市场营销种类和重点也可能不完全相同。

6. 市场营销行动方案

这是创业项目市场营销计划的主体内容之一，是指企业为实现营销目标，必须根据营销策略的要求，制定具体的营销活动程序，确保每一项营销活动都与既定的营销目标和策略相适应的过程。

将各种市场营销策略也转化为具体的行动方案，大致围绕着下列问题的答案来制定：要完成什么任务？什么时候完成？由谁负责执行？完成这些任务需花多少费用？例如，市场营销管理人员如果把加强促进销售活动作为提高市场占有率的主要策略，那么就要制订相应的促进销售行动计划，列出许多具体行动方案，包括广告公司的选择，评价广告公司提出的广告方案，决定广告题材，核准广告媒体计划等。

整个行动方案还可以列表加以说明，最好按时间顺序列成一个详细方案，表明每一时期应执行和完成的市场营销活动，使整套促销活动落到实处，循序渐进地执行。

7. 市场营销预算

市场营销预算基本上是一个关于预算盈利或亏损的报告，是计划期内企业营销活动语气成果的数字表现，包括销售收入预算、销售费用预算、利润预算等内容。

市场营销预算实际上就是一份预计损益表。收入方将列入预计销售产品的数量和平均价格，支出方则列出生产费用、储运费用及其他市场营销费用。收入与支出的顺差便是预期利润。企业的高层主管将负责预算的审查，予以批准和修改。预算一经批准，便为原材料采购、生产安排、人员计划和市场营销业务活动的依据。

市场营销预算表中，内容较为复杂重要的一般是支出方，可以通过下列表示将其应包括的预算支出项目具体而详细地列出，具体见表 7-1。

表 7-1　市场营销预算表

单位：元

1. 直接销售成本	
销售薪金	
销售佣金	
差旅费用	
2. 间接销售成本	
培训费用	
营销调研	
销售统计	
捐赠与应变	
3. 广告费用	
4. 促销费用	
5. 公共关系	
6. 运输与交货	
订单填写与包装	
邮资与车费	
7. 信用与投资	
管理费	
坏账处理	
8. 销售管理	
……	

8. 市场营销控制

控制是计划书的最后一部分，用来监督整个计划进度。由于在市场营销计划的执行中会出现许多意外情况，市场营销的成功离不开对市场营销计划执行情况的监测、检查。市场营销控制是根据营销计划的要求，制定衡量营销绩效的标准，然后把实际的营销工作结果与预定标准相比较，以确定营销活动中出现的偏差及其严重程度；在此基础上，有针对性地采取必要的纠正措施，以确保营销资源的有效利用和营销目标的圆满实现。企业必须连续不断地控制各项营销活动，根据市场营销控制的结果及时调整营销战略。

市场营销控制应遵循适时、适度、客观和弹性的控制原则，按照确定控制对象、确定衡量标准、选择控制重点、确定控制标准、衡量营销绩效、找出偏差及程度、分析偏差原因、采取改正措施等基本环节，有序地完成。市场控制可以分为年度计划控制、盈利能力控制、效率控制和战略控制 4 种主要类型，见表 7-2。

表 7-2　市场营销控制的类型及方法

控制类型	主要负责人	控 制 目 的	方　法
年度计划控制	高层管理部门 中层管理部门	检查计划目标是否实现	销售分析、市场份额分析、费用-销售额比例分析、财务分析，市场基础评分卡分析
盈利能力控制	营销审计人员	检查公司在哪些地方盈利，在哪些地方亏损	盈利情况：产品、地区、顾客群体、细分市场、销售渠道、订单大小
效率控制	直线和职能管理层 营销审计人员	评价和提高经费开支的效率	效率：销售队伍、广告、促销、分销
战略控制	高层管理者 营销审计人员	检查公司是否在市场、产品和渠道方面找到最佳机会	营销效益等级评价、营销审计、营销杰出表现、公司道德与社会责任评价

为了能更有效地监督、检查整个计划的执行情况，在市场营销计划的这一最后部分的内容结构上所设栏目或所设项目，应抓住要害，尽量具体化，并具有针对性。市场营销计划作业的设置见表 7-3。

表 7-3　市场营销计划作业

1．回答下列问题
(1) 评估你公司是否成功或者某一特定产品是否成功需要哪些信息？ (2) 应当由谁接受这些信息并且检查这些信息？ (3) 你将采用哪一个时间段分析数据？一周、一个月还是一个季度？ (4) 你想采用什么样的资料记录系统，以确保你需要的信息按照问题规定的时间范围记录下来？
2．建立相应的控制程序
(1) 指出需要控制的领域： A. ______ B. C. ______ (2) 说明各个领域内所需资料应采用的格式。(销售额是按月还是按产品类型进行统计？是否需要计算绝对差额和相对差额) (3) 说明怎样搜集资料，谁来送机和分析资料以及谁将接受分析结果： A．如何搜集资料？ B．谁负责收集和分析资料？ C．谁将接受哪一种类型的分析结果？ 管理者名单　　　　分析结果类型 ① ______　　　　① ______ ② ______　　　　②

7.3.3　创业项目市场营销计划书的编制

1．分析市场营销现状

这是对企业及其市场营销环境的整体分析，分为 4 个阶段。

1) 对企业实力和弱点的定期综合分析

这种分析主要通过市场营销决算进行。因为在市场营销决算中，对企业的过去成绩和现在实力都有严密的估计和评价。特别要注意企业产品线、分配线、销售促进效果及定价的分析，这些情况从不同侧面反映了企业的实力。这样，市场营销决算的结果将直接影响未来市场营销策略的制定。

2) 市场营销环境研究

这种研究要求使用科学正确的调研技术发现直接影响管理决策的各种重点环境问题，包括对企业的微观环境和宏观环境的调查研究。因为这些因素都将直接影响企业的生产能力和销售状况。

3) 销售额和市场营销费用分析

这可通过不定期的专题调查来进行。最好使这种分析成为企业正式市场信息系统的一个组成部分。因为销售额和市场营销费用的分析资料，是进行销售预测、编制市场营销计划不可或缺的依据。

4) 销售预测

销售预测是在分析前述几个阶段的基础上做出的，它是计划编制程序中及其重要的一个步骤。通过这种预测，企业可以估计到整个行业的销售额及企业本身的销售额，从而成为企业市场营销计划最直接、最具体的依据，也可以说，这种预测值就是企业的计划指标数。

2. 确定市场机会

这一步骤包括对市场现状中发现的各种问题做出解释。在企业面临的几种市场机会评价中，对消费者的因素、经济因素和公共环境因素都要仔细考虑，从而分析估计本企业与竞争者相比，哪些方面处于优势，哪些方面更能满足消费者的需求，从而有针对性地制定相应的战略、策略和具体的营销方向。

3. 选择目标市场

经过市场现状分析和市场机会评估后，市场营销主管就可以确定几个可以开拓的目标市场。至于选择某一具体目标市场或几个目标市场，则取决于一系列因素的影响，如应考虑与目标市场相关的企业目标、目标市场的潜在机会、企业开拓此目标市场的能力等问题。当然根据这些考虑来选择具体的目标市场并不是一件简单的事情，企业也不应把自己严格限制在只选择一个单一的市场。例如，一个企业也可同时选择两个完全区分的细分市场，并进而制定向这两个细分市场进军的策略。另外，对目标市场的阐述，必须一清二楚，使人容易辨认。例如，目标市场的地理位置、顾客人数、购买力、需求性质和强度等都应通过市场调研弄清楚。对竞争对手的情况也应有充分估计。此外还应对每个目标市场近期和长期销售潜力做出正确的判断。另外，目标市场的最后决定不仅要根据目标市场的潜力，而且还要根据企业有否开拓此目标市场的能力而定。

4. 确定投资的范围

虽然一个企业可以同时拥有几个有利的目标市场，但每个企业的物力、财力、资源都是有一定限度的。任何的企业管理当局都会十分注意如何将有限的资源使用在最恰当的目标市场上。为此，在计划工作的这一阶段，首先要根据前一阶段可能选择的目标市场情况，预计为开拓市场需要付出多大的财力和物力，然后与自己的投资能力相比较，看能开拓多少目标市场，或开拓哪一个目标市场才与自己的能力相称。一般来说，尤其应考虑财务上的牵制、生产能力的限制及人力资源的短缺这些限制因素。经过严密及审慎的权衡之后，最后决定应如何把这些资源分配到最有利的目标市场中去。

5. 拟定策略

在结合企业的资源能力选定具体的目标市场后，企业计划人员便应接着拟定几个可供选择的市场营销策略，以便从中选出最佳的策略。一般来说，拟定的策略越多越好，这样可以增加策略的选择性，可以选择出更符合理想状态的策略。如前所述，由于企业资源的限制，可供考虑采用的策略方案还是要受到一定局限的。不过即使这样，也仍可在一定限度内拟定出几个不同的全盘策略方案。例如，在选定某一具体目标市场后，企业可以通过具体的市场调查和技术调查开发一种适应这个市场需要的新产品，然后拟定几种可以打入这个市场的策略方案，如建立一套完善的销售网点策略，加强促进销售活动的策略，采用易于吸引消费者购买的定价策略等，以供企业主管部门进一步评价遴选。

6. 选择最佳策略

这一阶段的主要任务就是要从前阶段提出的几个可供选择的策略中选出最可行的策略。这种选择，最直接的根据就是企业的营销目标。假如企业的主要营销目标是提高自己产品的市场占有率，那么在选择营销策略时，便应着重从那些最有利于提高市场占有率的策略来考虑。至于达到提高本企业产品市场占有率的策略则可能是多种多样的。例如，在计划的前一阶段提出了提高市场占有率的两种策略，一种是采取密集性市场策略，另一种是采取低价格高促销的策略。经过本阶段深入、全面的评价，认为低价格高促销策略在产品的引入期可能非常有助于迅速提高市场占有率，但从长期看，尤其考虑到本企业的人、财、物等资源都有限，还不如采取密集性市场策略，只选择一个或几个细分的小市场作为目标市场，并在产品设计和其他市场营销活动上集中优势，全力打入这些市场，可能会获得较大的市场占有率。那么，在本企业的这种具体情况下，密集性市场策略就是最佳的策略。

7. 确定相应的市场营销组合

这一阶段的主要任务就是根据前面所选定的最佳市场营销策略，进一步具体制定市场营销方案的细目。因为每个市场营销策略的贯彻，都要通过与之相适应的市场营销组合来完成。在编制市场营销计划这一阶段，应把这些一般性策略具体结合特定企业的特定营销策略来加以考虑，并使其具体化。例如，当企业为提高市场占有率而采用密集性市场策略针对女性用品市场时，整个市场营销组合应根据这一策略的要求加以具体化，如按女性的特点进行产品设计，制定对女性有吸引力的价格，通过女性经常接触的广告媒体大做广告，并将商品分配到女性用品商店或其他女性经常购物的地点去销售等。

8. 综合编制市场营销计划

经过编制计划的前述步骤后，现在可将前面几个阶段的情况分析、目标市场选择、策略选择等方案统一协调起来，写成正式的计划。营销计划编制完成并经草拟部门通过后，便应呈送企业最高当局审查、修订、批准。

9. 最后批准计划

企业最高当局接到市场营销部门提交的营销计划后，就应结合其他职能部门的计划进行综合平衡，协调各部门的能力和任务，尽量使计划建立在可行的基础上，并能达到预期的经济效益。例如，发现各部门计划，或营销计划本身有不协调之处，即应进行修订，直至认为满意之后才正式予以批准。

10. 通报和执行

计划批准后，必须马上传达给执行部门的有关人员，具体研究贯彻执行的方案，并付诸实施。这种执行计划的行动方案大致包括以下步骤：①将达成目标的行动计划分为几个步骤；②说明每个步骤之间的关系和顺序；③每个步骤由谁负责；④确定每个步骤所需的资源；⑤每个步骤需要多少时间；⑥规定每一部分的完成期限。

另外，还应尽可能提供一些与市场营销计划有关的信息资料，如总市场大概有多大，企业可能的占有率有多大，企业的预期销售量有多少，市场营销总费用约多少，毛利有多少等。

11. 考核和调整

计划工作程序的最后一个步骤，就是对付诸行动的计划进行监督检查。因为无论在前几个阶段的工作中，有关人员是如何认真调查研究，运用科学方法，力求编制出比较理想的计划，但是个别地方考虑不周也是难免的。加上市场瞬息万变，存在许多客观不可控的因素，因此，计划在执行过程中很可能会出现一些障碍和偏差，这就要求在整个计划执行过程中，还必须同时进行必要的考核、监督和检查，通过信息反馈，判断所采取的计划行动是否有效。如发现有不当或与原计划有脱节的地方，便应及时修正计划，或改变行动方案，以适应新的情况。

7.4 范例——新品图书营销计划概要

7.4.1 计划概要

《小学语文漫画读本》丛书系 2015 年新推出的中国第一套小学语文学习型日式风格卡通读物。该产品计划年内实现销售 30 000 套，销售收入目标为 162 万元，利润目标为 60 万元。营销宣传重点在于读者对象为小学生及小学教师的教育性媒体投放广告和重点书城的终端 POP 广告。

7.4.2 产品优劣势、机会威胁分析

1. 优势

产品优势包括两个方面：一是产品内容质量高，产品形式新；二是寓教于乐、特色鲜明。该产品兼具学习知识、益智游戏、道德熏陶的功能。

2. 劣势

产品劣势包括两个方面：一是公司发行经验不足，渠道不畅，推广速度相对于其他产品较慢，宣传推广成本高；二是同一细分市场价格竞争激烈，而该套成熟相对一般同类图书单位投入成本较高，商业批发折扣缺乏优势。

3. 机会

产品机会包括两个方面：一是该套图书是中国第一套小学语文学习型漫画丛书，由中日团队精心打造，宣传推广较为有利；二是图书推出市场后，即为国际“六一”儿童节，适逢儿童购书高潮，有利于大力促销活动。

4. 威胁

产品威胁包括两个方面：一是中日关系比较敏感，在销售期间，如果遇到敏感时期，会有来自消费者和中间商的压力；二是少年儿童读物品种形式繁多，推广不力，就会被其他同类读物淹没。

7.4.3 营销组合策略

1. 产品策略

《小学语文漫画读本》系“中日卡通文化交流项目”产品，是国内第一套专门针对小学生语文学习，选取中国传统文化内容，由日本名古屋造型艺术学校采用中小学最喜欢的卡通形式加工而成的独创性特色产品。

1) 产品名称

《小学语文漫画读本》(共六册)。

2) 编绘依据

(1) 教育部《小学语文新课标标准》。

(2) 小学阶段语文知识技能掌握基本要求。

3) 创编、绘画、翻译者

(1) 文字部分由中国具有丰富(小学)语文教学经验教师、艺术教育工作者编写。

(2) 绘画部分由日本名古屋艺术造型学校集体创作。

(3) 文字翻译由大学专业外语教师执笔。

4) 产品形式

(1) 成品尺寸：147 毫米×210 毫米(880×1230 纸张，32 开)。

(2) 封面形式：200 克铜板彩色印刷，覆亚光膜，UV 工艺。

(3) 印刷材质(内文)：双色印刷，70 克轻型胶版纸。

(4) 形式(略)。

5) 产品内容

(1) 每册单元内容设置，基本上分为 6 个单元。

(2) 知识点内容(略)。

6) 产品顾客利益价值

(1) 学生：满足于漫画欣赏——曲折动人的故事——与语文课堂的联系性——补充知识——语文知识的趣味性。

(2) 语文教师：语文教学的好帮手。

(3) 学生家长：是为孩子补充知识、提高语文学习成绩的良师益友。

7) 产品特色

(1) 国内首套学习型语文漫画丛书，中日双方合力精心创作。

(2) 经典教育内容与流行表现形式相结合。

2. 定价与折扣策略

1) 定价策略

针对不同消费能力群体，采取不同定价策略：平装每册估价为 9.8 元(约 4.5 印张)；精装(套装)每套估价 72 元/套，定价均属低位定价。

2) 发行折扣策略

采用随行就市原则，与同类书中折扣持平，以促进销售。

3. 分销策略

1) 主渠道

新华书店系统，由出版社发行部门正常发行，铺货面广，使消费者在全国中等以上城市都能买到该丛书。

2) 二渠道

民营或混合制发行商，建立各省市代理制度，保证代理商的利润和利益。

3) 教育系统

学校征订部分数量。

4. 促销组合策略

(1) 广告宣传：(参见行动计划部分)。

(2) 公共关系：(参见行动计划部分)。

(3) 促销活动：(参见行动计划部分)。

(4) 人员推销：在京津冀等城市地区，针对小学进行人员推销或寻求专业直销公司合作推销。

本 章 小 结

市场营销是是个人和群体通过创造并同他人交换产品和价值以满足需求和欲望的一种社会和管理过程，主要包括市场营销环境分析、目标市场营销策略和市场营销组合策略。

市场营销计划就是根据企业的经营方针及策略，确定一定时间内的销售目标和与其相关的主要营销活动指标，以及为实现这些目标和指标所要进行的各项营销活动的安排，并对其进行管理、控制、调整的工作。

市场营销计划的内容有繁有简，其中一般的内容包括计划概要、市场现状、机会与问题分析、市场营销目标、市场营销策略、市场营销行动方案、市场营销预算、市场营销控制等。

市场营销计划的一般编制程序大致有分析市场营销现状、确定市场机会、选择目标市场、制订市场营销计划、控制和执行等 11 个步骤。

思 考 题

1. 创业项目市场营销及计划的含义是什么？
2. 创业项目市场营销计划有哪些基本内容？
3. 针对新品图书市场营销计划，思考以下问题：

① 这份市场营销计划中对有关问题和机会的分析，是否抓住要害？是否足够？

② 本计划提出的主要行动计划是否恰当？

③ 为该计划续写营销控制策略。

4. 为自己的创业项目制订一份市场营销计划。

第 8 章 创业计划书

学习目标

1. 了解创业计划书的作用。
2. 掌握创业计划书的基本结构。
3. 了解创业计划书的编写过程和所需信息。
4. 掌握创业计划书的撰写方法。

8.1 创业计划书

8.1.1 创业计划书的定义

“凡事预则立，不预则废”，做任何事情只有预先计划才能成功。创业活动与寻找宝藏有许多共同之处，寻找宝藏是一件艰苦的工作，需要大量的调查寻访活动，从成百上千的可能中判断宝藏的内容和埋藏点。寻找宝藏首先需要的是一张寻宝图，以这张图为资本，筹集资金、雇用人员、租赁船只、购买特殊的设备等。对于创业者来说，创业计划就是寻宝者的寻宝图。如果没有这张图，创业者可能就会迷失方向而误入歧途。因此，创业计划是整个企业创业过程的灵魂。

创业计划书是创业者自己在创业前需要准备的一份书面计划，是创业者的创业蓝图，也是筹措创业资金的重要依据。具体来说，创业计划书就是创业者在初创企业成立之前就某一项具有市场前景的新产品或服务，向潜在投资者、风险投资公司、合作伙伴等取得合作支持或风险投资的可行性商业报告，用来描述创办一个新企业时所有的内部和外部要素。

8.1.2 创业计划书的作用

创业计划书的好坏，往往决定了投资交易的成败。对初创的风险企业来说，创业计划书的作用尤为重要。当你选定了创业目标与确定创业的动机后，在资金、人脉、市场等各方面的条件都已准备妥当或已经累积了相当实力，这时候，就必须提供一份完整的创业计划书，创业计划书是整个创业过程的灵魂。

1. 帮助创业者理清创业思路

创业计划书首先应该是给创业者自己看的。办企业不是“过家家”，创业者应该以认真的态度对自己所有的资源、已知的市场情况和初步的竞争策略做尽可能详尽的分析，并提出一个初步的行动计划，通过创业计划书做到使自己心中有数。对初创的企业来说，创业计划书的作用尤为重要，一个酝酿中的项目，往往很模糊，通过制订创业计划书，把正反理由写下来，然后再逐条推敲，创业者就能对这一项目有更加清晰的认识。

2. 帮助创业者凝聚人心，有效管理

一份完美的创业计划书可以增强创业者的自信，使创业者明显感到对企业更容易控制、对经营更有把握。因为创业计划书提供了企业全部的现状和未来发展的方向，也为企业提供了良好的效益评价体系和管理监控指标。创业计划书使得创业者在创业实践中有章可循。

创业计划书通过描绘新创企业的发展前景和成长潜力，使管理层和员工对企业及个人的未来充满信心，并明确要从事什么项目和活动，从而使大家了解将要充当什么角色，完成什么工作，以及自己是否胜任这些工作。因此，创业计划书对于创业者吸引所需要的人力资源，凝聚人心，具有重要作用。

3. 帮助创业者对外宣传，获得融资

创业计划书作为一份全方位的项目计划，它对即将展开的创业项目进行可行性分析的

过程，也在向风险投资商、银行、客户和供应商宣传拟建的企业及其经营方式，包括企业的产品、营销、市场及人员、制度、管理等各个方面。在一定程度上也是拟建企业对外进行宣传和包装的文件。

一份完美的创业计划书不但会增强创业者自己的信心，也会增强风险投资家、合作伙伴、员工、供应商、分销商对创业者的信心。而这些信心，正是企业走向创业成功的基础。

8.1.3 创业计划书的基本格式

创业计划书通常包括封面、保密要求、目录、摘要、正文、附录几部分。

1. 封面

封面(标题页)可以放一张企业的项目或产品彩图，但需留出足够的版面排列以下内容：创业计划书编号、公司名称、项目单位、地址、电话、传真、电子邮件、联系人、公司主页、日期等。封面的设计要有审美观和艺术性，一个好的封面会使阅读者产生最初的好感，给人留下一个良好的第一印象。

2. 目录

目录标明各部分内容及页码，要注意确认目录页码同内容的一致性。

3. 正文

正文是创业计划的主体部分，要分别从公司基本情况、经营管理团队、产品/服务、技术研究与开发、行业及市场预测、营销策略、产品制造、经营管理、融资计划、财务预测、风险控制等方面对投资者关心的问题进行介绍，要求既有丰富的数据资料，使人信服，又要突出重点，实事求是。

4. 附录

附录主要是针对商业计划书中提到的一些关键问题，提供一些必要的说明或者证明材料，不必把所有东西都放入附录，只放那些能真正增强正文说服力的资料，如专利证书；技术鉴定；结题(项)报告；查新报告；市场实际调查结果；荣誉证明；已创业企业还需要工商注册、税务登记等相关材料；表目录、图目录等；国家、省竞赛规则里的具体要求等。

8.1.4 创业项目信息的搜集和处理

1. 创业项目信息的种类

作为创业者，了解当前社会产业机构调整趋势，懂得金融部门对各种产业的投资政策，才有可能在竞争中占有一席之地。信息对于创业者是十分重要的，及时准确地把握了市场信息，就意味着在市场竞争中拥有了主动权。当前，以下方面的信息在企业中备受青睐。

1) 政策及法律信息

发展企业，必须掌握国家针对企业实行的政策，明确国家及地方政府颁布的各项法规和下达的指令等，以便明确企业的发展方向，更好地指导企业健康发展。

2) 经济信息

企业发展与工农业生产情况、金融和商业发展情况等信息相关，了解这些信息，有助于企业科学地做出决策。

3) 科学信息

了解和掌握与企业有关的科学技术，研究科技新发展、新发明、新成果，并将其适当运用到企业中来。能够推动企业发展，增强企业的生命力。

4) 地理环境信息

企业生产经营过程，供、产、销三个环节，受到地理环境、气象变化、人口分布等情况的影响，掌握这些信息，将对企业采购、生产与销售大有益处。

5) 竞争信息

市场经济条件下，企业要想增强竞争力，在竞争中立于不败之地，必须了解竞争对象的规模、实力、手段及竞争范围程度等情况，做到“知己知彼”，以便更好地制定竞争对策。

6) 消费需求信息

了解和掌握销售对象的收入水平、家庭状况、消费结构、需求种类及数量、购买动机、购买行为、购买习惯、购买趋势等情况，对企业在生产经营中做到有的放矢，超前发展，将大有帮助。

2. 创业项目信息来源

搜集信息的过程其实也是对市场形势进行调查分析的过程，搜集信息时既要注意拓宽搜集渠道，又要注意辨别信息的真伪。搜集信息的目的是为了开发信息，利用信息为创业实践服务，要坚持“积极开发，为我所用”的原则，通过互联网、权威报纸杂志等各种新闻媒体及各种市场和人际交往等方式来搜集。信息来源主要包括以下几个方面。

1) 网上信息

当前，在国家“信息高速公路”加速建设和多媒体技术推广应用的带动下，大量的信息往往是通过网上传递的，所以，学习计算机基础知识及操作技术对于我们大量搜集信息将来从事创业活动意义十分重大。

2) 报纸杂志

报纸杂志具有普及性和新闻性，其捕捉信息的速度和信息容量是十分惊人的，作为创业者一定要养成看书读报的良好习惯，通过阅读，不仅可以增加信息储量，同时也可以拓宽自己的视野，丰富自己的知识。

3) 保持与相关协会或团体的联系与沟通

一些协会如电子协会、广告协会等，可为会员提供会员名录、出版物和介绍新成果的小册子。同时，有些会员本身就是业主，多与他们保持联系，经常沟通，可使我们通过日常交往而掌握大量的信息，也有可能一些信息就是我们所需要的。因此，加强社会交往，拓宽信息搜集渠道，对我们搞好创业活动帮助很大。

3. 创业信息的搜集方法

常用的资料收集方法有以下几种。

1) 观察法

由调查人员到现场有目的、有针对性地对调查对象的情况进行观察记录。例如，在商品现场销售、展销会、试销会等直接观察消费者喜爱的商品品种、花色、款式、包装、价格等。这种调查多是在被调查者不知不觉中进行的，除人员观察外，也可利用机械记录处理。观察法的优点是客观性强，收集到的资料较为客观、可靠、生动、详细。不足是这种方法一般只能观察到表面现象，往往不能说明原因，更不能说明消费者的购买动机和意向。

2) 访问法

由调查人员按预先准备好的调查提纲或调查表，通过一定的方式向被调查者了解情况，收集资料。它是市场调研中最常用、最基本的调查方法。具体方式有人员访问调查法、电话访问调查法、信函问卷调查法、传真问卷调查法和网络调查法等 6 种方式。

3) 实验法

实验法是指先在一定小范围内进行实验，然后再研究是否大规模推广的市场调查方法。实验法是最科学的调查方法。在给定的条件下，通过试验对比，对营销环境与营销活动过程中某些变量之间的因果关系及其发展变化进行观察分析。

4) 行为数据法

通过商店的扫描数据、分类购买记录和顾客数据库来记录顾客的购买行为。顾客的实际购买反映的喜好常会比顾客反映给营销调查人员的话语更能反映出真实情况。

5) 焦点小组访谈法

焦点小组访谈是有选择地邀请 6～10 人，用几个小时，由一位有经验的访问人组织，讨论某一产品、服务、组织或营销实体的实际情况。访问人必须客观地了解讨论的主体和行业情况，并具有小组组织能力和消费者行为的常识。在一般情况下，为了吸引消费者参与，需要付给一定量的报酬。

6) 固定样本连续调查法

用抽样方法，从母体中抽出若干样本组成固定的样本小组，在一段时期内对其进行反复调查以取得资料。调查技巧可采用个别面谈、问卷调查、消费者日记或观察记录等。固定样本连续调查能掌握事项的变化动态，分析发展趋势。但如果持续时间长，被调查者会感到厌烦。所以，对一般问题的调查往往采用一次性调查。

4. 创业项目信息的处理

我们今天生活在信息时代，各种各样的，真真假假的。因此，作为一名创业者，既要善于收集信息，也要善于对来自不同渠道，不同方法的信息进行加工、整理、合理保存、有效使用，才能使信息发挥应有的作用。

1) 信息的加工整理

对来自各方面的信息资料要认真筛选，“去伪存真，去粗取精”，去掉信息中虚假的、不确切的成分，留下真实可靠、有用的信息；去掉信息中粗糙的，相关性不大的成分，留下有价值的信息，对精选后的信息要分类和加工整理。同时，信息加工整理的过程，同时也是信息消化、吸收的过程。

2) 信息的保存

保存信息的目的包括：一是为了更好地使用，在使用某类信息时能随要随取，方便快捷；二是为了保密，你的信息资料同时也是你的商业秘密，一定要妥善保存，避免被同行或相关人员获得。你可以将你的信息资料分不同的密级，不同密级的资料采用不同的保存方法，如计算机加密、专人保管以及实施相关保密制度等措施来加以妥善保存。

3) 信息的使用

加工、整理、保存信息的目的是为了有效地使用。有用的信息是进行经营决策的依据，要对信息进行计算、分析、判断和评价。对市场调查的情况，做出结论性总结，选择拟采取的经营策略，是你开展业务的重要准备工作和挣钱的前提条件。某些信息是你在今后经营活动中经常使用的信息，如客户资料等，在使用过程中，要善于捕捉新的有价值信息，及时记录，对原来的信息资料要经常不断地补充和修正，提高信息的实用价值。

总之，获取信息是开业前的一项重要准备工作，不管业务大小，都要熟悉和了解与你开展业务有关的市场信息，使你能尽快入“行”，少走弯路，在竞争中采取有效策略，立于不败之地。但是如果你手边可能需要选择投资经营的项目不止一个，此时选择项目最简单的办法是按照几个主要的因素考虑。

8.2 创业计划书的撰写

8.2.1 撰写创业计划书的基本准则

一份高质量的创业计划书，不仅可以用它来证明创业者有能力处理新企业所面临的各个问题，而且还能够与企业外部利益相关者进行新创企业价值方面的沟通，借此可以获得创业融资。事实证明，多数投资者和银行家不会连创业计划书都没有看到，就“即兴表态”对这些企业进行投资的。因此，撰写创业计划书应遵循以下基本准则。

1. 简洁清晰

阅读创业计划书的人往往都惜时如金，他们可能会有意无意地通过你对自己企业的描述做出判断。因此，一份好的实施概要要能够让投资者了解新创企业的吸引力所在，能够使投资者看到关于企业长期使命的明确论述，以及人员、技术和市场的总体情况。通常情形下，阅读者快速浏览实施概要了解新企业的概貌后，觉得计划很有说服力和吸引力，才会继续看下去。实施概要好比一个人的脸，而封面、目录及企业名称好比眉毛、眼睛和鼻子，最先看到的是后者。这些部分是否“修饰”得美观整洁，直接影响阅读者对创业计划书质量的“第一印象”。因此，撰写实施概要时力求做到简明扼要、条理清晰。

2. 排版规范装订美观

创业计划书中的封面、目录、实施概要、附录、图表等部分是否合理编排、美观整洁，直接影响阅读者对创业计划书的评价。也就是说，排版、装订和印刷不能粗糙，用订书钉装订的创业计划书看上去显得有些业余，有不认真、不重视之嫌。因此，创业计划书的排版要力求规范，装订要整齐美观。

3. 避免言过其实

好的创业计划书以其客观性说服、打动读者。创业计划书要吸引人，必须切合实际，不能过分乐观。过分乐观地陈述或预测会破坏它的可信度。例如，有关销售潜力、收入预测估算、增长潜力都不要夸大。最好的、最差的、最有可能的方案，都要在创业计划书中体现出来。在撰写创业计划书时，应实事求是，切忌过分夸张，言过其实。

4. 突出关键风险因素

阐述新企业在运营过程中可能会遇到的关键风险因素，是创业计划书中不可或缺的部分。这部分内容是投资者和银行家所关注的重点。识别并讨论新企业中存在的风险，可以证明创业者作为一名准职业经理人的综合素养，可以增加投资者对创业者团队的信任度。主动指出并讨论风险，有助于向投资者表明，创业者已清醒地考虑过它们并且能够处理和控制好这类风险。因此，撰写创业计划书，既要陈述创业者的危机管理能力，也要让他们觉察到这些风险对创业者团队来讲是可以驾驭和控制的。

5. 突显优秀创业团队信号

撰写创业计划书的管理部分，一定要让投资者接收到创业团队具有较强管理能力和资源整合能力的信号，这些信号是他们最想知道的信息。风险投资者有一种共识：宁可投资产品创意弱、创业团队强的项目，也不愿投资产品创意强、创业团队弱的项目。因此，创业者在组建创业团队时，要考虑团队成员的综合能力、先前经验、教育背景及志向、志趣与品德等因素，以便撰写创业计划书时能够使风险投资者或银行家们接收到创业热情高、专业经验丰富、人脉资源广、创新能力强、专业知识优势互补的创业团队信号。

8.2.2 创业计划书的写作步骤

准备创业方案是一个展望项目的未来前景，细致探索其中的合理思路，确认实施项目所需的各种必要资源，再寻求所需支持的过程。需要注意的是，并非任何创业方案都要完全包括上述大纲中的全部内容。创业内容不同，相互之间的差异也就很大。

(1) 第一阶段：经验学习。

(2) 第二阶段：创业构思。

(3) 第三阶段：市场调研。

(4) 第四阶段：起草创业方案全文。写好全文，加上封面，将整个创业要点抽出来写成提要，然后要按下面的顺序将全套创业方案排列起来：①市场机遇与谋略；②经营管理；③经营团队；④财务预算；⑤其他与听众有直接关系的信息和材料，如企业创始人、潜在投资人，甚至家庭成员和配偶。

(5) 第五阶段：最后修饰阶段。首先，根据你的报告，把最主要的东西做成一个 1～2 页的摘要，放在前面；其次，检查一下，千万不要有错别字之类的错误；最后，设计一个漂亮的封面，编写目录与页码，然后打印，装订成册。

(6) 第六阶段：检查。可以从以下几个方面加以检查：①你的创业计划书是否显示出你具有管理公司的经验；②你的创业计划书是否显示了你有能力偿还借款；③你的创业计划书是否显示出你已进行过完整的市场分析；④你的创业计划书是否容易被投资者所领会，创业计划书应该备有索引和目录，以便投资者可以较容易地查阅各个章节，还应保证目录中的信息流是有逻辑的和现实的；⑤你的创业计划书中是否有计划摘要并放在了最前面，计划摘要相当于公司创业计划书的封面，为了保持投资者的兴趣，计划摘要应写得引人入胜；⑥你的创业计划书是否在文法上全部正确；⑦你的创业计划书能否打消投资者对产品(服务)的疑虑。如果需要，你可以准备一件产品模型。

8.2.3 撰写创业计划书前的准备

为了确保企业的计划书能够引起风险投资家的足够注意力，创业企业必须事前进行充分周密的准备工作，这些工作包括以下几个方面。

1. 明晰创业构思

创业构思是指创业者的想法。创业计划是否具有可行性，首先体现在创业构思的可行性。明晰的创业构思意味着既要求有市场机会，又要求创业者有可以利用的技能与资源。明晰的企业构思能够帮助创业者完成创业计划书要说明的各项内容。

2. 进行充分的市场调研

要知道，当一个创意或者新的投资项目从大脑中萌发时，它并不是存在于真空中的，创意或投资项目付诸实施并不是说干就干的想当然的事情。因此，在写作商业计划书以前，应该进行充分的市场调研。市场调研主要围绕以下内容进行：投资项目中的产品或服务的市场性质是什么，该领域目前的情况任何？产品或服务处于什么样的阶段，市场前景如何？竞争对手的情况如何？在调研过程中，务必不能遗漏任何可能的细节。

3. 确定目标

创业者在撰写创业计划书时，要问清自己几个问题，分别是听众是谁，他们想要了解什么，他们会如何运用你给他们的信息等。创业者要清楚的是，你将面对一组投资者，投资者想从创业计划中看到企业的发展目标，再决定是否值得风险投资。创业者作为管理人员会把创业计划当作发展目标，对未来的发展产生动力。创业者制订创业计划时，会明确地考虑自己企业拥有的竞争优势、新机遇、有利的形势。

4. 起草大纲

目标明确后，接下来就要起草大纲，创业计划的大纲越详细越好，这对于创业者与阅读者都有益处。创业者应该列出所有信息，为下一步起草做准备。

5. 起草计划

创业者通过市场调研搜集企业或行业的历史财务信息，依据创业大纲着手创业计划的编制。在写作创业计划书的全过程中，风险创业者应站在风险投资家的角度(或立场)对自己的创业计划书进行一番评估，并努力确保每个风险投资家都会问到的关键问题，在自己的创业计划书中有明确的答案。

6. 检查并更新创业计划

越来越多的事实已经证明了，仅仅依靠创业者的个人之力是很难做到尽善尽美的，因此，在写作创业计划书的过程中，创业者还需要一个有很强战斗力的智囊团来弥补个人的不足。寻求有丰富经验的律师、会计师、专业咨询家的帮助是非常必要的，他们的建议有时能让创业者的计划书看上去更加完美。

8.2.4 创业计划书正文的撰写

通常，一份创业计划书是一份完整、独立的文件，用以介绍可行的市场需求，公司如何满足这些需求，并强调实施工作所需资源。创业计划要提交给公司筹办合伙人、潜在投资者及融资公司、潜在雇员、合作伙伴及顾问、客户及供应商。创业计划书的正文主要包括摘要、公司简介、行业分析、产品和服务、管理团队、生产管理、市场营销、研究与开发、财务分析与预测、风险分析与控制、创业投资的退出 11 部分内容，具体内容如下：

1. 摘要

好的商业计划书就是靠摘要部分打动人心，让投资者愿意继续看商业计划书，说服他们相信你的产品、相信你的市场分析、相信你的技术，以及相信你的想法。好的摘要给人的第一印象就是“这是一个有钱可赚的投资项目”。记住一点：“如果他们一开始就不相信，他们就永远不会相信。”

1) 撰写摘要的注意事项

第一，摘要部分一定要放在最后完成。提炼出整个计划书的精华所在之后，再开始动笔撰写摘要部分。

第二，撰写摘要部分一定要有针对性。银行、VC 有不同兴趣和侧重点。

第三，摘要应简洁紧凑、富有感染力。要抓住计划书中最重要、最精彩、最为投资者关注的部分，选择精炼考究的词汇和表达方式，以简练的手法勾画出一幅诱人的图景感染投资者。

第四，摘要的内容要与后面的具体描述相符，摘要内容不能与后面的具体描述相互矛盾，这是真诚的表现，人格魅力所在。

第五，在写作全部完成之后，一定要自己先检查有无错别字、大白字等。

2) 摘要的分类

(1) 提纲性摘要。结构简单，开门见山，内容单刀直入，一目了然，让投资者能立即了解你需要投资的目的。

① 基本格式：用简短明晰的话摘选出每章的重点。

② 特点：容易撰写。

③ 缺点：语言比较干涩，文章没有色彩。

(2) 叙述性摘要。好像是给投资者讲一个动听的故事，可以把 BP 写得有声有色，娓娓动听。需要很高的写作技巧，要求作者既要有对企业经营的知识和经验，还要有深厚的文学底蕴。其目的是调动投资者对企业的情绪，使投资者对企业和项目感兴趣。

3) 摘要的内容

(1) 创业公司的基本情况。

(2) 技术及产品的独创性。

(3) 投资风险及控制。

(4) 创业者及其经营团队介绍。

(5) 创业企业治理结构及经营管理模式。

(6) 申请融资的金额、形式、股权比例及价格。

(7) 资金需求时机及运用方式。

(8) 投资回报及退出途径。

4) 摘要的长度

摘要一定要短，最多三页，如可能最好压缩成1～2页。要保证让繁忙的投资者能够在5～10分钟可以读完，要以最简练的语言表达出企业项目的目的和计划，并不要具体的细节内容。

2. 公司简介

公司简介将是出资者首先要看的内容，它将从公司简介中摘录出与筹集资金最相关的细节。如果公司是一本书，它就像是这本书的封面，做得好就可以把投资者吸引住。公司简介一定要简明扼要介绍公司的发展历史、现状及未来的规划，使投资者用很短的时间即可对公司有一个概略的认识，如公司成立的时间、形式与创业者；公司股东结构，包括股东背景资料、股权结构；公司发展历史；公司业务范围和当前经营状况；公司未来发展的预测等。

1) 市场目标

市场目标包括市场定位、市场份额和实现方式。所有的市场目标都应该明确界定，而且最好量化，用数字的形式表达出来。每一个阶段的目标及时限都应具体作出规定，不能含糊其辞，否则不但会显得目标不明确，还会给人以缺乏信心的印象。

2) 经营策略

这部分介绍为达到预定的市场目标，公司所应采取的主要经营策略，在这里应该强调的是企业运作的思路、盈利模式，有时为了表达更清楚，更有说服力，还可以适当加以简要地概述企业发展规划(战略)。

3. 行业分析

1) 行业的国内现状

(1) 国内的宏观政策环境。本部分内容主要分析国内与本行业相关的政策；当前国内的经济形势；知识产权是否能得到有效保护；法律环境是否公开透明，司法是否公正；专业人才市场及劳动力市场是否完备；劳动用工制度有什么规定；开办公司是否容易，政府行政效率如何；VC的退出渠道是否顺畅。

(2) 行业国内现状分析。本部分内容主要分析行业的发展情况；本行业是否属于国家鼓励发展的产业；本行业的生产经营是否存在一些特别的要求；本行业是否可以享受优惠政策；是否存在替代品；本行业的主要参与者有哪些，实力如何；本行业进入的难易程度；本行业当前是否属于垄断性经营，如果是，垄断能保持多久；本行业上游及下游产业发育程度如何；本行业的市场增长率。

2) 行业的国外现状

本部分内容主要分析该技术与国外技术之间是否存在一定的互补性？国外该产业向国内转移的可能性有多大？会受到什么限制？国内产业向海外拓展市场，或进行技术输出的难度如何？会受到什么限制？跨国公司与国内企业合资，或在国内进行OEM生产的可能性有多大？国内本行业是否拥有自主知识产权，是否在某些关键的零部件上受制于国内的供货渠道，这些供货渠道是否可能成为国内生产的瓶颈。

3) 行业的发展方向

为证明本创业项目的技术及产品是符合行业发展方向的。创业者可从两个方面进行：第一，市场需求的变化，主要包括近年来目标顾客类型的演变，顾客需求的演变及最近市场的动态；第二，相关技术的发展，主要指其他行业(上游)的变动往往对本行业的发展产生相当大的连带效应，包括理论的突破、装备制造技术的进步、工艺的改进方向、材料的创新等。

4) 市场规模

对于市场规模的预测，应用最多的是需求分析法，这是一种经验性较强的方法。

5) 市场份额

具体操作注意以下问题：

(1) 主要竞争对手的市场份额。

(2) 如果公司已经生产出产品，并已在市场上销售，说明目前公司产品的市场份额。

(3) 如果公司的产品属于创新性突出的类型，市场上暂时还没有竞争对手，市场份额的预测也不可太过于乐观，既要考虑市场拓展的不确定性，也要考虑到竞争对手是否出现和跟进。

(4) 市场份额的预测应以市场抽样调查的结果为基础。

(5) 说明在不同阶段的市场份额，以及最终的市场目标。

案例 8-1

"进口小食"格子铺创业计划书——行业状况

沿海城市的进口食品普及率很高，消费能力也很高。在内地，如重庆这样的城市，进口食品的供货商并不太多，品种也不太丰富(市面上不到 1 000 个品种)，所以说增长空间是很大的。

政府进口税率、铺面租金、供货商价格、进口食品的市场普及率等对产品利润、利润率影响较大。

进入该行业最好对全球美食有一定了解，对各国尤其是东南亚国家的风土人情有一定熟悉度，有稳定的供货商和供货渠道，最好和国际物流的沟通比较好。

4. 产品和服务

在进行投资项目评估时，投资人最关心的问题之一，就是风险企业的产品、技术或服务能否以及在多大程度上解决现实生活中的问题，或者是风险企业的产品(服务)能否帮助顾客节约开支、增加收入。因此，产品介绍是创业计划书中必不可少的一项内容。本部分主要阐述以下内容：

1) 产品与服务的概念

扼要说明你的产品与服务是什么；还要描述产品的适用范围；公司未来拟开发的产品计划，让投资者对公司现有及将来的产品线有一个较好的认识；介绍公司对产品提供的服务。

2) 产品与服务的特点

产品与服务的特性，创新之处、技术优势、有无专利；与别的产品的差异，功能创新，或性能改良；量身定制，提供便利；强化与产品匹配的服务；成本优势；产品的社会效益、知识产权和社会认证等。

5. 管理团队

1) 管理人才

(1) 首席执行官

创业计划中一要写明首席执行官 CEO 的职责；二要对公司现有或拟任 CEO 的介绍。介绍内容包括教育背景；工作经历；领导、沟通、协调能力；是否担任过社会职务，是否拥有广泛的社会关系；是否有足够的凝聚力。

(2) 财务总监

财务总监(CFO)必须具备企业财务规划、建立企业内部的财务制度、资本运作和日常财务事务执行、监督和管理能力。

(3) 技术总监

技术总监(CTO)主管企业的技术与开发，制订产品研发计划，并按照既定的时间将产品推向市场。

(4) 市场总监

市场总监(CMO)主管市场与营销，不仅要深入了解市场走势，制定市场战略，开发销售渠道，建立销售队伍，同时还要收集市场反馈信息，帮助企业调整和适时改变产品策略。

(5) 行政总监

行政总监(CAO)负责公司内部制度的建立、监督和执行，包括人力资源管理、公司行政事务管理、员工绩效考核与激励等，协调公司内部与对外关系。

2) 技术人才

(1) 技术人才的作用。技术人才使企业技术不断完善并不断创新、开发出新产品；实现工艺创新、提高产品质量并降低生产成本；为企业建构起信息系统，提供一个新的发展平台。

(2) 技术人才的介绍。对技术人才的介绍要着重其专业背景、教育背景、工作背景；有什么发明创造，是否获得过技术专利；在本项目开发过程中起了何种作用；对技术的发展方向是否有敏锐的洞察能力。

3) 市场营销人才

市场营销是一项注重实际操作的工作，有关市场营销人员的介绍应围绕如下思路：

(1) 教育背景。

(2) 从业时间，曾在什么行业工作。

(3) 市场开拓业绩和成功先例。

(4) 对相关市场的熟悉程度。

4) 建立互补的人才结构

建立互补的人才结构，发挥 1+1>2 的集成效应；突出管理团队具有与众不同的凝聚力、管理团队人才济济且结构合理，在管理、技术及营销等各方面具有独当一面的能力，足以保证公司以后成长发展的需要。

5) 组织结构

(1) 公司治理结构。本部分主要介绍董事会及其设计原则：有吸引力的董事会应保证满足公司的控制权真正掌握在所有者的手里；董事会设计的激励机制和监督机制，能够对经理人员实现有效的激励和监督；董事会结构设计、董事会人选的确定应该在投资者的利益和创业者的利益之间找到一个平衡点。股东大会与董事会的关系，股东大会的性质和职权范围，关于股东的提案权，关于重大业务的决策权，董事会与管理层的关系。

在创业计划书中要说明以下几点：董事会的规模；列出董事会成员名单，简要介绍他们的背景；董事会中要给风险投资方或其委托代表预留名额；董事会中包含创业者，以及其原来的创业团队中的部分成员；规定董事会的组织结构，明确由谁来担任董事长；董事会成员的薪酬计划。

(2) 组织结构形式。本部分主要应该阐述初创期的组织结构和发展中的组织结构。初创期的组织结构比较简单，总经理直接对董事会负责，而各部门经理又对总经理负责。一般包括行政部门、技术部门、生产部门、市场部门、财务部门。发展中的组织结构，伴随企业的成长，组织结构需要随着企业的发展而变化。

(3) 激励机制。其主要阐述对个人和团队的激励及绩效考核等，常用的激励方法有分红、股票期权、员工持股等主要的绩效评价方法有绩效评价、目标考核法、等级法。

案例 8-2

某公司的组织结构及激励机制

1. 公司性质：有限责任公司

2. 部门设置：本公司拟采取直线制组织形式

本公司主要实行总经理负责制。设置总经理、副总经理、财务部、进出口代理部、人事部等。

3. 职能分布(初期)

1) 总经理(1 名)

拟定何俊杰担任，主要负责总揽全局的工作，包括拟定公司内部管理机构设置方案，拟定公司的基本管理制度，制定公司的具体规章，决定各职能部门主管的任免、报酬、奖惩。

2) 副总经理(1 名)

拟定刘驰(外招备选)担任，主要协助总经理的日常工作，对公司制度、章程及人事有建议权，负责公司的日常工作。

3) 财务部(部门经理 1 名，会计 5 名)

拟定陈文秀(团队成员)担任部门经理，主要负责公司财务安排和财务人员分配，负责公司自己和代理退税企业的所有服务。

4) 进出口代理部(部门经理 1 名，进出口操作人员 20 名)

拟定何俊杰代为进出口代理部部门经理，部门经理主要负责公司业务代理全局性工作，负责代理合同的签订，业务的咨询、业务的谈判、钱财的收支要向总经理报告等。

5) 人事部(人事部门经理 1 名，业务员 1 名)

拟定何俊杰担任人事部部门经理，业务员梁红(外招备选)负责公司日常文秘工作，传递内部人事信息等。

4. 薪酬制度

本公司拟实行基本工资与绩效工资相结合的薪酬制度，增强员工服务积极性，提高其服务效率，具体试行办法如下:

(1) 实行月薪制，员工实际工资由基本工资和绩效工资两部分组成。基本工资与绩效工资比例不小于 7∶3，即基本工资在实际工资中所占比例不小于 70%，员工绩效工资水平持续偏高的经人事部审批，总经理批准可相应提高基本工资。

(2) 基本工资数额按职位分布，见表 8-1。

表 8-1　基本工资数额按职位分布表

职　　位	基本工资(元/月)
总经理	5 000
副总经理	4 500
部门经理	4 000
其他工作人员	3 000

(3) 除此之外，公司对公司员工实行考勤制度，凡每月未迟到早退和请假的员工每月多补助一百元，请一天假扣除基本工资的 1/22，以此类推。连续请假两天以上的需提前两天由部门经理报副总经理审批，请一天假的需提前一天由部门经理报副总经理审批。如员工生病或发生意外，可凭医院等相关部门的证明不按请假报备，不予扣除工资，但不得超过 5 天。

5. 团队成员介绍

我团队主要由河北大学 2011 级国际商务硕士、工商管理专业硕士和外校财务本科生组成，研究领域涉及经济学、金融学、财务学等方向，具备一定的专业理论基础与相关实践经验，并且思想活跃，创业积极性高。

何俊杰，河北大学国际商务硕士应届毕业生，主要负责创业计划的全程安排，进度跟踪及计划书撰写。其具有半年的进出口操作经验，熟知进出口流程，并且通过实践与北京市内许多知名的、大型的报关公司已谈好合作条件，由其担任本司总经理职务。

丁扬(略)。

6. 生产管理

1) 生产流程

工艺流程的描述应简明扼要，目的在于突出工艺技术的关键之处，证明在预定的投资中是可行的，画出工艺流程图，工艺流程图包含整个工艺进行的步骤和程序，不需要太多的文字介绍，即能够很快地获得对项目的总体认识。

2) 厂房、设备、劳动力

(1) 厂房。应该说明如下问题：注明公司的地址、生产用地和办公面积；厂房及用地的所有权，如为租用，租金是多少；厂房的折旧情况；厂房原来的用途，是否需要改造，改造费用多少；打算如何使用该厂房，是临时性的，还是长远性的；如果公司业务发展了，原来的厂区是否还有足够的地皮支持发展的需要。

(2) 设备。尽量使用通用性强的设备，而不是只有特殊用途的专机，万一经营失败，资产变卖时这些设备还具有较高的价值。对于那些使用频率较低的设备，看采取租赁的方式获得使用权，而不必购买。生产线上各种设备之间的先进性差异不应太大，以保证生产进程的平顺一致。

(3) 劳动力。包含的内容：各部门所需的劳动力数量和素质；创业企业的劳动力总需求；劳动力的薪酬情况；劳动力的招募方式；如果有一些岗位需要特殊技能，要说明招募到合适人员的难易程度；劳动力的岗前培训计划及花费。

3) 原材料采购与供应

(1) 列出需采购的主要原材料及零部件。

(2) 列出拟采用的供应商名单。

(3) 如果产品生产需要一些特殊的原材料，要说明如何采购这些东西，如何保证它们的供应。

(4) 说明有无可能实行一揽子购买方案，从而减少采购人员。

(5) 说明如何制订和实施最佳的材料购买方案，保证公司能够以最低的成本获得所需原材料。

4) 质量标准

具体来说，质量控制范围一般限于生产经营中的以下方面。

(1) 研究开发的质量控制。

(2) 工艺技术、生产准备的质量控制。

(3) 原材料、半成品、元器件等外购器材的质量控制。

(4) 制造过程的质量控制。

(5) 检验和实验的质量控制。

(6) 储运过程的质量控制。

(7) 市场营销的质量控制。

(8) 售后服务的质量控制。

7. 市场营销

市场营销计划需要创业者详细描述拟创办企业的产品和服务的特点、价格、营业地点、销售渠道和促销方式，特别要说明企业的产品和服务与竞争者有什么差异性等。营销是企业经营中最富挑战性的环节，影响营销策略的主要因素包括：①消费者的特点；②产品的特性；③企业自身的状况；④市场环境方面的因素。最终影响营销策略的则是营销成本和营销效益因素。

本部分的主要内容包括：一是利用 SWOT 分析，分析企业的产品或者服务的优劣势；二是面对优劣势的应对策略；三是公司要采取的推广策略；四是定价策略等。

8. 研究与开发

1) 研发计划

本部分内容包括：如果创业公司的产品和服务在进入市场之前，还需要进行补充研发，要详细说明这些工作的内容、工作量、开发成本，以及实现商业化需要的时间表；技术及产品发展趋势；说明企业的技术发展规划；公司现有技术开发资源及技术储备情况；主要介绍投入研发的资金，包括过去已投入和未来打算投入的资金，同时必须指出所有这些研发投入所要实现的目标。

2) 研发人员

本部分内容主要介绍公司的研发人员和研发队伍，使投资者对公司的技术研发队伍的实力，公司未来竞争发展对技术研发的需要有所了解。

3) 技术管理

本部分主要介绍公司研究开发新产品的成本预算及时间进度，技术的专利申请、权属及保护情况、技术发展后劲和技术储备等。

4) 合作单位

本部分内容主要介绍与公司合作的单位，包括企业、研究机构、个人，合作的方式主要通过技术、资金、市场等。

9. 财务分析与预测

1) 目前的财务状况

本部分内容主要分析公司现阶段的财务状况、盈利状况、偿债能力、营运能力等，主要是分析其现有的财务报表、损益表、资产负债表、现金流量表等。

2) 三年财务预测

(1) 财务预测的前提条件。创业计划书中的财务预测需要描述计划成立的假定基础，没有假设的条件，数据不会产生任何意义，这种假设条件应当与市场调查的情况一致，只有投资者仔细地考虑这些假设，投资者才能合法有效地评估财务计划。例如，×公司的财务预测假设条件：无重大突发政治事件或战争影响网站建设和发展；宏观经济环境无重大突变；所得税率为25%；利率维持目前水平；信用卡授权和物流等都运行良好，不会出现重大危机；在公司的长期目标实现之前，股东不会将利润提走，公司的盈利将用于为公司的业务成长提供财务支持；本公司不提供赊销服务。

(2) 财务预测的主要内容。本部分主要阐述的内容有损益表预测、资产负债表预测、现金流量表预测、盈亏平衡分析、财务比率预测等。

(3) 融资计划。在编制融资决策时应包括以下内容：企业拟融资的方式，是采用借贷，还是发行债券、股票；如果是债券，要说清楚债券发行的期限和利率，债券可否转换成普通股或优先股；如果采用普通股方式，要说清楚红利能否累积，股票的定价如何，普通股股票投票权如何；如果采用优先股，要说明红利的支付方式、红利能否累积、优先股是否回购，将以怎样的方式回购；风险基金投资后，双方对公司所有权的比例安排；具体说明所需资金的数量和时间，如果融资计划是分阶段进行的，应该把每一阶段对应的资金需求列出，对于资金到位的日期也应该清楚示出；以什么物品作为获取风险基金的抵押，什么人或机构将提供担保；新创企业未来的资本结构。

(4) 资金投向。这一部分具体操作如下：要说明在不同的时期的资金分配；要说明资金的具体用途，介绍得越具体越好；要有投资收益和未来再投资的安排；要说明将来进行现金投资时，将运用净现值法以达到利润最大，风险最小。

10. 风险分析

通常，企业在发展中面临着四大风险：生产风险(企业可能产生的市场风险因素对产品市场的影响和敏感度，如客源流失、市场疲软、价格波动等带来的市场影响)，竞争风险(主要竞争对手带来的竞争风险因素对竞争力的影响和敏感度，如经济实力、产品价格优势、市场认可度等)，管理风险(企业管理活动中可能产生的管理风险因素对产品开发和生产的影响和敏感度，如人事、人员流动、关键雇员等原因造成的企业不稳定因素)，环境风险(企业外部环境给企业带来的环境风险因素对产品的开发和生产的影响和敏感度，如国家产业调整政策、行业规章变化、国家商业环境变化等因素给企业带来的不利影响)。创业者在进行风险分析时，主要是向投资者分析企业可能面临的各种风险隐患，风险的大小及融资者将采取何种措施来降低或防范风险、增加收益等。主要包括以下几个方面。

(1) 你的公司在市场、竞争和技术、财务等方面都有哪些基本的风险？

(2) 你准备怎样应付这些风险？

(3) 就你看来，你的公司还有一些什么附加机会？

(4) 在你的资本基础上如何进行扩展？

(5) 在最好和最坏情形下，你的五年计划表现如何？

如果你的估计不那么准确，应该估计出你的误差范围到底有多大。如果可能的话，对你的关键性参数做最好和最坏的设定。对于企业可能面临的各种风险，融资者最好采取客观、实事求是的态度，不能因为其产生的可能性小而忽略不计，也不能为了增大获得投资的机会而故意缩小、隐瞒风险因素，而应该对企业所面临的各种风险都认真加以分析，并针对每一种可能发生的风险做出相应的防范措施，这样才能取得投资者的信任，也有利于引入投资后双方的合作。

11. 风险资本退出

风险资本退出是针对本司的风险投资者抽回资金或维持自身利益的一种方式。目前对风险资本主要有公开上市、兼并、二次出售、管理层回购和破产清算 5 种退出方式。

8.2.5 创业计划书的评估

潜在投资者在决定对拟建项目进行投资之前，必须对商业计划书进行全面、系统、科学、严谨的审查评估。商业计划书是否能够顺利通过评估，是获得投资的关键所在。

1. 主要评判标准

评估的关键标准是要判断拟建项目及其依托的企业是否处于适当的发展阶段，是否存在良好的市场机会，是否拥有满意的管理团队及能否制订和实施一套稳健的商业计划。

2. 对商业计划书的一般要求

对商业计划书的一般要求包括 3 个方面：编写格式是否规范，是否包含足够信息；是否对项目可能面临的各种风险因素及项目的可行性进行了全面系统深入的研究；数据的真实性和分析的逻辑性。要评估商业计划书中采用的数据是否真实可靠，市场分析预测结果是否令人信服，财务分析的方法是否恰当，结论是否可信，各种逻辑推理是否合理。

3. 关键环节的评估要点

1) 进入时机是否恰当

对于风险投资而言，种子期(研发阶段)和成长期(中试阶段)为最佳投资期；对于产业投资而言，推广期(小批量生产)和成熟期(已经成功进入市场)应为最佳投资期。

2) 市场前景及营销策略

需要清晰界定目标市场和有吸引力的预期市场规模、竞争对手的市场占有情况，并重点评估对市场预测的推理逻辑是否合理，企业经营存在哪些市场风险，评估企业对目标市场的界定是否合理，目标客户群的规模及增长前景。评估市场竞争状况，分析对企业核心竞争力的界定是否恰当，市场营销计划是否完善，主要竞争优势及中长期竞争策略是否恰当，分析竞争对手对企业市场进入/增长的可能反应。评估本企业是行业业务发展模式的塑造者还是适应者，评估如何培育在行业中的核心竞争力，如何有效进入市场，分析最早成为项目产品的目标市场人群。

3) 项目管理团队

重点评估董事长、总经理、首席执行官及技术开发、市场营销、财务管理等关键职位是否已有胜任人选，管理团队的最终组建方案。评估在关键职位的负责人技能和经验，分析其担任过的高级管理职位或其他成功业绩。例如，负责运营的副总裁应有在相关领域一流企业的工作经历，具备丰富的经营管理经验，有制订营销计划、设定目标客户及客户关系管理等经验；财务总监应具备银行金融、财务控制等工作经验；负责业务发展的副总裁应有相关领域的重要关系网及业务拓展的成功经验；首席技术官应对项目核心技术有深刻了解，掌握技术诀窍等。评估企业管理团队是否具备营销、金融、技术和战略等方面的管理能力，评估管理团队的凝聚力。

4) 治理结构

评估是否具备一套控制和管理企业运作的制度安排，治理结构能否有效解决管理层的激励问题，各利益相关主体的权利、义务和责任是否明确，能否确保投资者在企业中的资产得到应有的保护和获得合理的投资回报。企业治理结构能否按照国际通行的规则进行安排。

5) 项目获利途径和投资回报

重点评估业务模型的选择情况、所确定的经营模式及企业盈利目标；评估项目可能的收入来源、影响成功的关键因素，分析业务模型的潜在回报是否具有吸引力。评估产品的价值定位，分析产品能为客户带来何种服务和市场价值。对拟建项目的财务计划进行详细评估，包括投资总额及其构成、项目建设期及投资进度计划、收入及成本费用预测的依据、盈亏平衡和利润等情况。

6) 技术及研发

评估所采用技术的成熟程度，是否经过中试阶段，与同类技术相比较所具有的领先地位，评估拟建项目的主要创新点，分析向消费者提供比市场上现有产品功能更强的产品或服务的途径和方式。评估所需资源的可获得性，能否控制所有的资源。

7) 投资者的股权安排

评估投资者所承担的风险能否与所获得的回报相匹配，股权结构安排是否合理，投资人的退出机制及撤资方式是否可行。

8) 商业计划执行的可信度

要求商业计划书的相关部分结构清晰，目标明确，计划合理，数据翔实，并能确保该商业计划书能够作为未来企业推进拟建项目的行动指南并予以贯彻实施。

8.2.6 撰写创业计划书的注意事项

撰写一份优秀的创业计划书就如同讲故事。故事要讲得圆满、真实；对于产品类的项目一定要申请专利，至少拿到申请号、专利证书、项目鉴定证书、专家评价意见、投资意向书等要齐全；要了解国内同行及发展的水平；成本核算、财务评价要真实可信；报告和答辩过程中要自信。

1. 对创业产品或服务的优势进行独到的说明

要用简要的语言概述产品或服务的特性、研发过程、技术规格及在同类产品比较的优势、产品给客户带来的利益、客户愿意买这种产品或接受这种服务的原因，这种产品为什么会使企业盈利，企业采用何种方式来改进产品的质量，企业对该产品的发展设想及战略，企业最终所要达到的行业地位和市场信誉度等。这部分写作要简洁明了，突出个性，要让风险投资商对产品或服务项目“一见钟情”。

2. 分析创业宏观环境和产业环境

通过对创业宏观环境和产业环境的分析，从而阐明自己的市场地位，清楚阐明自己的竞争优势和劣势，明确经营战略目标。在宏观环境分析中，要灵活运用因素分析、对比分析、预测分析等方法，对影响企业发展的社会、技术、生态、经济、政策、人口等因素进行探析，从而进一步得到金融支持和政府政策的支持。通过对产品、技术、产业成长与产业特征的分析、产业结构与产业竞争的分析，来说明发展生产的机遇性、成熟性。使投资商对投资环境感到既安全，又有发展信誉和各项保障。

3. 明确提出新创企业的营销战略和实施步骤

在对产品市场做出准确的分析与预测后，创业公司应在商业计划书中，向风险投资者提供目标营销战略。对市场的渗透过程及预计取得的市场份额进行准确的预测，对不同顾客群体的营销策略，产品的合理定位、价格的合理区间、产品的分销渠道、售后服务的特色、广告经营策略、如何提升产品知名度等加以明确的说明，使风险投资商认为你的营销策略是行之有效的，产值是指日可期的。

4. 客观地说明可能遇到的风险和机遇

有创业就有风险，风险与机遇是并存的。一般的投资商对企业发展所面临的困难和挑战都是比较重视的。所以要将创业中所面临的主要问题，如资金的不足、资源的短缺、管理经验的不足、市场和产品的不确定因素等，并提出相应的应急措施和办法，如新技术的开发、寻找替代产品、新的营销手段和战略等。机遇部分可以给整个的创业计划带来闪光点，是企业的转折和希望之所在，它往往能使投资商为之振奋，从而慷慨解囊。

5. 介绍精干的创业管理团队和严密的组织结构

高素质的管理人员和良好的组织结构是管理好企业的重要保证，因此风险投资家会特别注重对高层管理团队的评估；这个管理团队应是由具有专业型、创新型、协作型、互补型的人才构成。他们分工明确，富有开拓进取的团队精神。在介绍他们在企业的职务、职权。职业经历背景的同时，着重突出他们的个人专长，以及给企业带来的潜在效益。同时，还要对公司的结构(组织机构、各部门的功能、部门负责人等)做简要介绍，以说明机构设置的有效性、合理性。投资商十分注重高层管理者的管理水平和能力，所以“人才兴企”的战略不可忽视的法宝。

6. 明确新创企业财务控制制度

新创企业首先应明确自己的理财目标，要尽可能使企业的税后利润最大化，使产品收益最大化，使企业市场价值最大化。另外，对企业现金预算编制要进行精确的说明，还要对企业的财务的偿债能力、资金运营能力、获利能力和发展能力进行准确的分析，使风险投资商全面了解创业公司的财务状况，对融资款项获利的前景和重要的财务数字了如指掌，做到心中有底。这部分主要是通过数字和表格来体现的，在写作时应以诚信、守法为原则、做到数据精确、账目清晰。

本章小结

创业计划书是创业者自己在创业前需要准备的一份书面计划，是创业者的创业蓝图，也是筹措创业资金的重要依据。创业计划书是整个创业过程的灵魂。

创业计划书涵盖的内容主要有摘要、业务内容、行业分析、产品和服务、管理团队、生产管理、市场营销、研究与开发、财务分析、风险控制、创业投资的退出等内容。

创业计划书通常包括封面、保密要求、目录、摘要、正文、附录几部分。

信息对于创业者是十分重要的，及时准确地把握了政策信息和市场信息，就意味着在竞争中拥有了主动权。

撰写创业计划书的基本准则包括简洁清晰、排版规范装订美观、避免言过其实、突出关键风险因素和突显优秀创业团队。

创业企业必须事前进行充分周密的准备工作。

投资者在决定对拟建项目进行投资之前，必须对商业计划书进行全面、系统、科学、严谨的审查评估。

思考题

1. 创业计划书有哪些作用？
2. 如何制订和实施创业计划？
3. 创业计划书的制订原则是什么？
4. 创业计划书编写前的准备工作有哪些？
5. 选定一个项目，试着撰写一份创业计划书。

第 9 章　新企业的开办

学习目标

1. 了解注册成立新企业的原因，掌握如何选择企业组织形式。

2. 掌握新企业注册的程序与步骤和新企业选址的影响因素。

3. 理解新企业获得社会认同的必要性和基本方式。

4. 了解创办新企业可能遇到的风险类型及其应对策略。

5. 掌握新企业管理的独特性，了解针对新企业的管理重点与策略。

9.1 成立新企业

案例 9-1

成立新企业的引导案例

大学毕业后，詹姆斯和詹妮都为一家电脑磁盘驱动器制造商工作。这些产品的销售情况非常好，但常常收到投诉，客户抱怨这些驱动器与电脑连接后的反应速度太慢。

詹姆斯在该公司的销售部门工作，常常与工程部的詹妮讨论客户的不满。考虑了一段时间后，詹妮相信终端用户可以通过装入一种新软件来解决这个问题。

一个下班后的晚上，这两位年轻人决定创办自己的企业来开发和销售这种软件。

詹妮估计开发和完善这种软件要花费 6 个月的时间，詹姆斯则认为在此后的 8 个月内他可以销售出相当可观的数量。

此外，詹姆斯还相信他可以从富有的杰克森叔叔那儿得到足够的资金来维持创业初期的运营。但是，他们两人都认识到，当自己的产品上市并大量销售时，可能还需要银行和投资者来提供资金。

此外，虽然两人在短期内可以完成所有必需的工作，但可以预期在长期经营中还得需要程序编辑人员、销售人员和打包运货人员等。他们都知道哪些人适合这些岗位。

詹妮和詹姆斯对自己的计划很兴奋，准备提交辞职书。

问题：

(1) 詹姆斯和詹妮在离职前必须考虑哪些创业法律和伦理问题？

(2) 詹姆斯和詹妮创办的新企业能否立即与前受雇企业合法竞争？

(3) 詹姆斯和詹妮应该选择何种企业组织形式？

9.1.1 企业组织形式的选择

企业在设立之前，必须确定其组织形式，按照全国人大颁布的《中华人民共和国个人独资企业法》《中华人民共和国公司法》和《中华人民共和国合伙企业法》，一家新创企业可以选择的组织形式通常包括个人独资企业、合伙企业、有限责任公司和股份有限公司。

1. 个人独资企业组织形式及其特点

个人独资企业是常见的企业组织形式。根据《中华人民共和国个人独资企业法》的规定，个人独资企业是指依法设定，由一个自然人投资，财产为投资人个人所有，投资人以其个人财产对公司财务承担无限责任的经营实体。

个人独资企业的设立条件包括以下几个方面。

(1) 投资人为一个自然人。

(2) 有合法的企业名称。

(3) 有投资人申报的出资。

(4) 有固定的生产经营场所和必要的生产经营条件。

(5) 有必要的从业人员。

个人独资企业具有以下特点。

(1) 只有一个出资者。

(2) 出资人对企业债务承担无限责任；在个人独资企业中，出资人直接拥有企业的全部资产并直接负责企业的全部负债，也就是说出资人承担无限责任。

(3) 独资企业不作为企业所得税的纳税主体。一般而言，独资企业并不作为企业所得税的纳税主体，其收益及纳税人所有的其他收益一并计算交纳个人所得税。

个人独资企业优点包括以下几个方面。

(1) 产权为创业者个人独有，产权清晰，不会与其他个人或团体产生产权上的纠纷。

(2) 企业由创业者自由掌控，创业者可按自己的思路来经营和发展。

个人独资企业缺点包括以下几个方面。

(1) 当个人独资企业财产不足以清偿债务时，企业承担无限责任，投资人以其个人的其他财产予以清偿，因而带有相当大的风险，举债要十分谨慎。

(2) 不易从外部获得信用资金，企业的规模难以扩大。

(3) 当所有者生病或失去工作能力，或决定退休，此时若没有家庭成员、亲朋好友愿意并且有能力经营企业，这个企业就将终结。

对于创业者希望其长大并获取巨大的财务成功的新企业来说，独资企业通常不是合适的法律组织形式。

2. 合伙企业组织形式及其特点

如果是创业团队成员共同创业，那么合伙企业组织形式则是最常用的企业组织形式。根据《中华人民共和国合伙企业法》的规定，合伙企业是依法设立，由各合伙人订立合伙协议，共同出资，合伙经营，共享收益，共担风险，并对合伙企业债务承担无限连带责任的营利性组织。

合伙企业具有以下特点。

(1) 合伙企业至少由两个以上的合伙人(出资者)组成。

(2) 以合伙协议为法律基础。

(3) 合伙人对企业债务承担连带无限责任，包括对其他无限责任合伙人集体采取的行为负无限责任。

(4) 内部关系属于合伙关系。

(5) 合伙人通常按照他们对合伙企业的出资比例分享利润或分担亏损。

(6) 合伙企业一般不缴纳企业所得税，其收益直接分配给合伙人。会计师事务所、律师事务所、石油、天然气勘探和房地产开发企业通常按合伙企业组织形式组建。

合伙企业的优点包括以下几个方面。

(1) 共担风险。由于合伙人之间的责任是连带的，在风险方面可以共同分担，在遇到困难时可以一起克服。

(2) 融资较易。可在合伙企业中吸纳具有融资优势的个人加入，可以减弱以至克服个人独创企业融资难。

(3) 优势互补。合伙企业的创业者为两人或更多，只要团队结构合理、优势互补、协调合作，即可以形成团队优势。

(4) 当公司入不敷出、资不抵债时，可以强制企业破产，而不管公司欠债多少，所有出资人都只以其投入企业的资本清偿债务。

合伙企业的缺点包括以下几个方面。

(1) 在合伙企业存续期间，如果某一合伙人有意向合伙人以外的人转让其在合伙企业中的全部或部分财产份额时，必须征得其他合伙人的一致同意。

(2) 当合伙企业以其财产清偿合伙企业债务时，其不足部分，由各合伙人用个人财产承担无限连带责任。

(3) 合伙企业的融资能力仍然有限。

3. 有限责任公司组织形式及其特点

2013 年 12 月 28 日第十届全国人民代表大会常务委员会第十八次会议表决通过了修订后的《中华人民共和国公司法》，并于 2014 年 3 月 1 日起正式施行。修订后的《中华人民共和国公司法》为公司的设立和营运提供了制度便利。

根据《中华人民共和国公司法》的规定，有限责任公司是在中国境内依法设立的，股东以其认筹的出资额为限对公司承担责任，公司以其全部资产为限对公司的债务承担责任的企业法人。

有限责任公司具有以下特点。

(1) 有 1～50 个出资者：需要说明的是一人有限责任公司是在 2005 年 10 月 27 日第十届全国人大第十八次会议上通过的《中华人民共和国公司法》中新加入的。

(2) 股东出资额没有限制；公司股东(发起人)应当对其认缴出资额、出资方式、出资期限等自主约定，并记载于公司章程。其包括：①允许自主约定注册资本总额，取消有限责任公司最低注册资本 3 万元、一人有限责任公司最低注册资本 10 万元、股份有限公司最低注册资本 500 万元的限制，理论上公司全体股东(发起人)可以申办“一元钱公司”；②允许自主约定首次出资比例，取消首期出资额至少需达到认缴注册资本总额 20%的规定，理论上公司设立时全体股东(发起人)均可以“零首付”； ③允许自主约定出资方式和货币出资比例，不再限制公司全体股东(发起人)的货币出资金额占注册资本的比例；④允许自主约定出资期限，不再规定公司全体股东(发起人)缴纳出资的期限；⑤实行注册资本认缴登记制度。公司实收资本不再作为工商登记事项，公司登记时无须提交验资报告。

(3) 有限责任公司不能公开募集股份，不能发行股票。

(4) 有限责任。股东对公司的债务承担有限责任，倘若公司破产清算，股东的损失以其对公司的投资额为限，股东不需要以超过自己出资以外的个人财产为公司清偿债务。

(5) 有限责任公司是企业法人。个体工商户不是企业；个人独资企业和合伙企业虽然属于企业，但也不具备法人资格，不是企业法人；而有限责任公司具备企业法人资格。

有限责任公司的优点包括以下几个方面。

(1) 股东对公司承担有限责任，与个人的其他财产无关，因而股东的风险不大。

(2) 公司具有较好的续存性。不论出资者如何变换、转让股份，扩大或缩小出资者人数，或个别股东的意外消失，都不会导致公司的解体，公司作为独立法人并不受影响。

(3) 与个人独资企业和合伙企业相比，公司的所有权与经营权分离，聘任经理人员管理公司，能更好地适应市场竞争。

有限责任公司由于具有合伙企业的优点和公司所具有的法律保护，所以，近年来越来越受到创业者的欢迎，是一种非常有前途的企业所有权形式。

有限责任公司的缺点包括以下几个方面。

(1) 有限责任公司设立程序比较复杂，注册时要提供比较详细的资料，要有公司章程。

(2) 为了规范公司治理结构，政府对公司的限制较多，法律法规的要求也较为严格。

一人有限责任公司的特别规定如下：

① 一人有限责任公司是指只有一个自然人股东或者一个法人股东的有限责任公司。

② 一个自然人只能投资设立一个一人有限责任公司。该一人有限责任公司不能投资设立新的一人有限责任公司。

③ 一人有限责任公司的股东不能证明公司财产独立于股东自己的财产的，应当对公司债务承担连带责任。

4. 股份有限公司组织形式及其特点

在现代企业的各种组织形式中，股份有限公司在企业组织形式中占据主导地位。根据《中华人民共和国公司法》的规定，股份有限公司是依法设立，其全部股本分为等额股份，股东以其所持股份为限对公司承担责任，公司以其全部资产对公司的债务承担责任的企业法人。股份有限公司是与其所有者即股东，对公司债务承担有限责任。

股份有限公司和以上3种组织形式相比具有以下特点。

(1) 有限责任。这一点与有限责任公司相同，股东对股份有限公司的债务承担有限责任，倘若公司破产清算，股东的损失以其对公司的投资额为限，而对独资企业和合伙企业，其所有者可能损失更多，甚至个人全部财产。

(2) 永续存在。股份有限公司的法人地位不受某些股东死亡或转让股份的影响，因此，其寿命比独资企业或合伙企业更有保障。

(3) 可转让性。股份有限公司的股份转让比独资企业和合伙企业的权益转让更为容易。

(4) 易于筹资，可迅速聚集大量资本。从筹集资本的角度看，股份有限公司是最有效的企业组织形式。由于其永续存在及举债和增股的空间大，可广泛聚集社会闲散资金形成资本，为广大公众提供了简便、灵活的投资渠道，也为企业提供了筹资渠道，有利于公司的成长，使某些需要巨额资本的产业得以建立，股份有限公司具有更大的筹资能力和弹性。

(5) 有利于分散投资者的风险。股份有限公司的股东以其所持股份为限对公司承担责任，与个人的其他财产无关，投资者可以投资多个公司，因而有利于分散风险。

(6) 有利于接受社会监督。股份有限公司有利于资本产权的社会化和公众化，为了确保股东权益，需要把大企业的经营置于社会的监督之下，定期披露公司信息，因而有利于接受社会监督。

(7) 对公司的收益重复纳税。作为一种企业组织形式，股份有限公司也有不足，最大的缺点是对公司的收益重复纳税：公司的收益要交纳公司所得税；税后收益以现金股利分配给股东后，股东还要交纳个人所得税。

5. 企业组织形式选择的策略

创始人在创建新企业时选择企业组织形式需要考虑下列问题。

(1) 创业者(投资者)有多少人？

(2) 承担有限责任对你很重要吗？例如，如果你有许多个人财产，这对你可能比较重要；而如果你没有什么个人财产，承担有限责任对你可能就不太重要。

(3) 所有权的可转让性是重要还是不重要？

(4) 你预料过你的新企业可能支付股利吗？如果想过，这些股利承受双重征税对你有多重要？

(5) 如果你决定离开企业，你会担心自己不在的时候企业能否持续经营下去吗？

(6) 保持企业较低的创办成本对你有多重要？

(7) 在将来，筹集企业所需追加资金的能力有多重要？

并根据企业的实际情况，来选择适合的企业组织形式。

9.1.2 企业注册流程

成立新企业需要按照以下工作流程进行注册。

1. 核名

设立公司应当申请名称预先核准。初步拟定自己创办企业的名称后，在登记注册前要到当地的工商局注册分局进行电脑查询，确定自己拟定的公司名称与别人已经注册的企业名称没有相重，这个程序称为“名称查重”。按照国家有关法律规定，企业名称具有专用性和排他性，一旦核准登记，在规定的范围内享有专用权，受法律保护，其他单位或个人不得与之混用或假冒。

根据国家工商行政管理总局发布的《企业名称登记管理规定》和《企业名称登记管理实施办法》，企业名称应当由行政区划、字号、行业、组织形式依次组成，如南京苏宁电器股份有限公司、北京长空机械有限责任公司。非公司制企业可以申请用“厂”“店”“部”“中心”作为企业名称的组织形式。

在拟定名称时，最好事先拟有3～4个名称备用。选定名称后到工商网站或相关部门的“公司核名”窗口提交预核准企业名称，通过后打印《名称(变更)预先核准通知书》，全体股东亲笔签字。全体股东签字后《企业名称(变更)预先核准通知书》领取证式的《企业名称预先核准通知书》，领取人必须是股东。

2. 前置审批

特殊行业需前置审批，如外贸、餐饮、音像、电信、烟草、美发、广告、旅行社、报关等需到相关部门进行审批，获得许可证。

3. 预约

取到名称核准件后，到相关工商注册登记网站登记及注册，审核通过后打印材料，通过电话预约办理登记注册手续。

4. 填写登记申请书并提交有关材料

申请人应当按照国家工商行政管理总局制定的申请书格式文本提交申请，并按照企业登记法律、行政法规和国家工商行政管理总局规章的规定提交有关材料。

5. 审核和核准

工商管理部门进行审核，在审核过程中工商管理部门可以提醒和帮助申请者补齐各种要求的文件。对于决定予以受理的登记申请，应当在规定的期限内做出是否准予登记的决定。

6. 颁发营业执照

由工商行政管理局向工商企业颁发营业执照，营业执照是企业或组织合法经营权的凭证。营业执照分正本和副本，二者具有相同的法律效力。在使用方面，正本是“必须悬挂”在经营场所的明显处，否则你可能因未悬挂执照而受到处罚；副本一般用于外出办理业务用的，如办理银行开户许可证、企业组织机构代码证、税务登记证、签订合同等。“三证合一”是指工商局将企业登记所需的组织机构代码证、税务登记证与工商营业执照证合为一体，直接向企业颁发加载组织机构代码和税务登记证编号的工商营业执照。

7. 刻章

需要刻的章有公章、财务章、法人名章、合同章，刻章前需到公安局备案窗口办理备案手续。

8. 银行开户

依据我国相关法律规定，每个独立核算的经济单位都必须在银行开户，各单位之间办理款项结算，除现金管理办法规定外，均需通过银行结算。单位银行账户包括基本存款账户、一般存款账户、专用存款账户、临时存款账户，不同存款账户的功能及用途各不相同。

(1) 基本存款账户是企业办理日常结算和现金收付的账户，企业的工资和资金等现金的支取，只能通过基本存款账户办理。基本存款账户只能选择一家银行的一个营业机构开立，不得在多家银行机构设立。

(2) 一般存款账户是存款人因借款或其他结算需要，在基本存款账户开户银行以外的银行营业机构开立的银行结算账户。一般存款账户用于办理存款人借款转存、借款归还和其他结算的资金收付。该账户可以办理现金缴存，但不得办理现金支取。该账户的开立数量没有限制。

(3) 专用存款账户是企业按照法律、行政法规和规章。对其特定用途资金进行专项管理和使用而开立的银行结算账户。

(4) 临时存款账户是企业因临时经营活动需要开立的账户，企业可以通过本账户输入或转出资金。

9. 新企业社会保险登记

根据《中华人民共和国社会保险法》，新企业注册后必须办理社会保险，也就是通常说的企业员工的“五险”，即基本养老保险、基本医疗保险、失业保险、生育保险和工伤保险。

用人单位应当自成立之日起 30 天内凭营业执照和单位印章向当地的社会保险经办机构申请办理保险登记。社会保险经办机构应当自收到申请之日起15日内予以审核，发给社会保险登记证件。

9.1.3 企业注册相关文件的编写

企业在注册成立时要提交相应文件材料，不同组织形式对于需要提交的文件材料有不同的要求。

1. 个人独资企业设立登记应提交的文件材料

(1) 投资人签署的《个人独资企业设立登记申请表》。

(2) 投资人身份证明，包括投资人的居民身份证或户籍证明。

(3) 企业住所证明。投资人自有的住所，应当提交房管部门出具的产权证明；租用他人的场所，应当提交租赁协议和房管部门的产权证明。没有房管部门产权证明的，提交其他产权证明，企业住所在农村，没有房管部门颁发产权证明的，可提交村委会出具的证明。

(4) 国家工商行政管理总局规定提交的其他文件。

2. 合伙企业设立登记应提交的文件材料

(1) 全体合伙人签署的《合伙企业设立登记申请书》。

(2) 全体合伙人的主体资格证明或者自然人的身份证明。合伙人为自然人的，提交居民身份证复印件。合伙人是企业的提交营业执照副本复印件。

(3) 全体合伙人指定的代表或者共同委托的代理人的委托书。

(4) 全体合伙人签署的合伙协议。

(5) 全体合伙人签署的对各合伙人认缴或者实际缴付出资的确认书。

(6) 主要经营场所证明。

(7) 全体合伙人签署的委托执行事务合伙人的委托书。执行事务合伙人是法人或其他组织的，还应当提交其委派代表的委托书和身份证明复印件。

(8) 合伙人以实物、知识产权、土地使用权或者其他财产权利出资，经全体合伙人协商作价的，提交全体合伙人签署的协商作价确认书；经全体合伙人委托法定评估机构评估作价的，提交法定评估机构出具的评估作价证明。

(9) 法律、行政法规规定设立特殊的普通合伙企业需要提交合伙人的职业资格证明的，提交相应证明。

(10) 办理了名称预先核准的，提交名称预先核准通知书。

(11) 法律、行政法规或者国务院决定规定在登记前须经批准的项目的，提交有关批准文件。

3. 有限责任公司设立登记提交的文件材料

(1) 公司法定代表人签署的《公司设立登记申请书》。

(2) 全体股东签署的《指定代表或者共同委托代理人的证明》(股东为自然人的由本人签字；自然人以为的股东加盖公章)及指定代表或委托代理人的身份证复印件(本人签字)；应标明具体委托事项、被委托人的权限、委托期限。

(3) 全体股东签署的公司章程(股东为自然人的由本人签字；自然人以外的股东加盖公章)。

(4) 股东的主体资格证明或者自然人身份证明复印件。股东为企业的，提交营业执照副本复印件；股东为事业法人的，提交事业法人登记证书复印件；股东为社团法人的，提交社团法人登记证复印件；股东为民办非企业单位的，提交民办非企业单位证书复印件；股东为自然人的，提交身份证复印件。

(5) 股东首次出资是非货币财产的，提交已办理财产权转移手续的证明文件。

(6) 董事、监事和经理的任职文件及身份证明复印件。

(7) 法定代表人任职文件及身份证明复印件。

(8) 住所使用证明。

(9) 企业名称预先核准通知书。

(10) 法律、行政法规和国务院决定规定设立有限责任公司必须报经审批的，提交有关的批准文件或者许可证书复印件。

(11) 公司申请登记的经营范围中有法律、行政法规和国务院决定规定必须在登记前报经批准的项目，提交有关的批准文件或者许可证书复印件或许可证明。

(12) 法律、行政法规和国务院决定规定设立股份有限公司必须报经批准的，提交有关的批准文件或者许可证书复印件。

4. 股份有限责任公司设立登记提交的文件材料

(1) 公司法定代表人签署的《公司设立登记申请书》。

(2) 全体股东签署的《指定代表或者共同委托代理人的证明》(股东为自然人的由本人签字；自然人以为的股东加盖公章)及指定代表或委托代理人的身份证复印件(本人签字)；应标明具体委托事项、被委托人的权限、委托期限。

(3) 全体股东签署的公司章程(股东为自然人的由本人签字；自然人以外的股东加盖公章)。

(4) 股东的主体资格证明或者自然人身份证明复印件。股东为企业的，提交营业执照副本复印件；股东为事业法人的，提交事业法人登记证书复印件；股东为社团法人的，提交社团法人登记证复印件；股东为民办非企业单位的，提交民办非企业单位证书复印件；股东为自然人的，提交身份证复印件。

(5) 股东首次出资是非货币财产的，提交已办理财产权转移手续的证明文件。

(6) 董事、监事和经理的任职文件及身份证明复印件(依据《中华人民共和国公司法》和公司章程的规定和程序，提交股东大会决议(募集设立的提交创立大会的会议记录)、董事会决议或其他相关材料。股东大会决议(创立大会会议记录)由发起人加盖公章或由会议主持人和出席会议的董事签字，董事会决议由董事签字)。

(7) 法定代表人任职文件及身份证明复印件。

(8) 住所使用证明。

(9) 企业名称预先核准通知书。

(10) 募集设立的股份有限公司公开发行股票的还应提交国务院证券监督管理机构的核准文件。

(11) 公司申请登记的经营范围中有法律、行政法规和国务院决定规定必须在登记前报经批准的项目，提交有关的批准文件或者许可证书复印件或许可证明。

(12) 法律、行政法规和国务院决定规定设立股份有限公司必须报经批准的，提交有关的批准文件或者许可证复印件。

9.1.4 注册企业必须考虑的法律与伦理问题

创业者在创建和经营企业的过程中，必须了解和遵守有关法律法规，以确保自身和他人的利益没有受到非法侵害。法律法规不仅对新企业有约束作用，而且给新企业的运营与发展给予法律保护。与创业有关的法律主要包括《中华人民共和国专利法》《中华人民共和国商标法》《中华人民共和国著作权法》《中华人民共和国反不正当竞争法》《中华人民共和国合同法》《中华人民共和国产品质量法》《中华人民共和国劳动法》等。

1. 法律问题

创业者在创建和经营企业的过程中，面临众多的法律问题，因而必须了解和遵守有关法律法规，以确保自身和他人的利益不受侵害。

1) 规定企业设立、组织、解散的法律

规定企业设立、组织、解散的法律包括《中华人民共和国公司法》《中华人民共和国合伙企业法》《中华人民共和国个人独资企业法》《中华人民共和国公司登记管理条例》《中华人民共和国企业破产法》等。创业者在设立企业之前，必须了解这些法律法规的有关规定，包括设立企业要符合的条件、企业的组织机构的设置、企业的规章制度等。

2) 规范企业劳动关系的法律

规范企业劳动关系的法律包括《中华人民共和国劳动法》《中华人民共和国劳动合同法》《中华人民共和国促进法》《社会保险费征缴例行条例》《社会保险登记管理暂行办法》《工伤保险条例》《最低工资规定》等。每个企业都需要用人，要处理好企业余劳动者之间的关系，使劳动者充分发挥积极性，必须严格按照有关法律法规办理相关手续。

3) 与知识产权相关的法律

与知识产权相关的法律包括《中华人民共和国专利法》及其实施细则、《中华人民共和国商标法》及其实施条例、《信息网络传播权保护条例》《计算机软件保护条例》《中华人民共和国商标法》《中华人民共和国著作权法》和《中华人民共和国专利法》等。通过掌握知识产权法律法规，创业者能够更有效地保护自己的知识产权，也避免侵犯他人的知识产权。

(1) 专利法是确认发明人(或其权利继受人)对其发明享有专有权，规定专利权人的权利和义务的法律规范的总称。1980 年 1 月，我国政府正式筹建专利制度，后又成立了中国专利局。1984 年 3 月，全国人大通过并颁布了《中华人民共和国专利法》，2001 年 6 月 15 日国务院颁布《中华人民共和国专利法实施细则》，2008 年 12 月 27 日第十一届人大第六次会议通过关于修改《中华人民共和国专利法》的决定，自 2009 年 10 月 1 日起施行。

(2) 商标与商标法。商标法是确认商标专用权，规定商标注册、使用、转让、保护和管理的法律规范的总称。它的作用主要是加强商标管理，保护商标专用权，促进商品的生产者和经营者保证商品和服务的质量，维护商标的信誉，以保证消费者的利益，促进社会主义市场经济的发展。

(3) 著作权与著作权法。著作权法是指保护文学、艺术和科学作品作者的著作权及与著作权有关的权益。按照法律规定，中国公民、法人或者其他组织的作品，不论是否发表，均享有著作权。具体包括以下形式创作的文学、艺术和自然科学、社会科学、工程技术等作品：文字作品；口述作品；音乐、戏剧、曲艺、舞蹈、杂技艺术作品；美术、建筑作品；摄影作品；电影作品和以类似摄制电影的方法创作的作品；工程设计图、产品设计图、地图、示意图等图形作品和模型作品；计算机软件和法律、行政法规规定的其他作品。

我国实行对作品自动保护原则和自愿登记原则，即作品一旦产生作者便享有版权，登记与否都受法律保护；自愿登记后可起到证据作用。署名权、修改权、保护作品完整权的保护期不受限制，发表权保护期为作者终生及其死亡后50年。

4) 规范企业市场交易活动的法律

规范企业市场交易活动的法律包括《中华人民共和国合同法》《中华人民共和国担保法》《中华人民共和国产品质量法》《中华人民共和国反不正当竞争法》《中华人民共和国反垄断法》《中华人民共和国广告法》《中华人民共和国消费者权益保护法》等。这部分法律法规主要解决企业合法经营，公平交易问题。

5) 规范国家宏观调控行为的法律

规范国家宏观调控行为的法律包括《中华人民共和国环境保护法》《中华人民共和国对外贸易法》《中华人民共和国企业所得税法》《中华人民共和国金融法》《透支法》等。国家宏观调控视角下，政府是调控者，企业是被调控的对象，企业如果对政府的行为有异议，可以通过行政复议、行政诉讼等途径申诉自己的权利。

6) 与创业纠纷解决相关的法律

与创业纠纷解决相关的法律包括《中华人民共和国民事诉讼法》《中华人民共和国行政诉讼法》《中华人民共和国仲裁法》《中华人民共和国劳动争议调解仲裁法》等。

2. 伦理问题

创建新企业必须考虑商业伦理问题，包括创业者与原雇主之间、创业团队成员之间、创业者和其他利益相关者之间的伦理问题等。

企业伦理观念是美国20世纪70年代提出的。企业伦理是指企业在处理企业内部员工之间、企业与社会、企业与顾客之间关系的行为规范的总和。

强烈的成功欲望和来自股东、员工、供应商、银行和家庭的巨大压力，使得相当部分创业者往往不顾社会伦理道德而选择权宜之计，甚至铤而走险。从创建新企业角度，为了企业生存和可持续发展创业者、团队必须注重加强伦理道德建设。

1) 创业者与原雇主之间的伦理问题

由于许多创业者是离职后开办新企业，那么离职时必须做好以下4方面的工作。

(1) 离职人员要坦诚地向原雇主说明离职缘由，并预留一段时间给公司寻找适当人员接替，不要隐瞒等到离职再提出。

(2) 按照公司相关规定，向原雇主提出正式书面申请。

(3) 离职人员在辞职报告尚未批准的时间内，要继续认真工作，保证在离职当天处理完先前分配的工作任务。

(4) 离职后要尊重原有雇佣协议。一般情况下，雇员都签署了保密协议和非竞争协议。对于准备创业的离职人员来说，应充分知晓并尊重其签署的雇佣协议，避免引起法律纠纷。

2) 创业团队成员之间的伦理问题

为了解决好创业团队成员之间的伦理问题，可以在创业之前或创业早期，讨论并拟定好创建者协议(或称股东协议)。

创建者协议是处理企业创业团队成员之间相对权益分割、创建者个人如何因投入企业“血汗股权”或现金而获得补偿，以及创建者必须持有企业股份多长时间才能被完全授予，企业的决策程序、岗位职权划分和务实的商业计划形成的书面文件，这些内容对于新企业和谐、高效、持久发展至关重要。

(1) 股份的划分。新企业的初始股份划分要科学，包括以下几个方面：①拟定总股份数，将公司的股份划分成若干股，结合新企业融资情况将一定比例的股份暂时封存以备以后年度按贡献值分股和新的投资人进入；②根据团队成员对项目的贡献情况规定一个管理股份比例，这部分不应超过总股份数的1/5；③企业运作一段时间后让每位团队成员根据新企业的运营情况，结合自己的力量，对剩余的股份进行认购。

(2) 股份的转让。如果有合伙人中途退出，原来享有的管理股继续享有，但仅有分红权，也可以名义价格转让给其他合伙人或新合伙人。原来的合伙人享有优先权；而原来以现金认购的股份，退出人可以保留，也只享有分红权。如不保留则由公司按照退出的资产净值回购，或也可以由其他人受让；退出时没有分配的股权，按名义应该由退出人享有的，由公司以名义价格回购。

(3) 团队成员的工资制度。团队成员首先要以能力优点定稿，按岗定酬。不过新建企业在最初运营时，通常采用团队成员相同的基本工资和绩效工资制度相结合的方式，多劳多得。

(4) 商业计划的制订。创业不是仅凭热情和梦想就能支撑起来的。因此，在创业前期制订一份完整、可行的创业计划书是创业者必做的功课。通过调查和资料参考，规划出项目的短期及长期经营模式，以及预估出能否赚钱、赚多少钱、何时赚钱、如何赚钱及所需条件等。当然。以上分析必须建立在现实、有效的市场调查基础上，不能凭空想象，主观判断。根据计划书的分析，再制定出创业目标并将目标分解成各阶段的分目标，同时拟订出详细的工作步骤。

(5) 职位、职权的确定。为了保证团队成员有效执行新企业的计划、顺利开展各项工作，必须预先在团队内部进行职位、职权的划分。创业团队的职位、职权的确定要根据执行创业计划的需要，结合每位团队成员的特长，具体确定每个人担任的职位和承担的职责以及相应所享有的权限。团队成员之间职权的划分必须明确，既要避免职权的重叠和交叉，也要避免无人承担造成工作上的疏漏。此外，由于还处于创业过程中，面临的创业环境又是动态复杂的，会不断出现新问题，如团队成员的不断更换。因此，创业团队成员的职权也应根据需要不断进行调整。

(6) 企业决策的决定。决策是一项既复杂又极其重要的工作，正确的决策可以使新开办企业由平凡走向辉煌，而错误的决策会使企业走向失败甚至破产。新企业在做出决策前要认真听取创业团队成员的意见，博采众长。如果遇见意见不一致的情况时，通常可以采用投票的方式或根据所持股份的多少来做出决策。

3. 创业者和其他利益相关者之间的伦理问题

新创企业在最初阶段往往面临包括消费者、供应商和投资者在内的利益相关者之间的伦理问题，主要涉及人事伦理问题、利益冲突和顾客欺诈3个方面。

(1) 人事伦理问题。目前存在于企业与员工的人事伦理问题表现形式多样而复杂，其中最为突出的是员工安全隐患和不公平待遇问题。企业应为员工提供安全的工作环境，以免员工在工作过程中被工作环境中事物和人员伤害到身体或心理。同时企业应不分民族、性别、年龄、肤色、宗教等，公平对待每位员工。

(2) 利益冲突。在企业运营过程中，经常会发生员工利益与企业利益冲突的情况。如果解决不好，任其发展下去，将会引起利益失衡面导致双方利益受损，甚至两败俱伤、产生法律纠纷等后果。因此，企业一方面要为员工提供比较满意的福利和工作环境；另一方面应加强员工的职业道德教育，让员工明白，当他的利益与公司整体利益一致时，员工的利益才能得到保证。

(3) 顾客欺诈。在创业初期，创业者往往过于重视企业效益，忽视尊重顾客或公众安全等问题。例如，销售明知不安全的产品、拍摄误导性广告等，这将给企业带来毁灭性打击。创业者应该站在顾客的角度看待即将推出的产品或服务，不断监督自己的工作，寻找能让顾客更满意的方法。

9.1.5 新企业选址策略和技巧

新企业的选址是指如何运用科学的方法来决定设施的地理位置，并使之与企业整体运营系统有机结合，以便有效、经济地达到企业的运营目的。选址是一项永久性、重大的战略投资。相对于其他因素来说，它具有长期性和固定性，当外部环境发生变化时，其他经营因素都可以进行相应调整以适应外部环境的变化，而选址一经确定就难以变动。选择得好，企业可以长期受益，选址不当将“铸成大错”，最终决定企业失败的命运。据我国香港工业总会和香港总商会的统计，在众多开业不到两年就关门的企业中，由于选址不当而导致的创业失败占企业总量的 50%。

新企业选址需要综合考虑经济、技术、政治、社会和自然等影响因素，其中经济因素和技术因素对选址决策起基础作用。

1. 影响因素

1) 经济因素

与企业成本直接相关的因素均列入经济因素的范畴。主要包括以下 5 个方面。

(1) 运输条件与费用。生产的投入与产出都有物料的进出，职工上下班、顾客到达都需要交通运输。不同的运输条件——水运、铁路、公路、空运各有其特点和利弊。企业需结合产品及服务的特点与性质，考虑企业是接近原材料产地还是接近消费市场，综合确定选址方案。

一般选择接近原材料或材料产地的企业主要包括以下几个方面。

① 原材料笨重而价格低廉的企业。

② 原材料易变质的企业。

③ 原料笨重，产品由原料中的一小部分提炼而成的企业。

④ 原料运输不便的企业。

选择接近消费市场的企业主要包括以下几个方面。

① 产品运输不便的企业。

② 产品易变化和变质的企业。

③ 大多数服务业企业。

(2) 劳动力资源情况与费用。随着现代科学技术的发展，单凭体力干活的劳动力需求越来越受到限制。只有受过良好教育的职工才能胜任越来越复杂的工作，对于需要大量具有专门技术员工的企业，人工成本占制造成本的比例很大，而且员工的技术水平和业务能力又直接影响产品的质量和产量，劳动力资源情况和成本就成为选址的重要条件。

(3) 能源可获性与费用。没有燃料(煤、油、天然气)和动力(电)，企业就不能运转。对于耗能大的企业，如钢铁、炼铝、火力发电厂，选址应该靠近燃料、动力供应地。

(4) 基础设施，厂址所在区域的基础设施条件会影响到企业建设和运营的效率。如果该区域供电、供气、排水、交通、通信设施情况完备，就可以减少企业的初始投资和建设周期。

(5) 厂址条件和费用。厂址的地形地势、地质条件及利用情况都会影响到建设投资。例如，在平地上建厂比在丘陵或山区建厂要容易施工得多，造价也低得多；在地震区建厂，则所有建筑物和设施都要达到抗震要求；在有可能出现滑坡的地方建厂，需要做好相应的防范措施，这些措施都将导致投资增加。

2) 技术因素

20 世纪以来，科学技术发展迅猛，产品结构发生了巨大的变化，整个世界处在新的产业革命时期。技术因素涉及以下 3 个方面。

(1) 基础通用技术，指应用广泛、体现基础性的通用技术。

(2) 本行业技术，指形成企业产品的重要技术。

(3) 相关技术，指介于基础技术和本行业技术之间的技术。

3) 政治因素

政治因素是指企业所在地的稳定状况和国家基本政策，包括产业政策、税收政策、政府订单和补贴政策等。企业只有充分了解当地的政治环境。严格遵守国家法律法规，认真贯彻党和国家的政治路线、方针和政策，才能保持企业的长期稳定运行。

4) 社会因素

社会因素包括当地的社会结构、人口环境、社会风俗、生活习惯、文化教育、宗教信仰、价值观念、行为规范、生活方式、文化传统和生活水平等。社会因素强有力地影响着人们态度的形成和改变。

5) 自然因素

一个国家的自然资源与生态环境，包括生产的布局、人的生存环境、自然资源、生态平衡等方面的变化，也会给企业带来一些环境威胁和机会。因而也是企业选址和经营战略制定所必须重视的问题。自然因素包括区域气候、气象要素、各项水文指标等。

2. 企业选址战略

企业选址是一项带有战略性的经营管理活动，因此要有战略意识。选址工作要考虑到企业生产力的合理布局。市场的开拓，要有利于获得新技术新思想。

1) 经营战略

企业首先是经济实体，经济利益对于任何企业都是重要的。新建企业在选址时要综合考虑运输成本、劳动力成本、能源使用费用、厂区建设费用和基础设施的配套情况等多种因素，使企业资本投入最少、效益产出最大。

2) 就近战略

这是任何企业都应考虑的战略，如银行储蓄所、邮电局、电影院、医院、学校、零售业的所有企业等都应考虑就近战略。许多制造业也把工厂建到消费市场附近，以降低运费和损耗。另外，就近的企业选址会给员工上下班带来便利，会为企业留住员工创造条件。

3) 聚合战略

周围的企业建筑密集程度及竞争情况是影响企业经营的重要因素之一。制定选址战略时，必须分析附近的企业密集度与竞争对手。在企业相对集中的地方，必须努力在产品优势、经营特色、价格、服务等方面与众不同，才可能在竞争中脱颖而出。这种聚合战略会使集中在一起的企业相互间既存在竞争，又相互依附、相互促进。企业需要充分利用好这种关系。

4) 人气战略

每个企业都知道，店铺选址首先要选择客流量较集中的核心商圈。客流多少是确定选址战略时必须考虑的重要因素。足够多的客流量是购买量及销售额，甚至是利润的基本保障，选址前了解客流的特点是必不可少的。

3. 企业选址技巧

1) 选择路口位置

根据漏斗理论，位于干道转进巷弄的第一家企业，会像漏斗一样，最先吸引顾客。因此，为了让客户率先看到自己，很多新成立的企业将地址选择在路口。这种做法的弊端是随着车流量的不断增大，紧邻大马路或主干道面带来的噪声、废气污染与绿色、生态、环保、健康的流行居住趋势背道而驰；另外，路边店由于受市政规划不确定因素的影响，遭受拆迁等未来的风险要大得多，因为政府对城市改造、规划的不断深入，越来越多的道路会面临着拓建、改造的可能，这对路边店的影响将十分巨大。

2) 选择同行密集的地段

同行密集客自来，这是经商古训。商业经营中，在某一些街道或地点，集中经营同一类商品，以其商品品种齐全、服务配套完善为特色，可吸引大量慕名而来的顾客。这种经营方法对生产者、消费者都有利，对商品经营者来讲，是适应市场需要的一种竞争举措。

3) 选择地势较好的道路及路面

企业选址要考虑所选位置的道路及路面地势情况，因为这会直接影响商店的建筑结构和客流量。通常，企业地面应与道路处在一个水平面上，这样有利于顾客出入，是比较理想的选择。但在实际选址过程中，路面地势较好的地段地价都比较高，企业在选择位置时竞争也很激烈，所以在有些情况下，企业不得不将地址选择在坡路上或路面与商店地面的高度相差很多的地段上。在这种情况下，最重要的是必须考虑企业门面、阶梯、招牌的设计等，一定要方便顾客，并引人注目。

4) 选择正确走向

走向是指企业所选顾客流动的方向。我国的交通管理制度规定人流、车流均靠右行驶，因为，人们普遍养成右侧通行的习惯，所以企业在选择地址位置的进口时就应以右为上。

案例 9-2

麦当劳和肯德基的选址

业内曾经流传这样一种“傍大款”的说法：“选铺跟着麦当劳、肯德基走，肯定没错！”

麦当劳的选址标准如下:

1. 针对目标消费群

麦当劳的目标消费群是年轻人、儿童和家庭成员。所以在布点上，一是选择人潮涌动的地方，如在和平路、南京路、天津站等交通集散点周边设点；二是在年轻人和儿童经常光顾的地方布点，如在天津乐园附近设点，方便儿童就餐；在新安广场开设店中店，吸引逛商场的年轻人就餐。

2. 着眼于今天和明天

麦当劳布点的一大原则，是一定20年不变。所以对每个点的选择，都通过3～6个月的考察，再做决策评估。重点考察是否与城市规划发展相符合，是否会出现市政动迁和周围人口动迁，是否会进入城市规划中的红线范围。进入红线的，坚决不碰；老化的商圈，坚决不设点。有发展前途的商街和商圈、新辟的学院区、住宅区，是布点考虑的地区。纯住宅区则往往不设点，因为纯住宅区居民消费的时间有限。

3. 讲究醒目

麦当劳布点都选择在一楼的店堂，透过落地玻璃橱窗，让路人感知麦当劳的餐饮文化氛围，体现其经营宗旨——方便、安全、物有所值。由于布点醒目，便于顾客寻找，也吸引人。

4. 不急于求成

黄金地段黄金市口，业主往往要价很高。当要价超过投资的心理价位时，麦当劳不急于求成，而是先发展其他地方的布点。通过别的网点的成功，让“高价”路段的房产业主感到麦当劳的引进，有助于提高自己的身价，于是再谈价格，重新布点。

5. 优势互动

麦当劳开“店中店”选择的“东家”，不少是牌誉较高的，如新安广场、津汇广场等。知名百货店为麦当劳带来客源，麦当劳又吸引年轻人逛商店，起到优势互补的作用。

肯德基的选址步骤

1. 划分商圈——用数据说话

肯德基计划进入某城市，就先通过有关部门或专业调查公司收集这个地区的资料，有些资料是免费的，有些资料需要花钱去买。把资料买齐了，就开始规划商圈。

商圈规划采取的是打分的方法，例如，这个地区有一个大型商场，商场营业额在1 000万元算一分，5 000万元算五分，有一条公交线路加多少分，有一条地铁线路加多少分，这些分值标准是多少年平均下来的一个较准确经验值。通过打分把商圈分成好几大类，以天津为例，有市级商业型(和平路等)、区级商业型、定点(目标)消费型、社区型商务两用型、旅游型等。

2. 选择地点——在最聚客的地方开店

商圈的成熟度和稳定度也非常重要。例如，规划局说某条路要开，在什么地方设立地址，将来这里有可能成为成熟商圈，但肯德基一定要等到商圈成熟稳定后才进入。肯德基开店的原则是努力争取在最聚客的地方和其附近开店。

俗话说“一步差三市”，开店地址差一步就有可能差三成的买卖。这跟人流动线(人流活动的线路)有关，可能有人走到这，该拐弯，则这个地方就是客人到不了的地方，差不了一个小胡同，但生意差很多，这些在选址时都要考虑进去。人流动线是怎样的，在这个区域里，人从地铁出来后是往哪个方向走等，这些都派人去掐表，去测量，有一套完整的数据之后才能据此确定地址。选址时一定要考虑人流的主要动线会不会被竞争对手截住。人流是有一个主要动线的，如果竞争对手的聚客点比肯德基选址更好的情况下那就有影响，如果是两个一样，那就无所谓。

9.1.6 新企业的社会认同

对于新建企业而言，在运营过程中要坚持诚信，勇于承担社会责任，才能得到社会的认同，才能健康、长远的发展。企业的社会责任主要包括企业对投资者、雇员、国家、社会、债权人、客户及环境资源等多个方面的责任，本部分重点介绍有限公司一般应交的主要税种。

1. 增值税

2013 年 8 月 1 日营业改征增值税试点工作在全国范围内推广。

1) 营业税改增值税后的税率变化

(1) 税率：在现行增值税 17%标准税率和 13%低税率基础上，新增 11%和 6%两档低税率。租赁有形动产等适用 11%税率，其他部门现代服务业适用 6%税率。

(2) 计税方式：交通运输业、建筑业、邮电通信业、现代服务业、文化体育业、销售不动产和转让无形资产，原则上适用增值税一般计税方法。金融保险业和生活性服务业，原则上适用增值税简易计税方法。

(3) 计税依据：纳税人计税依据原则上发生应税交易取得的全部收入。对一些存在大量代收转付或代垫资金的行业，其代收代垫金额可予以合理扣除。

(4) 服务贸易进出口： 服务贸易进出口在国内环节征收增值税，出口实行税率或免税制度。

2) 应税服务范围

(1) 交通运输业：改为 11%(包括陆路运输服务、水路运输服务、航空运输服务、管道运输服务)。

(2) 部分现代服务业：改为 6%(包括研发和技术服务、信息技术服务、文化创意服务、物流辅助服务、有形动产租赁服务、验证咨询服务)。

2. 所得税

1) 企业所得税的税率

原《企业所得税暂行条例》规定，企业所得税税率是 33%，另有两档优惠税率，全年应纳税所得额 3 万～10 万元的，税率为 27%，应纳税所得额 3 万元以下的，税率为 18%；特区和高新技术开发区的高新技术企业的税率为 15%。外资企业所得税税率为 30%，另有 3%的地方所得税。新所得税法规定法定税率为 25%，内资企业和外资企业一致，国家需要重点扶持的高新技术企业为 15%，小型微利企业为 20%，非居民企业为 20%。其公式为

企业应纳所得税额＝当期应纳税所得额×适用税率

应纳税所得额＝收入总额－准予扣除项目金额

企业所得税的税率即据以计算企业所得税应纳税额的法定比率。根据《中华人民共和国企业所得税暂行条例》的规定，2008 年新的《中华人民共和国所得税法》规定一般企业所得税的税率为 25%。

非居民企业在中国境内设立机构、场所的，应当就其所设机构、场所取得的来源于中国境内的所得，以及发生在中国境外但与其所设机构、场所有实际联系的所得，缴纳企业所得税。

符合条件的小型微利企业，减按20%的税率征收企业所得税。

国家财税务总局下发的《关于小型微利企业所得税优惠政策有关问题的通知》(财税〔2011〕117号)，通知明确，自2012年1月1日至2015年12月31日，对年应纳税所得额低于6万元(含6万元)的小型微利企业，其所得减按50%计入应纳税所得额，按20%的税率缴纳企业所得税。

国家需要重点扶持的高新技术企业，按15%的税率征收企业所得税。

2) 企业所得税减免税优惠政策

企业所得税条例原则规定了两项减免税优惠，一是民族区域自治地方的企业需要照顾和鼓励的，经省级人民政府批准，可以实行定期减税或免税；二是法律、行政法规和国务院有关规定给予减税免税的企业，依照规定执行。对税制改革以前的所得税优惠政策中，属于政策性强，影响面大，有利于经济发展和维护社会安定的，经国务院同意，可以继续执行。

9.2 新企业生存管理

1. 新企业管理的特殊性

创业者开办企业的基本理由是对市场需求的把握和预测，并能够组织资源开发出适合市场需求的新产品(服务)。新企业成立初期易遭遇资金不足、制度不完善及因人设岗等问题，企业主要把希望寄托在产品(服务)的市场前景和创业者的企业家精神上，而企业的财务资本、人力资本、技术水平、治理结构和管理制度都十分有限，更没有品牌、商誉等无形资产，生存是企业的首要任务。因此，企业不仅要面临外部环境竞争的极大压力，还要面对各种资源短缺的压力。

1) 新企业创业初期是以生存为首要目标的行动阶段

新企业成立初期的首要任务是在市场中生存下来，让消费者认识和接受自己的产品。而这时的产品或业务往往是单一的，甚至只是为其他企业做加工和销售，企业的控制力较弱，目标就是生存下去，获取一定的利润，推动企业往前走，追求规模型成长。因而，在新企业创业初期，发展重点就是确定有利的市场定位和开发产品，从市场定位出发，开发差异化产品和服务，找准市场、拥有客户，使企业得以生存。

2) 新企业创业初期是主要依靠自有资金用于购买机器、厂房、办公设备、生产资料、技术研究与开发、销售等，而该时期企业的资金来源有限，风险较大、风险承受能力有限，产品刚投入市场，销路尚未打开，造成产品积压，现金的流出经常大于现金的流入，资金相对匮乏。由于一般投资者无法承受巨大的风险，而企业又没有过去的经营记录和信用记录，因此新企业从银行获取贷款的可能性和向新投资者获取权益性资金的可能性均很小，企业主要依靠创业者自己或朋友亲戚的资金资助，通过加大营销力度，扩大市场份额和规模来创造自由现金流，以解决企业的生存问题。

3) 新企业创业初期是充分活动“所有的人做所有的事”的群体管理阶段

企业创业初期组织结构比较简单，创业者或经理不仅对部门负责，而且和部门负责人一起面对企业的全体员工及其岗位，创业者或核心管理者常常既是管理者又是技术人员或市场业务员，甚至总经理、总工程师、市场部经理等都是创业者一人兼任。企业组织很不正规，没有明确的分工，采取个人独立工作或分散的小组运作方式，通常有许多人同时担任好几种职责，但效率高。

4) 新企业创业初期是一种“创业者亲自深入运作细节”的阶段

新企业创业初期由于企业规模较小，组织管理的层次较少，管理上基本都是直线控制指挥，一般为企业家、创业者直接领导，他们处于最强有力的位置，采用仁慈独裁式或独裁式领导。创业者是企业的核心，控制并参与企业的全部经营业务，包括原材料、能源、经营、资产与合作。

2. 新企业成长的驱动因素

人才、技术、市场与资本是构成创业的核心要素，而企业成长的推动力量则主要包括创业者、创业团队、市场、组织、资源和创新。

1) 创业者

创业者的素质与能力是创业成功的第一要素。拉瑞·葛雷纳认为新企业创业初期是因为创新而成长，这时候靠的是领导人或合伙人的领导魅力。创建一个成功企业，需要解决的主要挑战及问题是界定市场需要和开发适当的产品(服务)来满足顾客需要。解决这些问题所需要的是典型的企业家技巧：探明市场需要的能力，承担投资风险，建立一个满足这种需要的企业愿望，以及创建一个能够提供这种产品(服务)的组织的能力。创业初期主要利用企业家的创新能力，识别可行的市场并确定有竞争力的产品，进入新的市场空间，开发新的缝隙。建立创业团队同样取决于创业者的能力和作用，在新企业创业初期，创业者通常担任很多职务，在组建团队时需要对创业者自身进行精确分析，需要对创业战略进行精确评价，需要对企业资源进行具体评价等。因此，企业家是管理并运作一个企业的最高层的管理人员，是决定企业成长的关键力量，是企业的精神领袖。优秀的企业家是一种稀缺资源，他们在经营中表现出与众不同的优秀品格，如强烈的进取心、较强的内控能力、善于把握机会、敢于冒险、富于创新、不断挑战自我、超越自我的精神。

2) 创业团队

一个好的创业团队对新创企业的成功起着举足轻重的作用。一个喜欢独立奋斗的创业者固然可以谋生，然而一个团队的营造者却能够创建出一个具有发展潜力的组织或公司。创业团队的凝聚力、合作精神、立足长远目标的敬业精神会帮助新创企业渡过危难时刻，加快成长步伐。另外，团队成员之间的互补、协调及与创业者之间的补充和平衡，对新创企业起到了降低管理风险、提高管理水平的作用。一项针对 104 家高科技企业的研究报告指出，在年销售额达到 500 万美元以上的高成长企业中，有 83.3%是以团队形式建立的；而在另外 73 家停止经营的企业中，仅有 53.8%有数位创始人。

建立优势互补的团队是创业的关键，新公司开办前，应该先把核心团队人员确定下来。之后，需要用公司实体这样一个合法的组织形式确定没人的角色和各自的责任、权力、利益。

(1) 成功、高效团队必备条件。

① 共同的目标。一个团队不单单是由一群人而构成，如果彼此没有共同的目标、相互的认同及统一的行动，那么即使在形式上聚集在一起，也无法形成团队凝聚力。因此，作

为一支成功的团队，首先就要有共同的目标，只有具有共同目标的团队，才有凝聚力和战斗力。

② 相近的理念。一群拥有领先技术的人聚在一起不一定能够创建一直成功的团队，一群有高学历的人聚在一起也不一定能够创建一支优秀的团队。虽然单独的成员看起来十分优秀，甚至对团队运作的程序也颇为了解，但是真正成为团队一员时，运作起来却不像之前想象中的那样，显得十分困难。

因此，要建立一支优秀的团队，团队成员之间的理念要有相近的共同点，这样才能使得团队运行流畅，效率更高。

③ 彼此信任。信任问题之所以重要是因为企业在经济活动中至少存在着以下两个不确定性：企业对未来未知事件存有不确定性；企业对这些未知事件的反应存有不确定性。毫无疑问，有着信任基础的经济活动将会有效减少这些不确定性，一个有着较高信任度的“创业团队”将比事先预测、制订复杂性的契约、均衡博弈行为等更能减少事件的复杂性和不确定性，提高企业的组织资本。事实上，信任度高的组织能够以更具弹性的方式来开展工作，而且其组织方式也更是以团体为导向，这就使得组织的责任能够有效地分散到较低的层次；相反，低信任度的组织必须处处提防、孤立他们的员工，所借助的手段不外乎是一堆官僚式的规章制度。

对于合作伙伴关系的维系具有关键性影响，若缺少了信任，会左右双方行为表现。由于个体难以预测对方组织行为背后所隐含的心智特质，因此在合作过程中充满不确定性的威胁。当团体为确保能从合作关系中获得正面利益，会希望信任关系中对方的行为是可预期的。信任能降低行为的不确定性，并缩短双方组织之间的距离，因此信任确是团体之间合作关系的润滑剂。

④ 优势互补。创业团队是企业创立发展乃至成功的主要因素之一。建立优势互补、专业能力完美搭配的创业团队是保持创业团队稳定的关键因素。

在创建一个团队的时候，不仅仅要考虑相互之间的关系，最重要的是考虑成员之间在知识、资源、能力、技术上的互补性，充分发挥个人的知识和经验优势。这种互补将会有助于强化团队成员间的彼此合作。

在一个创业团队中，成员的知识结构越合理，创业的成功性越大。纯粹的技术人员组成的公司容易形成以技术为主、产品为导向的情况，从而使产品的研发与市场脱节；全部是市场和销售人员组成的创业团队，缺乏对技术的领悟力和敏感性，也容易迷失方向。因此，在创业团队的成员选择上，必须充分注意人员的知识结构，充分发挥个人的知识和经验优势。

一支优秀互补的团队所控制的资源更有利于企业长远的发展。企业在不断发展时期对资源及人力等的要求不一样。例如，在公司发展初期，对技术人才要求较高，在成熟期，要求有战略眼光的管理人才。一个完整的高效运作的创业团队则必须由各类人才组成。

⑤ 良好的沟通。团队沟通是随着团队这一组织结构的诞生而应运而生。一个优秀的企业，强调的是团队的精诚团结，团队成员之间如何沟通是一门大学问。成员之间如果沟通不好，往往会产生矛盾，形成内耗，影响企业的正常运转。

团队成员要很好地沟通和协调，要有共同的词汇表达，用共同的方式去解决工作上的问题(如延期)。共同词汇并不是指沟通所用的是不是中文。例如，当一人说以下与工作有关的词汇：需求已交递、设计已完成、集成可开始和测试已成功，其他团队成员会清晰地明白且理解为同一个意思。

⑥ 合理的利益分配机制。创业之初的股权分配与以后的创业过程中的贡献往往并不一致，因此会出现贡献较多的团队成员，持有的股权数较低，贡献与报酬不一致的不公平现象。因此，良好的创业团队一定要有一条公平合理的利益分配机制。

(2) 建设团队需要注意的问题。在建设创业团队时，需要注意以下几点重要问题，见表 9-1。

表 9-1　建设团队注意的问题

需要注意的问题	具体内容分析
规模要适度	① 团队成员过多，在企业建立初期进行利润分红时，由于没有公平的绩效考核机制，难免出现不公平的现象，导致团队凝聚力下降，团队工作效率低下； ② 团队成员过多，意见分散，讨论问题很难达成一致
优化组合效率	在选择创业团队成员时，一定要考虑整个团队成员的优化组合效率问题，成功的团队需要不同类型的成员，具体包括以下几种类型。 ① 具有技术专长的成员； ② 能够及时发现问题、提出解决问题方案、进行有效决策的成员； ③ 善于倾听、反馈、解决矛盾冲突、良好的人际关系等成员
分工协作	① 团队工作目标的实现需要全体成员互相分工协作，任一成员对具体目标任务完成得不好，整体工作目标就会受挫，而这样的结果可能会导致团队成员丧失信心，甚至是离开团队； ② 对于不适合在团队发展的成员，要采取有力措施，适当调整人员，使团队成为精英组合

3) 市场

企业的存在是因为能够满足市场的需要，如果没有市场需求，新创的企业就没有生存的价值。在竞争激烈的市场环境下，创业者如果不能开拓并管理好市场，即使拥有最好的技术、雄厚的资金，也可能导致企业夭折。创业者应坚持“创造市场”的理念去开拓市场、管理市场。

4) 组织

组织工作做得好，可以形成整体力量得汇聚和放大效应；否则，就容易出现“一盘散沙”，甚至造成力量相互抵消的“窝里斗”局面。可以说，组织结构对于企业，就像人的骨骼系统对于身体一样，是企业生存发展所不可缺少的重要条件。

新创企业的组织结构比较简单，企业管理常常处于一个层次，总经理与各部门中间没有层次障碍。创业者可以直接深入一线，普通员工可以直接与创业者对话，这样便于控制。但伴随着企业的成长，组织结构也需要随着企业的发展而变化。

5) 资源

企业是一个资源的集合体，企业成长的过程就是资源的获取与积累的过程，没有足够的资源，企业就不可能沿着既定的方向发展。在知识经济时代，企业的资源已经有巨大的拓展，人、财、物是企业的基本资源，其他的利益相关者、知识、信息等企业的无形资产、各种市场与关系网络甚至竞争对手都是企业的资源。在企业成长过程中，努力获取资源，善于整合和平衡利用资源，并使资源转化为企业的能力是企业高速成长的关键。

6) 创新

创新是企业的唯一生命主线，失去创新，企业将停滞不前，甚至衰亡，企业得以生存与发展的根本是能满足人类社会不断增长的物质与精神的需要，企业能够满足不断发展变化的社会需求，唯一的依赖是创新。企业作为社会组织中的一个细胞，只有顺应社会的发展，才能生存与发展下去，因此，创新是创业企业成长之根本。

3. 新企业成长管理的技巧和策略

创业初期的企业往往处于高风险期，抵抗内、外部风险的能力都很弱。因此，企业在创业初期管理的主要任务是设法保证自身的存活，管理的重点主要有以下几个方面。

1) 新公司要迅速打开局面

(1) 应做到“拾遗补阙，抢占先机”。拾遗补阙是新公司在经营模式、发展规划、所提供的产品及服务上与其他直接竞争对手采取差异化策略，避免在激烈的市场竞争中与大企业从正面交手，遭受排挤或吞噬。在不同的市场供求领域中，提供独具特色的产品或服务。抢占先机，则是要有抓住市场发展步伐的眼光，提前发现商机，并抓住发展机遇。

(2) 发展自身优势。由于企业提供的产品往往不能满足社会多层次的需求，其中包括时间、技术、服务等差距，而初创企业相对灵活，这也是进入所在行业领域的机会所在。初创企业可以集中自身优势将业务领域重点放在大企业尚未占领的领域或市场，这样就是可以一步步的达到“以小胜大，以弱胜强”的目的。

为此，初创企业要想发展壮大，充分发挥自身优势是关键所在。

① 发挥自身资源优势，创造并形成自身的品牌。

② 由于自身实力薄弱，容易收到市场及外部冲击，要想在激烈竞争的环境下获得生存空间，就要集中优势着手填补市场空白，逐步形成自身优势。

③ 企业的竞争优势一般主要来自产品优势、成本优势、营销优势等。因此，在经营管理中要确立自身产品优势，控制成本，保证营销。

2) 整合外部资源，追求外部成长

新企业的人力、财力、物力资源相对匮乏，注重借助别人(既包括竞争对手，也包括合作者)的力量，发展壮大自身，便显得尤为重要，这也是快速成长企业特别擅长的策略。

一般来说，初创企业在创立初期很难保证一定盈利，为了保证企业正常持续发展，就要做好后续的融资准备。据一项调研表明，融资方式的选择是影响中小企业经营的一个重要因素，如何选择融资方式，怎样把握融资规模及各种融资方式的利用，对企业的生存和发展都至关重要。而通过上市获得短缺资金并迅速扩大规模，是企业实现成长的捷径之一。

案例 9-3

京东商城的融资

京东是中国最大的综合网络零售商，是中国电子商务领域最受消费者欢迎和最具有影响力的电子商务网站之一，在线销售家电、数码通信、计算机、家居百货、服装服饰、母婴、图书、食品、在线旅游等12类数万个品牌百万种优质商品。京东在2012年的中国自营B2C市场占据49%的份额，凭借全供应链的优势继续扩大在中国电子商务市场的领先优势。京东已经建立华北、华东、华南、西南、华中、东北6大物流中心，同时在全国超过360座城市建立核心城市配送站。

京东商城无论在访问量、点击率、销售量及行业影响力上，均在国内B2C网购平台中首屈一指。飞速发展和广阔前景赢得了国际著名风险投资基金的青睐，资本注入势不可当。

(1) 2007 年 8 月，京东赢得国际著名风险投资基金 1 000 万元——今日资本的青睐，首批融资千万美金。

(2) 2009 年 1 月，京东商城获得来自今日资本、雄牛资本及亚洲著名投资银行家梁伯韬先生的私人公司共计 2 100 万美元的联合注资。也是 2008 年金融危机爆发以来，中国电子商务企业获得的第一笔融资。

京东商城在 2009 年年初获得 2 100 万美元融资时，将 70%的资金投向了物流系统的建设，其中包括建设自有快递公司，把北京、上海、广州三地仓储中心扩容至 9 万平方米，开通 26 个城市配送站等，全面提升了京东商城的物流体系。

(3) 2010 年 1 月，京东商城获得老虎环球基金领投的总金额超过 1.5 亿美元的第三轮融资。这是金融危机发生以来中国互联网市场金额最大的一笔融资，国际知名的老虎环球基金注资京东商城，说明投资者对京东商业模式和出色经营业绩的认可。此次融资的成功，对于正在发展的京东商城乃至中国电子商务行业都有着非常积极的意义。”刘强东表示，1.5 亿美元新资金中将有 50%用于仓储、配送、售后等服务能力的提升。

(4) 2011 年 4 月 1 日，刘强东宣布完成 C2 轮融资，投资方俄罗斯的 DST、老虎基金等 6 家基金和一些社会知名人士融资金额总计 15 亿美元，其中 11 亿美元已经到账。

(5) 2012 年 10 月，京东完成第六轮融资，融资金额为 3 亿美元，并非外界传说的 4 亿美元。该笔融资由安大略教师退休基金领投，京东的第三轮投资方老虎基金跟投，两者分别投资 2.5 亿美元和 5 000 万美元。

(6) 2013 年 2 月，京东完成新一轮 7 亿美元融资，投资方包括加拿大安大略教师退休基金和沙特亿万富翁阿尔瓦利德王子控股的王国控股集团及公司一些主要股东跟投。

京东商城经过多次的融资和发展运营最终成为中国最大的综合网络零售商，由此不难看出，企业的融资对于其战略目标的发展和企业的运营战略有着十分重要的意义。

3) 保持持续成长的人力资本

美国著名管理学者托马斯•彼得斯认为：“企业或事业唯一真正的资源是人，管理就是充分开发人力资源以做好工作。”在创业要素中，人是最核心的要素。人力资源是任何企业中最宝贵的资源，经济学家称为第一资源。快速成长企业的一个共同成功要素是其强有力的人力资源管理。企业根据创业战略，分析新企业在环境中的人力资源供给与需求状况，制定相应的政策和措施，确保在需要的时间和需要的岗位上获得各种所需要的人才，创造良好的人力资源环境，使人与事圆满配合，事得其人，人尽其才。快速成长企业的经营者并不一定要受过高等教育，但他们要雇佣一大批有能力的下属，他们通过构建规模较大的管理团队让更多的人参与决策。

4) 实现从创造资源到管好、用好资源的转变

新企业的成长是靠资源的积累实现的。创业者能否成功地创造出机会，进而创建新企业或开拓新事业，在很大程度上取决于他们掌握和能整合到的资源以及对资源的利用情况。

新企业成长需要从注重创造资源转向管理好已经创造出来的资源，从资源“开创”到资源的“开发利用”。创业者要注意挖掘资源价值，从价值创造的角度分析资源，而不是一味地追求资源占有的数量，因为资源获取本身也需要承担成本，占有资源而没有创造价值就是浪费资源，必将为此付出代价。目前，有的企业上市的主要目的是筹集资金，筹集到的资金因为没有好的投资项目而闲置，从而造成很大的损失。

新企业成长需要采取必要的措施，管理好客户资源，管理好有形无形资产，通过现有资源创造最大价值。在企业生存阶段，切忌因为市场的扩大而忽视顾客。顾客需求的满足

是企业成长的根本理由，通过运用和客户相接近的能力，满足客户的要求和保证他们的忠诚，认真对待客户，使他们在交往中感觉良好是一种本质的回报。

5) 形成比较固定的企业价值观和文化氛围

企业价值观是企业文化的核心，构建企业文化的关键是确立并发展企业共同价值观。对于新创立的企业或创建初期的企业文化建设，应该全面构建企业物质、制度和精神文化。而大多数快速成长企业都有比较固定的企业价值观，用以支持企业的健康发展。

新创立的企业要想成长起来并保持长期竞争优势，创业者的素养、观念是十分关键的，并且它们对企业文化有重要的导向作用。创业者创建企业文化，既是艰苦创业的需要，也是创业企业能够迅速健康成长的需要，企业文化的雏形对今后企业文化的发展影响重大。所以，快速成长企业的创建者非常热爱他们自己所从事的事业，他们审时度势，树立符合社会发展的价值观念，并倾注全部心血使企业的价值观延续下去。

6) 注重用成长的方式解决成长过程中出现的问题

美国著名的组织学者、哈佛大学教授拉瑞・葛雷纳指出，组织的变革伴随着企业成长的各个时期，组织变革与组织演变相互交替，进而促使组织发展。组织成长中两个时期之间是否能够正常过渡决定着企业的成长方向。

第一，注重在成长阶段主动变革。企业应明确发展战略，制定、实施战略决策，将精力集中于影响企业经营绩效的那些关键因素和环节，注重自身的发展方向与未来环境的适应性，积极主动地应变，利用环境变化中存在的各种机会，使自身在变化的环境中发展壮大。

第二，善于把握变革的切入点。英特尔公司总裁葛洛夫先生有一句话："当一个企业发展到一定规模后，就会面临一个战略转折点。"就是说，你要改变自己的管理方式、管理制度、组织机构，否则你就难以驾驭和掌控企业，更不用说持续经营。所以，在企业管理中要正确把握企业成长的各个阶段，针对各个阶段不同的特点和企业实践情况，进行重点管理，采取新的管理方式和手段，平稳转折、实现突破。

第三，重视人力资源的开发。新创企业在生存阶段，新员工涌入给企业原有的价值观和行为规范带来巨大的冲击，领导者不可能再管到每个人，中层管理者希望有更多的权力和权威，人员素质和水平越来越不能满足公司发展的需要。因此，对于一个新创立的企业，需要的是合理的人力资源配置，如果配置不合理，一方面可能使某些人员富余，另一方面又造成需要的人才严重短缺，使创业过程人力资源成本加大，使工作效率降低，甚至使创业夭折。

第四，注重系统建设。在创业初期，迫于生存压力，企业一切以顾客和市场为中心，这样做的本质是单纯以获取资金为中心，并不是真正意义上的市场导向。企业的全体员工只重视结果，而不重视过程；只重视所得，而不重视成本，以至于企业的销售量和销售收入都在快速增长，但利润没有增长，反而下降，"红红火火不赚钱"。企业发展起来后，规模扩大了，要解决组织成长问题，基础是企业必须形成自己的使命、愿景和核心价值观并为组织成员所认同，并在此基础上建立公司的组织架构和人力资源管理系统。

第五，做好产品持续开发、进行技术创新。一个企业要在市场中站稳，就要对产品进行升级开发，以满足不断增长的客户需求，应对瞬息万变的市场环境和激烈的竞争，从而保证企业的长远发展。

技术创新是将一种新产品、新工艺、新服务引入市场的过程。技术创新的主要特征在于体现技术与经济的结合，突出强调新技术的首次商业性应用。

作为一支初创企业，需要技术创新。而且，必须明白，技术创新的主要目的不是创造品牌，单一产品技术的创新并不能保证企业的长期发展与成功。技术创新的最主要价值在于使企业拥有持续快速的市场应变能力，而不是创新不再变化。在创新的同时必须要占领市场，忽略市场需求的产品或服务并不是真正的技术创新。

第六，加强信息化、网络化建设。当今社会信息技术发展迅速，尤其是信息化、网络发展的突飞猛进。所以，初创企业一定要抓住机遇，加入建设内部信息化、电子商务等发展趋势当中来。只有这样才能提高自身竞争力，提高企业运行效率，保持旺盛的竞争力，才能立于不败之地。

7) 从过分追求速度转到突出企业的价值增加

当企业经过一段时间的奋斗并取得一定成果后，企业基本步入正轨，随着产品打开市场局面，企业业务得以快速发展。与此同时，顾客的产品知识也日益丰富，对质量、价格、交货期等方面提出了更高的要求，竞争对手增加，竞争范围扩大，企业面对价格竞争的压力也越来越大。因此，当企业发展到一定程度时，就需要向价值增加快的方面转移和延伸，以获得最大的价值增加。

突出价值增加就是企业品牌的打造。品牌在本质上代表着某种产品的特征、能给消费者带来利益和服务的承诺，是消费者识别企业的重要依据。因此对于新创企业来说，给自己的产品设计独特的品牌就显得更为重要。

4. 新企业的风险控制和化解

风险和收益往往存在着对应关系，高风险通常会带来较高的收益。如果一味地回避高风险，有可能就放弃了获得高收益的机会。因而，新企业应根据不同条件、不同环境选择不同的风险控制和化解措施，制订风险管理计划，通过对风险监控来增强防范、化解风险的主动性，减少风险损失。

1) 制订风险缓解计划

新企业对风险采取主动的方法，其中避免永远是最好的措施，这可以通过采取风险缓解计划来达到。

2) 构筑风险监控体系

创业者对新企业要建立风险监控体系，确保企业运作正常，包括设置事前、事中、事后三道防线，健全风险预警、风险控制、风险补偿三级制度；严格资金管理、严格区分客户资金和自由资金，使资金调拨安全迅速。三种管理手段并举，为公司运营保驾护航，使企业的发展规范、健康、有序和持续。

3) 实施风险化解措施

所有风险分析活动都只有一个目的，就是辅助项目组找到处理风险的策略。

(1) 强化团队支持，避免独立的项目结构，通过有效的团队建设增进团队之间的项目支持，可以有效地避免一些风险。

(2) 提高项目经理的权限。有些问题可以在项目经理的层次解决而不需要向更高一层汇报，这样可以有效缩短化解风险的时间。

(3) 改善沟通。通过加强和改善信息流通来促使一些问题得到合理解决。

(4) 经常性的进行监督、检查和管理。

本章小结

一家新创企业可以选择的组织形式通常有4种：个人独资企业、合伙企业、有限责任公司和股份有限公司。

新企业注册流程主要包括企业名称预先核准、前置审批、填写登记申请书、审核和核准、颁发营业执照、刻章、银行开户、社会保险登记。

创业者在创建和经营企业的过程中，必须了解和遵守有关法律法规，以确保自身和他人的利益没有受到非法侵害。法律法规不仅对新企业有约束作用，而且给新企业的运营与发展给予法律保护。与创业有关的法律主要包括《中华人民共和国专利法》《中华人民共和国商标法》《中华人民共和国著作权法》《中华人民共和国反不正当竞争法》《中华人民共和国合同法》《中华人民共和国产品质量法》《中华人民共和国劳动法》等。

创建新企业必须考虑商业伦理问题，包括创业者与原雇主之间、创业团队成员之间、创业者和其他利益相关者之间的伦理问题等。

新企业选址需要综合考虑经济、技术、政治、社会和自然等影响因素，其中经济因素和技术因素对选址决策起基础作用。

对于新建企业而言，在运营过程中要坚持诚信，勇于承担社会责任，才能得到社会的认同，才能健康、长远的发展。企业的社会责任主要包括企业对投资者、雇员、国家、社会、债权人、客户以及环境资源等多个方面的责任。

创业初期的企业往往处于高风险期，抵抗内、外部风险的能力都很弱。因此，企业在创业初期管理的主要任务是设法保证自身的存活。

人才、技术、市场与资本是构成创业的核心要素，而企业成长的推动力量则主要包括创业者、创业团队、市场、组织、资源和创新。

创业初期的企业管理的重点主要有如下几方面：新公司要迅速打开局面，整合外部资源追求外部成长，保持持续成长的人力资本，实现从创造资源到管好用好资源的转变，形成比较固定的企业价值观和文化氛围，注重用成长的方式解决成长过程中出现的问题，从过分追求速度转到突出企业的价值增加。

新企业应根据不同条件、不同环境选择不同的风险控制和化解措施，制订风险管理计划，通过对风险监控来增强防范、化解风险的主动性，减少风险损失。

思考题

1. 新企业注册的步骤和程序有哪些？
2. 新企业必须考虑的法律和伦理问题有哪些？
3. 企业选址要考虑的主要因素有哪些？
4. 新创企业可以选择的组织形式及其特点有哪些？
5. 新企业的成长驱动因素有哪些？
6. 新企业成长管理的技巧和策略有哪些？
7. 新企业如何进行风险控制和化解？

第10章 案例——荆楚文化旅游商品创意中心项目商业计划书

10.1.1 项目概况

项目提出的背景、目的与意义

荆楚文化旅游商品创意中心项目是一个集中国湖北传统民俗文化产品、特色礼品、旅游商品的一条龙服务的专业服务，提供产品策划、创意设计、产品开发、市场销售、会展、电子商务等服务于一体的综合商贸平台。本项目主要开发、展销推广的商品包括民俗文化茶品、特色文化礼品、旅游文化商品、工艺品、茶叶、茶具、茶文化艺术品、特色服饰、地方特色四品和举办茶艺比赛。建成后的荆楚文化旅游商品创意中心项目是一个规模较大、品种齐全、现代化程度极高的民俗文化产品的创意设计中心、展览交易中心、现代化商贸物流基地和制造业高端集成服务平台。

1) 项目背景

在2010年10月18日党的十七届五中全会通过的《中共中央关于制定国民经济和社会发展第十二个五年规划的建议》，在2011年3月14日十一届全国人大四次会议通过的《国民经济和社会发展第十二个五年规划纲要》以及在2011年10月18日，中共第十七届六中全会审议通过了《中共中央关于深化文化体制改革、推动社会主义文化大发展大繁荣若干重大问题的决定》都将推动文化产业成为国民经济支柱性产业作为重要目标。2012年2月15日下发《国家“十二五”时期文化改革发展规划纲要》，又一次将文化产业提到了支柱产业的高度，文化产业将成为我国新的经济增长点。目前，全国各地已经掀起文化改革与建设的热潮，在这种大背景下，湖北省也适时提出了自身的文化产业发展战略，逐步提出要大力发展文化产业，加快文化产业基地、示范园区建设和特色文化发展，以及文化资源的挖掘与整合等工作，大力发展文化产业。

湖北有着悠久的历史文化传统，荆楚文化因楚国和楚人而得名，是周代至春秋时期在江汉流域兴起的一种地域文化，是中华民族传统文化的重要组成部分。荆楚文化源远流长，博大精深，具有鲜明的地域特色和巨大的经济文化开发价值。近几年，湖北荆楚文化有着良好地发展态势，逐步走上产业化道路。同时湖北省文化旅游业取得一些成绩的同时，也遇到了发展困境，在吃、住、行、游、购、娱等各个环节都还有很大差距，表现为结合荆楚文化和民间工艺的文化旅游商品的开发刚起步，相关政策支持力度不够，专业化企业数量少实力弱，整个文化旅游商品市场存在资源零散、产品品种少、企业规模小、粗放经营、缺乏新意、恶性竞争等状况，导致能够满足政务、商务交往所需的湖北特色旅游文化商品严重缺乏。

积极深入的挖掘、整合、利用湖北省历史悠久的荆楚文化文化资源，如武汉汉绣、恩施西兰卡普、武当山宝剑、孝感剪纸、云梦皮影、云梦秦简、安陆漫画、安陆银杏文化、老河口木版年画、大悟红色文化等传统文化资源，开发一系列荆楚文化特色的旅游商品，有利于湖北文化旅游事业发展，有利于通过文化、旅游礼品这一新载体传递湖北名片，扩大湖北影响，树立湖北省品牌形象，有利于加快地方文化创意企业的发展，逐步形成支柱性产业。

2) 项目实施目的

本项目的实施，是深入开发荆楚文化资源、推动文化事业繁荣、借力传统文化结合旅游商品开发，推动文化产业发展和满足人民群众生活需求。通过荆楚文化旅游商品创意中心项目的实施，将致信礼邦文化礼品有限公司打造成以整合文化资源、开发文化产品，弘扬文化传统、服务文化需求、进军文化产业、打造文化品牌为目标，定位于国内旅游商品市场，建设成集旅游商品，文化礼品策划、设计、开发、销售一条龙服务的综合性专业公司。项目实施将给荆楚文化特色产业起到示范与带头作用，进一步弘扬荆楚文化，提升了湖北省旅游产品形象。

充分发挥文化创意对经济社会发展的促进作用，推动文化产业与旅游产业的融合发展，促进文化、旅游资源的资本化与产业化，已经成为展示区域文化内涵与魅力、塑造区域旅游品牌形象，实现文化经济价值的重要途径。

3) 项目的必要性

(1) 推动文化产业与旅游产业的融合是塑造旅游品牌形象的重要途径。文化是旅游的灵魂，旅游是文化传承发展的重要途径。在旅游的开发和发展当中，文化起到的作用日益凸显，已经成为助推旅游发展的核心内涵。在国家政策中，文化产业作为“国民经济支柱性产业”，与作为“战略性支柱产业”的旅游业将有越来越多的融合发展，其中，文化旅游产业将是挖掘地方文化、完善旅游产业、促进经济结构调整、撬动地方经济腾飞的重要发展方向。

荆楚文化旅游商品创意中心项目的建设，使得荆楚文化与文化企业的“联姻开发”找到了较好的市场契合点：一方面文化旅游产业弥补了荆楚文化物质化的文化“短板”，为荆楚文化的长远发展提供了有形载体；另一方面荆楚文化为旅游文化商品的开发提供了丰富的文化素材。荆楚文化特色的旅游商品产业化发展让“文化”与“旅游”找到了最佳的结合点，相互联系、相互补充，最终实现统筹发展。

(2) 促进荆楚文化的保护与繁荣。近年来，中国传统文化的保护、传承和发展日益进入公众视野，成为一个备受社会各界普遍关注的问题。与此同时，国家也采取了一系列的举措：加大对中国传统文化保护、传承和发展的财政投入加快文化管理体制改革，加大财政投入，加强政策支持力度，引导文化产业的创新型发展……国家的这些措施在很大程度上促进了中国传统文化的保护、传承和发展，如阳新县的阳新布贴；红安县的红安绣花鞋垫；天门市的天门糖塑等被列入国家级非物质文化遗产名录，必须加大保护、传承和发展的力度。而诸如孝感剪纸、云梦皮影、云梦秦简、应城石膏等更多的能代表湖北悠久历史的荆楚文化和孝文化资源，如果可以对其进行深入的挖掘、保护、整合、利用，开发出一系列深具荆楚文化特色的旅游商品，则会极大地促进湖北文化事业和产业的发展。

湖北地区荆楚文化历史悠久，源远流长，博大精深，具有鲜明的地域特色、独特的精神内质和技艺精湛的民间传统工艺，但是荆楚文化的价值目前仅存于学术交流和学者群体，大多数普通民众对此了解不多。许多民间工艺随着老一辈民间艺人的去世，许多民间工艺也逐渐失传。更为重要的是从事传统文化和民间工艺的结合，进行旅游商品开发的企业很少。荆楚文化的许多部分作为一种非物质文化遗产存在，对其的保护、传承力度是远远不够的，必须运用市场来调节人、财、物各要素在全社会的流动，使其走向市场化、产业化。

荆楚文化旅游商品创意中心项目的顺利开展，有利于通过文化、旅游商品这一创新形式，承载历史文化，传递湖北名片，树立湖北品牌形象，有利于加快文化创意企业的发展。

(3) 旅游文化产品升级的需要。

为加快我国由旅游大国向世界旅游强国的发展进程，国家旅游局于2008年正式提出促进旅游业转型升级的发展战略，在此后的各类型会议中也多次强调，旅游产业的转型升级是我国旅游产业发展的必然选择，也是旅游发展的全局性任务。

湖北省有武当山、神农架、恩施土家族、长江山下、黄鹤楼等享誉世界的旅游资源，但相对国内其他旅游地区而言，整体竞争力并不强。因此，湖北旅游业的发展路径及其发展态势是值得深思的问题。从国内外旅游发展及旅游业转型的实践来看，湖北要实现从旅游文化资源大省向旅游文化业强省的华丽蜕变，最重要和最关键的问题是要解决旅游文化产业发展的问题，即确立一个正确的旅游产业发展及转型思路，以解决目前湖北省旅游文化发展中出现的过度依赖门票经济、旅游购物薄弱、旅游产业机制不灵活、旅游企业整体优势不明显等问题。

因此，湖北省旅游产业、文化的转型发展与优化升级，要以产业结构调整为方向、以产业结构优化为内容、以培育旅游龙头企业和组建湖北旅游文化创意产业集群为目标，实现旅游业的又快又好发展。

由此可见，荆楚文化旅游商品创意中心项目不仅能够推动湖北省文化旅游经济发展的产业结构调整，而且能够解决湖北省旅游产业发展的历史难题(游无所购)，有利于促进旅游、文化产业融合、创新旅游商品发展，有利于提高本景区旅游发展的核心力和竞争力，有效解决游无所购的尴尬局面，有效提升旅游文化产业结构，促进经济建设发展。

通过以上分析可以发现：荆楚文化旅游商品创意中心项目将是顺应时代发展趋势、符合旅游发展需求、响应国家政策、落实政府工作的需要，同时也是加快荆楚文化保护、文化事业发展、促进湖北省旅游文化产品产业升级、提升湖北省旅游产品的需要，因此，荆楚文化旅游商品创意中心项目将是湖北省旅游发展的必然选择。

10.1.2 项目产品与服务

1. 项目产品应用领域

通过荆楚文化旅游商品创意中心项目的实施，将致信礼邦文化礼品有限公司打造成以整合文化资源，开发文化产品，弘扬文化传统，服务文化需求，进军文化产业，打造文化品牌为目标，定位于国内旅游商品市场，集旅游商品、文化礼品策划、设计、开发、销售一条龙服务的综合性专业公司。应用领域包括旅游景区、会议礼品、政府对外接待、企业福利礼品等。

公司自成立以来主要开发了剪纸系列、叶雕系列、丝绸系列、苏绣系列、炭雕产品、骨雕系列、礼盘系列、古线装系列、皮雕系列、青花套装系列、养生系列、琉璃系列、红瓷系列、工艺品系列等10多个系列数百款产品。目前公司研发的枫树叶雕画册和菩提树叶脉画系列产品，经专利查新、科技查新尚处于国内领先水平，在国内文献中未见完全相同的产品和方案报道。

2. 项目前期基础

1) 致信礼邦旗舰店一期工程已经建成

致信礼邦旗舰店位于孝感的第一高档住宅小区福星惠誉(形象店位于北京一路与天仙路的交界处，临近福星惠誉和西湖明珠高档社区，交通便利，高端人群集中)，其主要居住人群为商业人士、白领、公务员等高薪人群，是我们定位的消费人群的集中地。一期店面总投资150万元。建设完成了店面装修及古典家具装饰、文化礼品精品展陈、名人字画布设等。

2) 旗舰店二期建设进展迅速

致信礼邦旗舰店是我市第一个结合民俗和地方文化载体的单体礼品旗舰店，是孝感东城的重要标志性文化区块，建筑外观与错落雅致、现代时尚的外部环境融为一体，显示出人文与自然高度和谐的内涵。旗舰店二期总投资200万元，建筑面积200平方米，现已完成旗舰店前期转让工作，正进行装修、布展工作。

3) 前期筹建文化展馆，加强传统文化宣传

建设孝感传统民俗博物馆。收集明清时期以来表现孝感人民生产、生活和婚丧喜庆等民俗风貌的用品，特别是具有地方文化特色的礼品，加以陈列展览，并作为文化点让游客参观，采购。

4) 对地方传统文化进行了积极挖掘

2011年至2014年致信礼邦组团已走访13个省市区，2012年至目前，走访河南、山东、浙江、四川、海南、北京等省市区，对各地的民俗博物馆、民间工艺厂、礼品厂商、礼品博览会等进行了深入观察与交流，挖掘了大量的传统民俗文化和民间工艺。

5) 文化礼品研发有序进行

积极深入的挖掘、整合，利用湖北历史悠久的地方传统文化资源，特别是挖掘了孝感地域特色的传统文化资源如孝感剪纸、云梦皮影、云梦秦简、应城石膏、安陆李白文化、安陆漫画、安陆银杏文化、孝昌木版年画、大悟红色文化等，并开发了近200款深具荆楚文化特色的文化礼品。目前公司正加大传统文化资源的搜集和研究力度，找寻新的艺术载体，进一步开发更具有便携性、实用性、观赏性、收藏性的荆楚文化产品，计划到2013年8月，公司总计可开发500余款湖北地域文化特色的礼品。

6) 拓展创新营销思路，建立了品牌网站

目前已建立“文化礼品网站”及“致信礼邦在线商城网”，用于展示代表湖北传统文化的文化礼品，以及大量地展示湖北荆楚文化、民间工艺、民俗文化、民俗用品、民俗技能、族谱文化等史实和实物图片材料。大力促进文化礼品的宣传，同时确立并推介灵秀湖北的城市形象。

7) 全力打造致信礼邦企业品牌

公司于2011年申请了国家注册商标，并设计了公司整套VI系统，致力于整合荆楚特

色文化资源，打造具有品牌特色的文化创意产业。目前，结合了孝感雕花剪纸、云梦皮影、应城膏雕、安陆漫画4方面的传统文化资源，并聘请了多位民间艺术大师和名人在操持，在短短一年半时间内，打造了较高的知名度。

10.1.3 行业与市场分析

1. 旅游市场发展分析

21世纪将是旅游业的第二个黄金时代，每年国际旅游业的交易额已超过4 000亿美元。旅游业是个由食、住、行、游、购、娱等多种要素组成的综合性产业。目前，旅游购物及其所依存的旅游商品生产和销售已成为现代旅游业发展的重要内容，并与旅游交通、住宿、游览、娱乐等一齐成为现代旅游经济的重要支撑点。对旅游地而言，旅游商品不仅成为塑造旅游地形象的重要手段，而且旅游商品销售收入在旅游总收入中是判断一个国家或地区旅游业发达程度的重要标志。因此，许多国家和地区都将发展旅游商品作为提升当地旅游业综合效益的最有效途径。

首先，游客对旅游商品的需求虽为非基本消费，但却是弹性最大的一项需求，是没有上限的。旅游部门从中获得的收入是“无限度”的；其次，旅游商品本身也是一种旅游资源，它可在一定程度上扩大客源市场；最后，旅游商品是旅游产品中可携带回家的有形产品的主要部分，它不仅可以强化旅游地的品牌形象，延长游客的旅游感受，而且还能成为旅游地的义务宣传员。在旅游业较发达的国家或地区，旅游购物收入一般占到旅游业总收入的40%以上，如新加坡为59.6%，美国为54.7%等；即使在旅游业发展中国家，旅游购物收入的比例一般也在20%以上，如印度尼西亚为24.0%，马来西亚为21.2%，我国也基本保持在20%～30%。可见，旅游购物及其所依存的旅游商品生产和销售已成为现代旅游业发展的重要内容，并与旅游交通、住宿、游览、娱乐等一齐成为现代旅游经济的重要支撑点。对旅游地而言，旅游商品不仅成为塑造旅游地品牌形象的重要手段，而且旅游商品销售收入在旅游总收入中所占比例是判断一个国家或地区旅游业发达程度的重要标志。因此，许多国家和地区都将发展旅游商品作为提升当地旅游业综合效益的最有效途径。

根据世界旅游业发展的规律，当人均收入达到1 000美元时，国内旅游就会兴旺起来；当人均收入达到1 000～2 000美元后，度假旅游市场会逐步形成。2 000～5 000美元是属于一个过渡时期，会出现服务消费的快速增长。

截至2013年年底，中国人均GDP超过6 767美元，而中国国内旅游人数达32.5亿人次，居民出游率近2次/人，预计到2015年中国国内旅游人数将达到33亿人次。到2020年，中国将成为世界最大的旅游目的地，旅游市场拓展空间巨大，同时旅游文化商品的消费也将获得极大增长。

然而中国旅游商品市场整体尚处于低端是业内不争的事实。公开数据显示，目前中国旅游商品最主要的销售渠道是各地的旅游景点，以北京旅游景点商品销售为例，具有现代经营理念的北京海洋馆旅游商品人均花费72.1元，而天坛公园人均旅游纪念品花费最低仅0.36元；故宫、颐和园、十三陵等优秀景区在旅游纪念品人均花费方面均在0.6～0.8元，与其巨大的游客流量和巨额门票收入形成鲜明对照。

而根据目前媒体数据测算，湖北的旅游商品人均花费也不到1元。“十一五”期间，湖北旅游商品创汇仅占全省旅游创汇的20%以上，但是地方特色不突出，缺乏文化内涵缺失，创新意识不足，而且外省旅游商品占据了湖北旅游商品市场 80%以上份额。尤其是结合荆楚文化，湖北民间工艺的旅游文化商品的开发刚起步，旅游商品、文化礼品处于零散、品种少、规模小、粗放经营、缺乏新意、恶性竞争的状况，政务、商务交往所需的湖北特色商品严重缺乏。 因此，必须确立旅游业长期发展战略，加快湖北省旅游商品的开发，把旅游商品培育成全省旅游业新的增长点。加快旅游商品发展，不仅有利于提高湖北旅游的对外吸引力和对内凝聚力，而且有利于提高湖北旅游业的综合经济效益，有利于带动各产业的发展，增加地方财政收入，同时还有利于扩大就业途径。

2. *湖北省旅游文化商品资源的概况*

湖北是长江文明的中心地带，地理位置得天独厚，人杰地灵，早在先秦时期便创造了灿烂的楚国青铜文化和音乐文化，深厚的文化底蕴和秀美的自然风光成为旅游商品成长和繁荣的沃土。湖北旅游商品品种丰富，包括仿古青铜器、仿古漆器、绿松石制品、菊花石、三峡石、根雕、贝雕、木雕、竹器、刺绣、玉制品、绿色食品，涵盖了旅游工艺品、纪念品、文物复制品、湖北地方特色的日用工业品和土特产品等方方面面，见表 10-1。

表 10-1 湖北省各地区旅游工艺品、纪念品

地 区	旅 游 商 品
武汉市	武汉牙雕、武汉木雕船、洪湖汉绣、武汉绢花、武汉出口国画、邮票贴画、蒋在谱剪纸、武汉金银制品、黄陂泥塑、武汉皮鞋、武汉地毯、高洪泰铜响器、朱锡计算盘、武汉花灯
襄阳市	根雕家具、襄阳剪纸、程河柳编、襄阳孔明扇、襄阳孔明灯
宜昌市	枝江民间手工布鞋和草编宜昌挂盘盆景、宜昌根雕、宜都石材工艺品、宜都陶瓷、宜都彩釉砖、宜昌彩陶、远安岩矿工艺品、伍家岗三峡紫砂壶、土家族女儿鞋
荆门市	京山对节白蜡、荆门玉雕
荆州市	楚式漆器、仿古漆器、金漆盆盘、荆州锦段、湖北淡水贝雕、金蝶牌无纺织条纹地毯、荆江牌水瓶、监利柳编、洪湖羽毛扇折纸扇、铅锡刻镂青铜器具、荆沙榫卯木雕、通山木雕、荆州磨鹰风筝、荆州汉绣
十堰市	绿松石雕、房县烙花筷、武当山龙头手杖、郧县松石石雕、郧县草毯、郧县生漆器、竹山绿松石雕、武当剑
黄冈市	黄梅挑花、宋埠纸拉花、章水泉竹器工艺、蕲春岚头矶工艺陶、蕲春管窑手工陶、红安大布传统纺织棉、英山缠花、武穴竹编、蕲竹工艺品
天门市	天门塑料盆景、天门绢、天门蓝印花布、陆羽牌工艺蒸笼、天门糖塑
咸宁市	应山自然景工艺玻璃
黄石市	大冶彩绘玻璃工艺、大冶尹解元石雕、大冶青铜器、黄石江南明珠、黄石港孔雀石、阳新布贴
随州市	厉山皮毛玩具
咸宁市	咸宁竹器、通城竿纸
仙桃市	沔阳草编、仙桃贝雕、沔丝沔绣、“仙桃”牌高级拉舍尔毛毯、易王眼镜
恩施土家族苗族自治州	土家织锦“西兰卡普”、咸丰何氏根雕、咸丰民间绣活、来凤漆筷、建始县景阳菊花石、利川坝漆器、恩施生漆器、咸丰刀剪、宝石花筷、恩施菊花石壶、土家绣花鞋
潜江市	潜江木雕

续表

地　区	旅游商品
神农架林区	
鄂州市	鄂州珍珠、鄂州古铜镜、鄂州青铜器、雕花剪纸
孝感市	马口陶器、孝南剪纸、应城膏雕、云梦皮影、云梦竹简

3. 湖北省旅游文化商品资源的特色

湖北旅游商品特色鲜明，一些民间工艺美术在海内外享有盛誉，比较突出的有年画、挑花刺绣、土锦、竹木器、羽毛扇、淡水贝雕和珍珠。有些品种在全国乃至世界上都是稀有的，如绿松石、墨石、百鹤玉、菊花石等，可供开发成旅游纪念品的矿产资源丰富，级别高，如十堰的松香玉、神农架的水晶和玛瑙、黄石的孔雀石、宜昌的三峡石等。近年来，旅游、轻工、文化等部门和企业积极协作，以楚文化和湖北省旅游风光为主题，开发了一批既反映我省旅游风光和历史文化，又适应旅游市场需求，并具有观赏和收藏价值的旅游商品，如湖北工艺箔画、湖北旅游纪念卡(册)、楚文化系列手工地毯、三峡风光系列真丝品、青铜系列文物仿制品等。例如，武汉机械工艺研究所为天安门和世纪坛生产了全套共108 枚的中华和钟，现已研制出和钟的微缩旅游纪念品，深受广大游客喜爱。目前，全省共有旅游商品定点生产企业 52 家，其中 6 家被评为国家旅游商品定点生产企业，10 家获国家小额贸易出口权，省内各主要旅游景区(点)都设有旅游商品或销售摊点，旅游商品专业市场逐步发展，黄鹤楼旅游购物街、磨山楚市、长阳和谷城根雕市场、神农架木鱼旅游商品一条街、九宫山云中湖农特产品市场等均初具规模，目前，我省旅游购物收入已经占国内旅游总收入的 26%，国际旅游创汇的 24.4%，在全国居于中上等水平。旅游购物业的发展不仅增加了旅游收入，还增加了地方就业，推动了我省传统产业转型和经济结构的调整。相信随着湖北省旅游事业的发展，湖北旅游购物业也将蒸蒸日上，前景更为光明。

4. 湖北省旅游商品资源的市场开发现状及趋势

1) 湖北省旅游商品资源的市场开发现状

湖北省旅游资源十分丰富，旅游资源的富集度居全国第 6 位，拥有国家级资源 261 处、国家级景区 71 个，著名景区、景点有长江三峡(西陵峡和巫峡东段)、三峡大坝、神农架、武当山、九宫山、清江画廊、屈原故里、关陵等，荆楚文化、三国文化等文化旅游资源在全国独占鳌头。据湖北省旅游局统计，2011 年湖北省接待海内外旅游者 2.7 亿人次，旅游综合收入达 1 992 亿元，较上一年相比，两项数据分别增长了 18%和 20%。

由此可看出湖北旅游市场呈现良好的增长态势，为荆楚文化产业的旅游客源市场开发提供了良好的基础，另外，随着湖北这一旅游客源的深度开发及全国文化旅游需求旺盛形势，可以推测，荆楚文化旅游商品的开发销售将会有巨大的提升空间。

2009 年，全国旅游购物收入占总旅游收入的 18.30%，2010 年为 18.9%，2011 年为 18.3%，旅游购物收入在旅游总收入中的比例相当低，购物比例都如此之低，旅游商品所占的比例之低可想而知。下面仅就湖北省旅游商品开发的实际情况来谈谈如何对旅游商品进行深层开发。

湖北省的旅游业在“92 中国友好观光年”的大气候中取得了长足的进步，其旅游商品的开发情况也比以前有所改善，但仍有许多不尽如人意的地方，见表 10-2。尤为重要的是，还没有充分展示湖北省的特色。例如，有些商品(如漆器等)来自广东、福建、上海等地，其实湖北省内也生产这些商品，并更富有地方特色。这种做法导致湖北省内的旅游商品同其他地方的旅游商品一个面孔。这种千篇一律的商品对游客，尤其是过境游客不会有多大的吸引力。

北京旅游学院副教授顾维舟先生将旅游商品分为三大类，即旅游实用品(如土特产品、旅游食品、旅居用品、服装、轻工产品、纺织产品)；工艺品(如织绣、陶瓷、编织、雕刻、镶嵌器具、传统工艺、民间工艺等)；艺术品(如绘画、书法、版画、蛋画等)。开发旅游商品就是要对以上内容进行规划、生产、管理、经销、引导，使这些商品在设计、装潢、推广、宣传上更能吸引消费者，刺激消费，以产生最大经济效益和社会效益。这里所谈的深层开发包括两层意思：一是对已开发的商品进行更深层次的开发，使之取得更大的经济效益；二是对尚未开发的商品进行挖掘。

表 10-2 湖北省旅游商品开发情况分析

分类	已开发的旅游商品	主要市场	尚未开发的旅游商品	主要市场
工艺品	①绿松石雕；②武汉木雕船；③武汉绢花；④蒋在谱剪纸；⑤黄陂泥塑；⑥邮票贴画；⑦天门塑料盆景；⑧宋埠纸拉花；⑨武汉金银制品	当地居民	①武汉牙雕；②洪湖汉绣；③武汉出口国画；④江陵仿古漆器；⑤章水泉竹器工艺；⑥土家织锦	过境游客及周围居民
轻手工业品	①武汉皮鞋；②武汉地毯；③床单；④羽绒制品；⑤沔阳草编；⑥监利柳编	当地居民及国外游客	①天门蓝印花布；②荆江牌水瓶；③谷城古藤制家具；④咸宁竹器；⑤房县烙花筷；⑥谷城花炮	当地居民及过境游客
土特产	①宜红茶、茶砖；②武汉棉花糖；③襄阳大头菜	当地居民	①威宁桂花；②鄂西竹菌；③武昌鱼；④罗田板栗；⑤郧阳柿饼；⑥利川黄连；⑦神农架金鸡、猴头菌	过境游客及当地探亲访友的游客
旅游食品	①孝感麻糖；②汪玉霞碱酥饼；③黄石港饼；④西山东坡饼；⑤云梦鱼面；⑥西陵特曲酒；⑦白云边酒；⑧清蒸武昌鱼；⑨天门清炖甲鱼；⑩沔阳三蒸；⑪荆沙皮条鳝鱼；⑫老通城豆皮；⑬四季美汤包；⑭小桃园煨汤；⑮淡炎记水饺；⑯武汉热干面；⑰孝感米酒；⑱黄州烧梅	过境游客及当地居民	①石首鸡茸鱼肚；②江陵散烩八宝；③洪湖红烧野鸭；④洪山菜薹炒腊肉；⑤咸宁桂花酒；⑥襄阳应时黄酒	当地居民

2) 湖北省的旅游商品开发的不足表现

(1) 产品开发深度不足。在已开发的产品中，由于片面地追求利润，导致“舍近求远”“鸠占鹊巢”的现象经常发生。例如，江陵仿古漆器，其髹漆工艺在古时候就闻名全国，如今在湖北内地的旅游商店却难以见到，取而代之的是陈列于柜台之中的不惜劳民伤财从福建运来的漆器。谷城的藤制家具、土家织锦等也有类似情况。对于能反映地方特色的旅游商品(如工艺品、土特产品等)几乎没有进行开发或开发的深度还远远不够。

(2) 产品宣传力度不够。对已开发的旅游商品的主要市场，经笔者调查省内各大旅游商店分析得知，近 80%的顾客都是本地居民，外地或国外游客很少在旅游商店购物，像孝感麻糖等这样便于携带且名声较大的商品只出现在产地而其他地方(如湖北旅游商店内)却几乎“绝迹”。

旅游工艺品如洪湖汉绣、章水泉竹器工艺等，为什么没有北京的景泰蓝那样有名？其中重要的一点，就是宣传没有起到“兵马未到，粮草先行”的作用。

(3) 旅游商品的质量和包装有待进一步提高。很多旅游商品还处在比较低水平的质量和包装，没有精品意识，如宜红茶、罗田板栗、郧阳柿饼等，影响了商品的销售和市场认可度。

在“十二五”期间，致信礼邦将借助湖北省“灵秀湖北”战略目标，以整合文化资源，开发文化产品，弘扬文化传统，服务文化需求，进军文化产业，打造文化品牌为目标，定位于国内旅游商品市场，将致信礼邦建设成为一个集文化礼品策划、设计、开发、销售一条龙服务的综合性专业公司。

致信礼邦将以孝感为中心，恩施、宜昌、十堰、武汉、黄冈、黄石、咸宁、鄂州等为第一辐射面。按照“礼品集中布局，产业集聚发展，资源集约利用，功能集合构建”的总体要求，按照“直营＋连锁＋电商”的模式，深入挖掘地方传统文化资源，开发切合当地文化和经济发展实际的旅游文化商品。

湖北旅游商品和旅游资源将在致信礼邦荆楚文化特色这一重大发展项目的推动下得到深度开发，旅游购物收入增加，旅游商品和旅游市场出现前所未有的繁荣景象。全省各旅游地形成紧密的合作关系，城市宣传与旅游业上升到一个新的高度，省文化综合实力与竞争力不断增强。

5. 项目在同行业市场中的竞争优势分析

1) 项目产品的竞争力分析及主要竞争者

公司是荆楚特色文化礼品定制领导品牌；湖北首家“在线＋实体客户体验式”礼品服务公司，建有“客户体验式”形象展示厅和大型网络购物商城。目前拥有一个长期从事精品研发、设计的资深设计师团队和长期从事礼品行业的专业合作团队及独具管理、营销经验的专家顾问群；为众多知名企业设计、生产、量身定做了大量个性化的商务礼品和策划了许多促销活动；逐步在湖北礼品行业树立起很强的号召力与影响力；公司聚集了各种中高端的商务礼品和湖北、孝感地方民间工艺产品，是一个高品位、高附加值、高文化内涵的礼品殿堂。

企业的总体定位是以整合文化资源，开发文化产品，弘扬文化传统，服务文化需求，进军文化产业，打造文化品牌为目标，着眼于国内旅游商品市场，将致信礼邦建设成为一个集文化礼品策划、设计、开发、销售一条龙服务的综合性专业公司。

文化特色礼品适合于对外地来宾进行赠送。产品的设计内容主要取材湖北城市的标志、民族风情、趣闻轶事、民间传说、历史人物、名胜古迹、城市风貌、自然风光等；致信礼邦尽可能采用湖北特色材料、传统工艺，展示湖北荆楚地域文化特色，产品便于携带、做工精细、创意新颖，具有纪念性、艺术性、实用性等文化价值。

目前湖北省除致信礼邦外，还没有一家系统开发荆楚文化旅游文化商品的文化公司，系统开发是指有效结合荆楚文化、有广度的结合各类旅游商品载体，有深度的形成系列产品，有创新的结合最新的电子商务模式，加盟连锁模式。

目前省内仅有几家具备一定规模的工艺礼品企业如武汉楚天激光(集团)股份有限公司、武汉市石开工艺石雕有限公司，还有就是一些以农产品加工为主的企业，如湖北圣邦投资发展有限公司、湖北神丹健康食品有限公司等。这些企业目前都没有在旅游商品的广度和深度研发上有所突破，尚不能构成市场威胁。

2) 项目产品的市场竞争优势分析

本项目荆楚文化旅游商品与其他竞争对手公司产品相比，具有以下优势。

(1) 产品的总体创意与设计水平已达到国内领先水平。

公司积累了大量的产品开素材，并且所有荆楚文化素材均通过合理合法的渠道获得，具备自主知识产权。与旅游科研单位联合组建旅游商品开发机构，建立产、学、研一体的设计、生产和销售一体化的旅游商品专业公司。项目特聘中国民间艺术大师张玉义先生、知名画家王顺华先生、旅游专家张树坤教授等 10 多人为公司团队顾问；以武汉大学、湖北美术学院等单位为依托，常年产学研合作，同时公司成立了荆楚文化研究中心，孝文化研究中心，中国孝感雕花剪纸研究院。公司组成了一支以总经理顾思为研发主管的，10 人研发队伍，其中核心技术人员 7 名，分别负责创意礼品的总体创意、设计、包装、企划等工作。

公司和武汉集邮总公司，精益包装、炭雕、皮雕、红瓷等签订了产品开发合作协议，和武汉大学、孝感学院、湖北职院签订了产学研合作框架协议。公司建立了礼品研发实验室，装配了产品研发所需的硬件、软件产品，特别是实验室是建立了一套完善的软硬件系统。2011 年公司用于文化礼品研发的经费为 18.2 万元，占当年销售收入的 22%。公司研发的枫树叶雕画册和菩提树叶脉画系列产品，经专利查新、科技查新尚处于国内领先水平，在国内文献中未见完全相同的产品和方案报道。

2012 年 5 月，公司已成功开发出一系列孝文化、荆楚文化礼品近 200 余款。主要包括剪纸系列、叶雕系列、丝绸系列、苏绣系列、炭雕产品、骨雕系列、礼盘系列、古线装系列、皮雕系列、青花套装系列、养生系列、琉璃系列、红瓷系列、工艺品等系列产品。

(2) 公司区位优势明显。

公司研发地址位于孝感市高新技术开发区的信息产业大楼 4～6 楼，旗舰店地址位于湖北省孝感市福星惠誉 G2-1-115，孝感位于华中湖北省东北部，紧邻武汉，市区距武汉市中心 60 公里，属武汉城市经济圈第一圈城市。孝感高新技术产业开发区是湖北省人民政府批准建立的省级高新技术产业开发区，与孝感市区连为一体。开发区规划非常适宜该项目建设，公司具备一定面积的文化礼品研发场所：公司已有办公面积 150 平方米，项目研发软硬件配备齐全，办公条件成熟。人才渠道畅通：孝感毗邻武汉，而武汉有众多大专院校和科研机构，人才储备丰富，方便引进，同时孝感也拥有两所高校，孝感学院和湖北职业技术学院，两所高效同时均开设有与项目相关的工业设计、艺术与包装设计专业。学校学风端正，人才引用便捷。

(3) 市场竞争力较强。

同规格的情况下，我们的产品价格占有绝对优势，有着很高的性价比。在国外市场上，我们的产品可通过文化产品配套出口，在出口渠道上占有一定优势；另外，我们产品价格适中，中国元素、荆楚文化特征明显，在国际市场上竞争也占有优势。公司与省内主要旅游景点、星级酒店、地方旅游局建立有长期的业务合作关系，同时建立了商品在线商城，销售网络及客户群初步形成。培养了一支高素质的现代化旅游商品研发人才队伍，使他们既拥有开发设计方面的技能，又能掌握旅游商品市场营销策略，及时获取市场信息。公司向社会招聘旅游商品开发人才、销售管理人才、策划创意人才等50人。

(4) 管理规范。在企业管理上，公司有可操作性强的人事、财务、营销、研发等现代企业管理制度，建立了ISO 9001质量管理体系。公司具有健全的客户服务及客户管理系统，有专门的产品创意、设计、售后队伍；公司已设置专门的机构负责接受和处理客户的投诉，收集产品改进意见；公司已建立相关的各种规章制度。

10.1.4 公司组织设计与项目实施计划

孝感致信礼邦文化礼品有限公司，位于孝感市高新技术开发区的信息产业大楼，而孝感位于华中湖北省东北部，紧邻武汉，市区距武汉市中心60公里，属武汉城市经济圈第一圈城市。孝感高新技术产业开发区是湖北省人民政府批准建立的省级高新技术产业开发区，与孝感市区连为一体。公司成立于2011年5月，注册资金100万元，现有工作人员15人，主要从事中华传统文化资源的挖掘与传承、旅游文化商品的开发与销售、中华民俗与传统文化保护等。公司目前主要以结合湖北省荆楚文化为艺术载体的剪纸、皮雕、叶雕、丝绸、膏雕等礼品开发为主。公司独立开发的新产品——“艺术叶雕”已进入销售，市场反应良好。

1. 发展规划和战略

致信礼邦成立于中华孝文化名城孝感，发展规划和战略定位是整合文化资源、开发文化产品、弘扬文化传统、服务文化需求、进军文化产业、打造文化品牌。市场定位于国内外旅游商品市场，致力于建设成为一个集旅游商品、文化礼品策划、设计、开发、销售于一体的精品礼品产业的综合性专业公司。

随着旅游在我国不断升温，这一绿色产业逐渐成为一个地区标志和经济来源，给公司未来发展带来良好的机遇。致信礼邦的中长远目标是通过配套国内旅游景区，形成对“吃、住、行、游、购、娱”产业链的“购”的环节，树立“致信礼邦文化礼品”的品牌形象，以国家非物质文化遗产——孝感剪纸为基础开发一系列剪纸作品，以孝感“三孝”文化为载体，争取把致信礼邦文化礼品列入国家级、省级旅游商品专业重点企业行列。2012年5月通过湖北省文化厅的审定，获得“湖北省文化产业示范基地”称号。

2. 不断深度开发旅游产品

产业化是旅游业发展的趋势，要实现致信礼邦的长远发展，抢占旅游业，文化产业发展的机遇，必须积极发掘资源潜力，着力开发一批体现湖北荆楚文化，其他地方传统历史文化为载体的旅游工艺品、旅游小商品，丰富旅游商品市场，使我省、市旅游商品产业得到发展，实现旅游购物收入的增收。

3. 项目阶段性目标及进度

1) 一期(2012年6—12月)：基础工作准备阶段

在本阶段，主要完成荆楚文化素材的搜集，包括荆楚文化民间文学、民间音乐、民间舞蹈、传统戏剧、曲艺、杂技与竞技、民间美术、传统手工技艺、传统医药、民俗等；建立起完善的管理机构和高效的管理机制。加强旅游文化商品外包企业的沟通和联系，形成良好的旅游文化商品开发态势。

2) 二期(2013 年 1—9 月)：产品体系开发阶段

在本阶段，项目进入快速发展时期，荆楚文化资源基本得到较好开发，旅游文化商品体系形成。

3) 三期(2013 年 10 月—2014 年 5 月)：产品推广和维护阶段

本阶段主要是大力推广荆楚文化系列旅游商品，并向湖北省各市渗入，将产品开发、销售、咨询一条龙服务做好，为形成文化品牌奠定基础。

4) 四期(2014 年 6 月—2015 年 12 月)：文化品牌建设阶段

通过本阶段的建设，使致信礼邦结合荆楚文化的旅游文化商品品牌初步建立。

4. 人力资源条件

公司现有员工 15 人，大专及本科以上学历，12 人(其中硕士研究生 1 名，本科生 10 人)占总人数的 80%。人力资源配置合理，其中主要管理人员 3 人，占总人数的 20%，直接从事产品创意研究和开发的人员 6 人，占总人数的 40%；其他工作人员：4 人，占总人数的 26%；销售人员 2 人，占总人数的 13%。

另外公司采取了以下有效措施加强人才队伍。

(1) 外聘武汉大学、华中师范大学、孝感学院等大专院校的教授学者为文化顾问。

(2) 向社会招聘旅游商品开发人才、销售管理人才、策划创意人才等 20 人。

(3) 公司内部年度培训率达到 100%。

(4) 弘扬企业文化，使企业永远处于行业的第一的地位。

所有这些，都为该项目的建设提供了良好的人力资源支撑和技术支撑。企业的核心团队见表 10-3。

表 10-3 企业核心团队

总经理——顾思	市场营销专业毕业，先后在国际旅游公司，酒店、文化传媒公司等领域从事营销管理工作，2011 年 5 月与彭志伟共同创办了孝感致信礼邦文化礼品公司，担任总经理一职
董事——彭志伟	湖北应城人，男，汉族。1984 年 12 月出生，本科毕业于沈阳化工大学，研究生毕业于武汉大学，中国民主建国会成员。2011 年 5 月与顾思共同创办了孝感致信礼邦文化礼品公司，成功组织、策划了多次孝感传统文化论坛等大型活动，编写了众多关于孝感传统文化、孝文化的诗词，在文化礼品品牌建设、推广，创意团队引导，企业管理等领域有着丰富的实战经验
常务副总——蒋言芳	湖南人，女，汉族，1976 年 4 月出生，毕业于湖南师范大学汉语言文学专业，有着 15 年的台资企业采购、管理经验，现任孝感致信礼邦文化礼品有限公司常务副总职务
财务总监——陈晓风	湖北襄樊人，女，1982 年 6 月出生，现任孝感致信礼邦文化礼品有限公司财务总监。 至 2006 年开始一直从事财务管理工作，在财务管理制度的制定、财务预决算及执行等方面有出色的能力
设计总监——尤洋	湖北孝感人，男，汉族，1981 年 4 月出生，毕业于孝感学院美术专业。曾在上海、北京等公司任设计主管、总监

10.1.5 营销策略分析

1. 目标市场定位

一是立足于湖北地区的游客、市民常态的特色休闲与体验旅游娱乐场所，如特色休闲与体验旅游娱乐场所、荆楚文化体验中心、湖北大型文化产业示范基地。

二是立足于湖北省的王牌景点，荆楚文化对外展示的窗口，如武当山、神农架、三峡旅游带休闲度假中心。

三是立足于湖北地市的特色文化，如观光和休闲体验型景区。

2. 市场细分

1) 基础市场

此市场特征是游客大多在日常及周末、假期出游，除黄金周会增多外，全年几乎呈现平均分布，如武汉东湖景区、归元寺、黄鹤楼景区、江滩、解放公园等。

2) 重要市场

此市场是最能体现荆楚文化旅游特色的核心，同时也是使荆楚文化得以价值提升的重要方面，是需要进行大力拓展的市场，如武当山、神农架、三峡旅游带休闲度假中心。

3) 潜在市场

根据客源市场特征分析，国内外游客对旅游商品和文化体验项目的喜好在所有的消费行为特征中占有很大比例，但是湖北旅游商品和文化体验项目的发展尚不够丰富，而荆楚文化资源丰富，包括漆器、歌舞、戏曲、饮食等，为旅游商品和文化体验项目的开发提供了良好的基础，同时资源与商品之间的转化也为旅游创意产业提供了机会市场。

随着荆楚文化的大力开发，旅游人数增多，景区环境提升，为旅游商品的开发销售提供了机遇。

3. 企业营销策略

公司实施，以“研发服务市场”“旅游和文化战略”“蓝海战略”“补空”的经营战略，采用旗舰店直营，连锁加盟，制订行业解决方案，销售定产量的订单式经营模式。

自项目启动至今，致信礼邦的努力工作取得了一系列经济和社会效益。

1) 与旅游景点合作，拓宽旅游文化礼品市场

此前湖北旅游景点基本没有自己的文化特色礼品。湖北省文化厅、旅游局指导致信礼邦紧紧围绕荆楚文化品牌和特色传统文化礼品做文章，将我省传统文化融进礼品中去，使旅游礼品注入文化因素，增强旅游礼品的吸引力。大力开发生产独具地方特色的土特礼品、风味小吃和仿古工艺品，认真开发剪纸雕花礼品、膏雕礼品、皮影礼品、银杏礼品、精美食品、漫画书法艺术品、荆楚文化礼品和民间手工艺制品等多系列文化礼品。通过和武当山景区、恩施腾龙洞景区，神农架风景区、双峰山旅游风景区、天紫湖度假山庄、汤池温泉等旅游景点合作，目前已经开发出数十款文化礼品，让游人有所游有所购，将孝感文化买回家推出去。

2) 借力大型活动，提升孝感文化品位

致信礼邦已书面向有关部门建议，由致信礼邦协助举办“中国湖北民间剪纸艺术节”

“中国孝文化节”“中国皮影艺术节”“中国膏雕艺术节”“中国汉字书写节”“全国水墨漫画节”“各类旅游交易会”“各类摄影展”，在展示我市丰富灿烂的传统文化、独具特色的风俗等活动的同时，举行孝感传统文化理论研讨、孝感传统文化礼品设计大赛等，给予开发文化礼品号的企业一定奖励。加大宣传报道，提高我市文化的品位。

3) 政企合作，加快行业市场成熟

目前致信礼邦已经和孝感市旅游局达成一致协议，致信礼邦开发一系列孝感文化旅游商品，并在相关景区建立旅游购物定点商店，并定期举办文化研讨会和文化礼品、工艺品的交易会、展示会、拍卖会。充分发挥政府的公共资源优势，即以政府权威性为基础，将一批质量上乘、适应市场需求、文化品位高的旅游商品作为公务礼品的首选商品，扩大市场影响力。

4) 聘请民间艺人为顾问，传承与保护人类文明成果

张玉义、管丽芳、王顺华、池福新，这些民间艺人都是致信礼邦文化顾问，他们与致信礼邦达成了长期的合作关系，对传承民间工艺起着不同小可的作用。很多民间艺人多年来孤苦创作，面临作品不为大众所识和后继无人的苦恼，致信礼邦将他们和他们的技艺推到大众面前，对于他们来说，是非常强大的精神慰藉。

5) 通过各种方式扩大产品品牌知名度

通过新产品新闻发布会、媒体宣传、政府主管部门合作等方式扩大品牌知名度，建立完善的销售网络和销售队伍，设置华东、华中、东北、西北、西南区域划分的分销机构，形成灵活多变的市场营销网络，针对当地市场营销环境，制订短、中、长期销售计划，采用网络销售、电话销售、上门拜访、邮件销售、行业代理等方式和手段，降低销售成本，有效促进销售，扩大文化礼品市场占有率。利用各种文化节庆活动展销旅游商品、举办面向省内外的旅游商品设计、征集大赛等活动。

充分利用一切现代化宣传工具、图片、画册、电视广播等，宣传商品的来龙去脉，提高湖北名优物产的知名度，使游客慕名而购；尽量体现旅游商品的民族性、地方性和艺术性特色，尽量展现湖北悠久的历史文化和灿烂的民族文化。此外，广告宣传的色彩、背景、图案和广告语都要表达出鲜明的荆楚特色。

6) 合理布局销售网点

合理布局旅游商品的销售网点，营造良好的旅游购物软硬环境。

(1) 在武汉、荆州、宜昌、十堰等重点旅游城市和神农架建设大型旅游购物中心和旅游商品集散地。

(2) 在火车站、长途汽车站、宾馆饭店的商品部、商店、夜市、购物一条街，以及旅游景区内及附近摊点设立专柜，使商品销售点多样化、层次化，以增加游客购买旅游商品的机会和方便性。

(3) 旅游、工商、卫生防疫、物价等行政管理部门协调行动，加强市场监管力度，规范市场交易行为，对旅游商店进行信誉和质量评定，打击假冒伪劣商品及强买强卖等欺诈行为，维护旅游者的合法利益；规范导游旅游购物佣金管理制度，切实解决旅游购物中的“回扣”问题；各旅游景区(点)应建立并逐步完善体量较大、携带不便旅游纪念品的邮寄业务，加强旅游商品的售后服务工作。

争取把致信礼邦文化礼品列入国家级、省级旅游商品专业重点企业行列。2012 年 5 月

通过湖北省文化厅的审定，获得“湖北省文化产业示范基地”称号。

10.1.6 项目财务分析

1. 投资预算与资金筹措

1) 投资预算

本项目总投资预算为 150 万元主要分为固定资产和生产流动及其他资金。

(1) 固定资产。本项目投资中固定资产为 20 万元。其中，车辆购置 7 万元；研发人员用电脑及其他办公设施 8 万元；货架及其他设备 5 万元。

(2) 生产流动及其他资金。本项目投资中生产流动及其他资金 130 万元，主要为基地购置建设及装修、研发创新业务开展、研发人员工资等。

2) 资本金筹措

本项目资本金由建设单位自筹及合作 130 万元、财政补贴 20 万元。

本项目资本金中自有资金 80 万元，申请银行贷款 50 万元。其中银行贷款实行专款专用、专户管理，由银行部门监督使用，并实行资产抵押、信用担保等措施，确保借款定期分批归还。

本项目属于国家级非物质文化遗产保护、传承和发展项目。因而，资金来源渠道可靠。项目另外申请专项资金 20 万元，专项资金主要用于基础设施、设备设施等投资，实行报账管理。

2. 项目效益分析

1) 经济效益

本项目利用传统的民间文化、精巧的手工技艺、开发创意文化艺术品、工艺品、旅游纪念品、特色服饰，把荆楚文化推向市场、形成产业化，从而不断满足人们日益增长的物质文化需求，从而促进湖北特色文化产业的发展。

项目建成后，当年可实现荆楚旅游文化年销售收入 480 万元，利润 45 万元，上缴利税 20 万元。新增就业岗位 10 个以上；推动湖北文化产业化发展，文化事业繁荣，带动区域经济发展，拉动地方文化项目增收；促进旅游者、政府客户与文化企业实现利益互动，解决旅游市场化环节的目的性和消费环节的准确性，最大限度地解决旅游有玩无购，有文化没再提的尴尬局面；保障文化礼品产品供应、城市形象、企业文化、旅游价值等方面的推介。

2) 社会效益

随着社会进步、经济发展、人民生活水平的不断提高，人们对各类生活需求越来越迫切。本项目的建设不仅能促进文化产业发展，而且有利于挖掘、保护、研究荆楚文化、湖北民间工艺、湖北民俗文化资源，有利于社会的安定团结；随着项目的建成和运营，可使荆楚文化得到更好的保护、传承和发展，使旅游景区从保护、传承和发展中获得收益，进而促进和谐社会的建设，有效促进湖北文化事业繁荣。

荆楚文化传承、创新与荆楚文化特色的旅游商品的研发、产业化发展项目作为湖北省重要的文化产业建设项目，建成后催生了大量的生产配套企业，为社会培养出一大批生产、服务第一线的实用型技术人才。再加上相关产业的运营所需的市场管理和维护岗位，将解决相当人员的就业问题。最重要的是可以集传承、研发、制作、展示、销售为一体的文化产业实体，做强、做大；给荆楚文化产业起到示范与带头作用；进一步弘扬荆楚文化，提升湖北乃至中国文化的内涵与档次；提供荆楚文化艺术产业发展基地与空间，提升其科技含量，创国家级品牌。

综上所述，本项目经济效益好，社会效益大，是地方政府愿意全力支持的项目，是社会各阶层各群体支持率较高的项目。因此，本项目在经济、社会评价上可行。

10.1.7 项目风险分析与控制

1. 项目风险分析

考虑项目经营功能定位和市场因素等，未来的经营存在许多不确定因素，经营是有风险的。

项目在未来的经营期内，因存在税收政策、市场、经营、财务等诸多方面的不确定性因素，项目未来的经营存在风险是必然的。项目经营所面临的风险主要包括以下几个方面。

1) 政策风险

项目未来的经营状况将受到政府政策导向、发展规划等因素的影响，由于可能的政策调整，对于预期的消费能力和整个行业的经营产生明显影响，造成整个行业经营状况发生变化。

2) 市场风险

有市场就必然存在竞争，竞争对手的多寡，对手实力的强弱，都会对项目的经营产生或多或少的影响。由于营销与运作的问题，没有形成预计规模的客户群，使收入锐减；而原材料、动力、工资等成本随市场行情上涨，都会造成经营亏损。另外，由于合作方违反协议、合同等原因，会对经营造成重大收益损失。同时，可能存在一些竞争对手借此模仿，从价格、创意设计等进行干扰，局部破坏项目的运作。

荆楚文化旅游商品创意中心项目，目前竞争对手较少，有良好的资源条件，但存在市场和商气培育的问题，运营市场需要进行专项分析研究。

3) 财务风险

倘若经营性资金是通过借贷等融资方式获得，财务费用将受利率的影响较大，而且在经营过程中由于资金管理和运作不善，造成现金流出现问题，使得流动资金需求过大，从而进一步增加融资难度并增加财务费用，使经营更加困难。

4) 经营管理风险

对项目经营而言，要有规范的法人治理结构，但是也存在由于管理和对市场的判断和决策错误等原因，造成企业经营目标无法实现，导致经营困难等产生的经营管理风险。一方面，可能由于工程建设时设备选型不当，而造成的设备维修费用昂贵或大修周期缩短等，造成维修费用增大导致效益不佳；另一方面，可能由于内部成本管理机制不健全，造成投入产出比例失调；或由于管理层内部发生矛盾或分歧，影响经营计划的实施，以至于做出错误决策等，都将影响企业经营效益。

2. 防范风险对策防范风险

1) 建立风险管理机制

项目公司需要建立健全的风险管理机制，从企业内部加强风险意识，做好风险的鉴别、控制与监督。具体包括以下几个方面。

(1) 透明的财务制度及客户服务体系，加强对合同等具有法律效力文本的管理。

(2) 项目公司内部需要强化风险意识，将企业的经营风险与职工自身利益结合起来，充分调动职工的积极性，共同应对风险。

(3) 项目公司的经营要树立居安思危的思想，及时、全面、准确掌握政策，市场、宏观经济发展、国内外形势等信息，科学分析和预测市场的变化，提出可靠的应对和防范措施，对市场发生的变化及时做出正确判断和进行有效调整。

2) 努力开拓市场

为了市场营销的需要，项目公司应加强市场的开拓和培育，建立强有力的销售队伍和健全的销售网络，充分利用荆楚文化品牌效应、灵秀湖北整体的配套规模优势和良好的地理、交通、经济、消费等区位条件，制订科学的市场营销方案，进行整体营销和特色营销等，开展多渠道、全方位的市场开拓工作。同时，在广泛掌握市场信息和深入调研的基础上，做出科学的市场预测，以创新为手段，不断创造潮流、创造需求，在满足老客户的基础上，不断开辟新的客户群，增加收入的来源。

3) 建立成本控制体系

项目公司需要加强内部成本管理，建立科学高效的成本控制体系，严格控制预算外支出，努力降低成本。在条件许可的情况下，在项目的设计和设备选型过程中要从未来经营角度进行投资控制，处理好一次购置成本与维修费用的关系，以及考虑未来维护技术的难度。同时，尽早做好设施及设备的维护管理培训工作，使项目公司的有关设施、设备系统的维护管理专业技术人员尽早地接触和熟悉设施及设备技术状态和运行状况，避免由于人为操作和维护不当造成的不必要损失。

4) 建立“风险准备金”制度

在项目公司未来的利润分配方案中，考虑在进行收益分配前，从税后利润中提取一定比例的资金，作为风险准备金，以备抵御一定限度内的流动资金风险。

5) 加强对应收账款的日常监控

对应收账款的控制属于过程管理。其核心内容是核实应收账款基础数据，制定重点应收账款监控对象，定期公布“黑名单”，对应收款项、拖欠款和诉讼状况定期进行披露，从而进行日常监控。对逾期应收款项要坚持“谁造成、谁负责”的原则，进行分类考核管理；对确实不能收回的应收款项应及时报损处理；对难以收回的应收款项应该重奖催收，力图减少损失；对能够明晰责任的，应纳入催收考核范畴；对自行催收不力的，要委托专业机构进行处理。

综上所述，本项目的实施对进一步弘扬荆楚文化，深入开展对荆楚文化资源的保护与挖掘，推动民间文化事业繁荣具有重要的社会效益；同时项目把传统文化结合旅游商品开发填补了市场需要，有利于湖北文化旅游事业发展，有利于通过文化、旅游礼品这一新载体传递湖北名片，扩大湖北影响，树立湖北省品牌形象，有利于加快地方文化创意企业的发展。这是一个兼具良好社会效益和经济效益的项目，值得投资和开发。

参考文献

[1] Chamey A., Libecap G. D. *Impact of Entrepreneurship Education. Insights:A Kauffman Research Series*[R]. Kauffman center Entrepreneurial Leadership, 2000.

[2] 辛保平．中国创业者十大素质[J]．科学投资，2003，9：34-61．

[3] 张玉利．创业管理(基础版)[M]．3 版．北京：机械工业出版社，2013：14-56．

[4] 段锦云，王朋，朱月龙．创业动机研究：概念结构、影响因素和理论豢壹[J]．心理科学进展，2012，5：698-704．

[5] 刘志阳．创业学[M]．上海：格致出版社，上海人民出版社，2008：12-221．

[6] 姜洪军．曾与乔布斯创业　沃兹苹果传奇之后淡出江湖[N]．中国计算机报，2012-10-30．

[7] 张广，董青春．创业基础[M]．北京：北京师范大学出版社，2014：249-290．

[8] 傅修远，周凌凤．英国大学生创业教育概况及其启示[J]．大学教育，2013，1：29-31．

[9] 李时椿，常建坤．创业基础[M]，北京：清华大学出版社，2013：12-196．

[10] 谢科范，吴倩，张诗雨．基于七维度分析的创业团队岗位配置与角色补位[J]．管理世界，2010，1：181-182．

[11] [美]杰弗里·蒂蒙斯，小斯蒂芬·斯皮内利．创业学[M]．6 版．周伟民，吕长春，译．北京：人民邮电出版社，2005：40-51．

[12] 徐本亮．发现你身边创业机会的五大来源[N]．解放日报，2010-04-22．

[13] 魏喜武，陈德棉．创业警觉性与创业机会的匹配研究[J]．管理学报，2011，1：133-136．

[14] 李家华．创业基础[M]．北京：北京师范大学出版社，2013：29-51．

[15] 张爱丽．试析个人因素与机会因素的匹配对创业机会识别的作用[J]．外国经济与管理，2009，10：59-61．

[16] 李嘉，张骁，杨忠．男女企业家创业行业选择差异的影响因素及其作用机制研究[J]．科学与科学技术管理，2010，2：183-189．

[17] 张玉华，王周伟．创业基础[M]．北京：清华大学出版社，2014：106-117．

[18] 魏炜，朱武祥，林桂平．商业模式的经济解释：深度解构商业模式密码[M]．北京：机械工业出版社，2012：15-96．

[19] 姜彦福，邱琼．创业机会评价重要指标序列的实证研究[J]．科学研究，2004，1：59-63．

[20] 刘亚娟．创业风险管理[M]．北京：中国劳动社会保障出版社，2011：171-186．

[21] 李冰，李莉莉，关劲秋．基于企业家精神的经管类大学生创业能力研究[J]．中国商贸，2014，12：187-188．

[22] 闰瑾，卢月丽．创业十年，仍在路上——专访思酷公司创始人黄祖斌[J]．职业，2015，1，24-25．

[23] 夏晓军，张宝臣．大学生创业教育教程[M]．大连：大连理工大学出版社，2014：6．

[24] 严立雄．美国创业教育和中国创业教育的发展比较[J]．中小企业管理与科技(上旬刊)．2015，3：235-236．

[25] 买忆媛，周嵩安．创新型创业的个体驱动因素分析[J]．科研管理，2010，9：19-29．

[26] 敬阳．德国大学生创业教育模式聚焦[J]．教育与职业．2014，10，108-109．

[27] 施晓光．印度高校创业教育：发展中国家的个案[J]．比较教育研究，2014，2：42-46．

[28] 常媛媛．新时期欧盟创业教育发展策略[J]．复旦教育论坛，2014，12：102-106．

[29] 李伟铭，黎春燕，杜晓华．我国高校创业教育十年演进、问题与体系建设[J]．教育研究，2013，6：42-51．

[30] 张立章．实用性管理文案写作指南[M]．北京：清华大学出版社，2008：151-159．

[31] 金镝，周小红．市场总监操作商务[M]．广州：广东经济出版社，2003：115-134．

[32] 郭国庆．国际营销学[M]．北京：中国人民大学出版社，2008：129-135．

[33] [美]沃沦・J. 基根．全球营销学(英文版)[M]．北京：中国人民大学出版社，2009：69-79．

[34] 白长虹，范秀成．市场学[M]．天津：南开大学出版社，2007：59-119．

[35] [英]马尔科姆・麦克唐纳．图解营销策划[M]．北京：电子工业出版社，2014：179-187．

[36] 奚国泉．创新创业实训教程[M]．北京：清华大学出版社，2012：19-98．

[37] [美]史蒂文・西尔比格．MBA 十日读[M]．北京：中信出版社，2014：129-158．

[38] 任荣伟，梁西章，余雷．创新创业案例教程[M]．北京：清华大学出版社，2014：167-229．

[39] 范承工，周宝曜，刘伟．大数据：战略・技术・实践[M]．北京：电子工业出版社，2013：14-18．

[40] 龚荒．创业管理[M]．北京：机械工业出版社，2013：59-78．

[41] [美]赵勇．就业？创业？[M]．周珊珊，王艺璇，译．北京：教育科学出版社，2014：51-74．

[42] [美]拉里・法雷尔．创业新时代[M]．北京：机械工业出版社，2014：271-286．

[43] [美]安德鲁・查克阿拉基斯，史蒂芬・史宾纳利，杰弗里・蒂蒙斯．我是这样拿到风投的——和创业大师学写商业计划书[M]．2 版．梁超群，杨欣，王立伟，译．北京：机械工业出版社，2015：115-128．

[44] 雪鹰传奇．电商大数据：用数据驱动电商和商业案例解析[M]．北京：电子工业出版社，2014：49-56．

[45] 杜吉泽，程钧谟．市场分析[M]．2 版．北京：经济科学出版社，2010：21-39．

[46] 林嵩．创业资源的获取与整合——创业过程的一个解读视角[J]．经济问题探索，2007，6：166-168．

[47] 张玉利．创业者如何整合资源[J]．中外管理，2011，6：102-103．

[48] 童小梁．创业者的心理特征[J]．大众商务，2001，7：40．

[49] 胡文静．我国中小企业成长动态分析：基于创业资源获取与整合视角[J]．现代商贸工业，2011，7：5-6．

[50] 秦志华，刘传友．基于异质性资源整合的创业资源获取[J]．中国人民大学学报，2011，6：143-149．

[51] 秦志华，刘艳萍．商业创意与创业者资源整合能力拓展——白手起家的创业案例分析及理论启发[J]．管理世界(增刊)，2009：75-84．

[52] 陈欣．社会资本在高科技创业企业创业过程中的作用探讨 [J]．经济管理者，2012，12：155．

[53] [美]莫瑞亚．精益创业实战[M]．2 版．张五代，译．北京：人民邮电出版社，2013：12-40．

[54] 成杰．永不放弃——马云给创业者的 24 堂课[M]．北京：中国华侨出版社，2011：169-175．

[55] 蔡继荣．市场分析与软件应用[M]．北京：机械工业出版社，2011：6-59．

[56] 张西华，吴国予．市场分析技术[M]．杭州：浙江工商大学出版社，2012：41-56．

[57] [日]大前研一．王伟，郑玉贵，译．创新者的思考：发现创业与创意的源头[M]．北京：机械工业出版社，2013：12-30．